afrikaans
lydia mcdermott

for over 60 years, more than
40 million people have learnt over
750 subjects the **teach yourself**
way, with impressive results

be where you want to be
with **teach yourself**

For UK order enquiries: please contact Bookpoint Ltd, 130 Milton Park, Abingdon, Oxon OX14 4SB. Telephone: +44 (0) 1235 827720, Fax: +44 (0) 1235 400454. Lines are open 9.00–18.00, Monday to Saturday, with a 24-hour message answering service. Details of our titles and how to order is available at www.teachyourself.co.uk

For USA order enquiries: please contact McGraw-Hill Customer Services, PO Box 545, Blacklick, OH 43004-0545, USA. Telephone: 1-800-722-4726. Fax: 1-614-755-5645.

For Canada order enquiries: please contact McGraw-Hill Ryerson Ltd, 300 Water St, Whitby, Ontario L1N 9B6, Canada. Telephone: 905 430 5000. Fax: 905 430 5020.

Long renowned as the authoritative source for self-guided learning – with more than 40 million copies sold worldwide – the **teach yourself** series includes over 300 titles in the fields of languages, crafts, hobbies, business, computing and education.

British Library Cataloguing in Publication Data: a catalogue record for this title is available from the British Library.

Library of Congress Catalog Card Number: on file.

First published in UK 2005 by Hodder Arnold, 338 Euston Road, London, NW1 3BH.

First published in US 2005 by Contemporary Books, a division of the McGraw-Hill Companies, 1 Prudential Plaza, 130 East Randolph Street, Chicago, IL 60601 USA.

This edition published 2005.

The **teach yourself** name is a registered trade mark of Hodder Headline.

Copyright © 2005 Lydia McDermott

Typeset by Transet Limited, Coventry, England.
Printed in Great Britain for Hodder Arnold, a division of Hodder Headline, 338 Euston Road, London NW1 3BH by Cox & Wyman Ltd, Reading, Berkshire.

Hodder Headline's policy is to use papers that are natural, renewable and recyclable products and made from wood grown in sustainable forests. The logging and manufacturing processes are expected to conform to the environmental regulations of the country of origin.

Impression number   10 9 8 7 6 5 4 3 2 1
Year   20011 2010 2009 2008 2007 2006 2005

439.36
mc

contents

introduction

Before you start

Read this introduction. It will give you some general information and an idea of how the book is structured and how to approach the course. It also gives you tips for learning.

By buying this book, you are indicating your intention of learning a new language. This will be an exciting, but demanding, venture. The enjoyment and excitement should arise from learning what is the youngest language in the world, Afrikaans, and from learning about the peoples who use it in their everyday lives. The demands will come from spending half an hour a day acquiring the language through the units in this book. You will acquire the language much more quickly and more thoroughly if you work a little each day, rather than working for a long period one day a week. Think about how you acquired your mother tongue – little by little.

The youngest natural language in the world

Afrikaans is in one sense a *creole* language, and in another a *pidgin* language. *Creoles* are mother tongues which derive from mixing European and (usually) African language/s. *Pidgins* are also a language mix, but are a simplified form of language used amongst people who speak different languages and using vocabulary from those languages.

Afrikaans is a *creole* in that it derives from Dutch (and German and English) and has borrowed much from the African and Malay languages. It is a *pidgin* in that its grammatical structure is much simplified from the Dutch and has adopted much vocabulary from all the languages with which it has been in contact.

The most profound influence on Afrikaans has come from the various 'coloured' (mixed race) peoples of South Africa for whom, along with the so-called white Afrikaners, it has become the mother tongue. It is spoken also by most of the Griqua people who live along the reaches of the Orange River and who acquired the language during their contact with the Afrikaners who trekked into the hinterland to escape British Crown rule.

Over time Afrikaans has shown itself to be particularly receptive to borrowings from other languages with which it has been in contact. As such, it has accepted new concepts with the minimum of fuss and bother. Afrikaans spelling is largely phonetic – spell it as you say it – and much of the vocabulary is, as Anglo-Saxon was, made up of compound nouns which can be literally translated and metaphorically interpreted. For example, a vacuum cleaner is a **stofsuier** – literally, a 'dust-sucker'. Easy isn't it?

As the most daunting task in learning any language is acquiring a vocabulary, a vocabulary of such compounds is a real bonus. Furthermore, the language has three basic tenses (not six like English) and very few exceptions to any of the rules. Should you know German or Dutch, or any other Germanic language, you will find it very easy to master the Afrikaans word order. Remember that one theory states that you need acquire only 300 words of a language to communicate in it.

Afrikaans speakers

As has happened with English in which World Englishes have come to be recognized as equal to Standard British English, purist Afrikaners have had to recognize various other Afrikaanses as equal in status to Standard Afrikaans. The standard form of Afrikaans, as has also happened in English, is primarily now retained almost exclusively in the written form. An 'Academy' has existed for many years for the sole purpose of keeping the written form of the language 'pure'. It has, for many years, brought out a style and spelling handbook at regular intervals. But whereas, earlier, the Academy's task was to prevent language change in terms of 'standard' Afrikaans, known as **AB Afrikaans** (**Algemeen Beskaafd Afrikaans** – literally, 'generally civilized' Afrikaans, i.e. White Afrikaans!), it has, in recent years, been compelled by Afrikaans speakers (of all colours) to rewrite the 'rules' of Afrikaans to reflect the patterns of the speakers' common language practice.

The Afrikaans you will be learning in this book will enable you to adopt both a formal and an informal position when you require it. Please note that accents and pronunciation used on the recording should not be construed as exclusive, elite or a sign of intellectual superiority. Only in the early units, in which the pronunciation is of necessity unnaturally and artificially clear, is an attempt made to pronounce the sounds in a 'standardized' way. In most speech, some sounds and/or syllables are elided and this is particularly true amongst mother-tongue speakers. Indeed, one way in which we become aware that someone is *not* a mother-tongue speaker is through the precision and perfection of his/her speech!

About this book

Like other titles in the series, this book is designed to help you acquire an additional language without having any previous knowledge of it. You may not know a single Afrikaans word – except perhaps for the word 'apartheid' – or understand the language at all, but by the end of the course, if you practise and work consistently, you will be able to communicate orally and in writing in simple, but adequate Afrikaans.

You will be introduced progressively to the basics of the language and to the language behaviour (pragmatics) associated with the various cultural groups which use the language. To ensure your spoken use of Afrikaans is not stilted and is appropriate, preference has been given to idiomatic expression. The focus in the written language has been on getting a message across to a reader. By definition, then, the written forms are more formal and exacting than the spoken. You will also learn to read non-technical Afrikaans written texts, including newspaper articles, magazines, pamphlets, travel guides, instructions and even, perhaps, works of popular fiction. You should have no trouble following Afrikaans feature films (some of which are world class) or television shows. The more you practise, the quicker and more you will learn. Nothing helps like finding a mother-tongue speaker on whom to try out your Afrikaans.

The narrative content of the units will enable you, while acquiring the language, to learn about and to understand not only the speakers of Afrikaans but also South Africa itself, its painful past and its hopeful present.

Learning outcomes

By the end of the course you will have acquired sufficient language and vocabulary to interact both orally and in writing with Afrikaans speakers in a variety of situations and will be able to, at least:

• greet people;
• ask for information and directions;
• interact with Afrikaners socially, whatever their cultural group;
• ask Afrikaners about themselves and about South Africa;
• talk about your own country;
• find your way around in South African town and country; and
• talk about the diverse South African social and environmental landscape.

You will also come to an understanding of the South African society in all its linguistic and cultural diversity. This knowledge will facilitate the cross-cultural interactions you are likely to face should you visit South Africa.

How is the book structured?

There are 17 language-learning units in this book including three test-yourself sections (Units 7, 13 and 17), the answers for which are given in the **key to the exercises** at the back of the book. The book is organized thematically around topics which relate to Afrikaans, its speakers and their cultural practices, and to Afrikaans as an instrument of history. The themes vary in approach and in content, but all contain an explanation of particular basic grammar patterns and the vocabulary relevant to the current theme. Each unit also has plenty of activities and more formal written exercises to give you practice in spelling and grammatical patterns.

In addition, most units have useful cultural information. These short pieces, indicated by 🛈, cover practices which may be culturally specific to Afrikaners or, more generally, South African matters which might be of practical use and of interest. As such, the former set of pieces covers both 'coloured' Afrikaner practices as well as those of 'white' Afrikaners (where these differ from one another) and the latter, the spectrum of South African society.

The units become progressively more complex and should be worked through in consecutive order. Each unit not only builds on the previous one, but also incorporates, and thus consolidates, that which has gone before. All the language structures are presented within contexts in which they are likely to be appropriate.

Where the meanings of words are deducible from their similarity to English words, the words have not been translated. This will help you to associate the Afrikaans sounds with their corresponding spelled forms, and improve your Afrikaans word power by making you take conscious note of similarities, whether orthographic or auditory.

Vocabulary – the heart of talking

The most laborious, but essential, task when learning any language is acquiring the words to say what you want to say, to ask what you need to ask. You will get somewhere with no grammar, but nowhere without vocabulary. There is no easy way to acquire the thousands of words that make up any language. Consider, however, that the average four-year-old has acquired hundreds of words and a reasonably competent grammar, without any formal learning. If a four-year-old can do it, so can you! Think about the ways you acquired your mother tongue from those around you and apply that to your target language!

It is a linguistic truism that you can only learn a language if you have a language community in which to acquire it. If you are unable to find a mother-tongue speaker or have no access to Afrikaans music, videos, radio or print media, in effect this book, your own voice and the recordings are your language community.

At the end of the book you will find two glossaries: one English–Afrikaans, and the other Afrikaans–English. You will find that when you are 'composing' you will generally use the former the most and when you are reading or listening you will use the latter the most. This is perfectly natural. Remember that even translators rely heavily on dictionaries and thesauri (if they are available). Be patient and use the glossaries. Each time you require a new word, learn it. It is always better to learn a few words at a time than to try to learn a large number, out of context of use, in one sitting. If your house companions don't object, paste lists up in the kitchen and the toilet – anywhere you are likely to be able to spend a little time revising and memorizing! If you have bought the recordings together with this book, play them in the car or on your personal stereo.

Keep your own vocabulary list in an alphabetized book. You will be amazed at how quickly your list grows. Don't cheat, though. Write down only the words you really know the meaning of and can spell!

Symbols

▶ recorded material

ⓘ cultural information

Alles van die beste. Geniet dit! *All the best. Enjoy!*

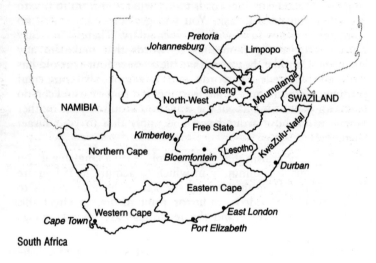

South Africa

Don't focus solely on the pronunciation guide on the recording. Listen, listen and listen again and again to the whole recording even if you don't understand the meaning of what you are listening to. You are trying to acquire the 'noise' of the language. The more you listen to what will initially be a continuous babble, the sooner you will come to hear the babble as a series of discrete sounds and sound blocks. The more discrete the babble becomes, the better you are hearing the Afrikaans. The language is in fact becoming meaningful to you. You are recognizing the sound nuances and you are picking up the rhythms of Afrikaans. Always try to mimic the sounds you hear. If you have a tape recorder available, record your practice efforts. Alternate between the recording which accompanies the book and your own. See if you can pick up the sounds, words and phrases you are having difficulty with. Write these down. Practise them until you have mastered them. Do *not* repeatedly practise what you have mastered. This is a waste of time.

▶ Pronunciation

: indicates a long sound

Ref.	Letter	In Afrikaans words	Sounds like the underlined sound in these words (British English pronunciation unless otherwise indicated)
1	i, e, 'n	pik (*peck*), gids (*guide*), 'n tafel (*a table*), in	*a*sleep (the schwa)
2	ie (or ie:)	sien (*see*), fliek (*film*), mie(:)r (*ant*)	short as in *lick*; long as in *creed*
3	e	ken (*chin, know*), sent (*cent*), president, ek (*I*)	s*en*t
4	ee / e(:)	een (*one*), eende (*ducks*), vere (*feathers*)	*fear*
5	ê / e	sê (*say*), êrens (*somewhere*), pers (*press/purple*)	f*air*
6	ei, y	meisie (*girl*), reis (*journey*), rys (*rice*), ys (*ice*)	cr*y*
7	o / ô	pot, grot (*cave*), mol (*mole*), môre (*tomorrow*)	c*augh*t
8	oo / o(:)	boom/bome (*tree/s*), oor/ore (*ear/s*)	m*oor*
9	u	put (*hole*), pluk (*pick*), bul (*bull*), buffel (*buffalo*)	the schwa (1 above) with lips rounded
10	uu / u (:)	muur/mure (*wall/s*), skuur/skure (*barn/s*)	like 2 above, but with lips rounded
11	eu (or :)	deu(:)r (*door*), beurt (*turn*), keu(:)se (*choice*)	like 4 above, but with lips rounded
12	oe (or :)	hoe (*how*), boe(:)r (*farmer*), vloe(:)r (*floor*)	r*oo*m
13	a	man, hand, land, rand (*edge*), sak (*pocket/bag*)	d*u*ck
14	aa / a (:)	maan/mane (*moon/s*), ma (:) (*mother*)	f*a*ther
15	aai	saai (*sow*), raai (*guess*)	cr*y*
16	oei	koei (*cow*), groei (*grow*), moeilik (*difficult*)	like 17 below, but with lips rounded

17	ooi	mooi (*pretty*), rooi (*red*), nooit (*never*), ooit (*ever*)	t<u>oy</u>, but longer
18	ui	ui (*onion*), buite (*outside*), bruin (*brown*)	as 6 above, but longer and with lips rounded
19	ou	oud (*old*), klou (*claw*), onthou (*remember*)	c<u>oa</u>t
20	eeu	eeu (*century*), sneeu (*snow*), leeu (*lion*)	f<u>ew</u>
21	p	pot, paleis (*palace*), pampoen (*pumpkin*)	<u>p</u>umpkin
22	b	springbok, boek (*book*), baba, brood (*bread*)	<u>b</u>ook
23	t / d	maand (*month*), bottel, hotel, mond (*mouth*)	ho<u>t</u>el
24	d	adder, dan (*then*), dankie (*thank you*), monde	<u>d</u>en
25	dj / tj	hondjie (*puppy*), katjie (*kitten*), kierie (*walking stick*)	<u>k</u>in
26	k	kam (*comb*), krap (*crab/scratch*), ketel, mak (*tame*)	<u>k</u>in
27	g	gala, berge (*mountains*), angora, gholf	in the middle of a word or in a borrowed word: *go*
28	g	gaan (*go*), lag (*laugh*), geld (*money*), geel (*yellow*)	at the beginning and end of words: Scots lo<u>ch</u>
29	w	wind, wiel (*wheel*), werk (*work*), lawwe (*mad/crazy*)	<u>v</u>iew
30	dw / tw / kw / sw	dwaal (*wander*), twee (*two*), (*two*), kwaal (*disease*), swem (*swim*)	<u>dw</u>ell, <u>tw</u>ist, <u>qu</u>ick, <u>sw</u>im
31	f / v	vinger (*finger*), fyn (*fine*), vreemd (*strange*)	<u>f</u>inger
32	s	saak (*case*), suig (*suck*), sing, hasie (*bunny*)	<u>s</u>un
33	z	Zoeloe, zoem (*zoom*)	<u>z</u>ebra (usually in borrowed words)
34	sj / si	Sjina (*China*), masjien (*machine*), nasionaal	<u>sh</u>ock
35	h	huis (*house*), haas (*rabbit*), hawe (*harbour*)	<u>h</u>ug
36	ts	tsar, tsetse (*fly*), tsotsi (*thug*), koets (*coach*)	<u>c</u>ats (usually in borrowed words)

37	tj	tjank (*yelp/cry*), tjek (*cheque*), tjoepstil (*dead quiet*)	<u>ch</u>ange
38	j	jellie, jol (*have fun*)	<u>j</u>udge
39	j	jok (*tell a lie*), jare (*years*), jonk (*young*), jy (*you*)	<u>y</u>oung
40	l	lip, lelik (*ugly*), leeu (*lion*), mallemeule (*carousel*)	<u>l</u>ove<u>l</u>y
41	r	voor (*in front*), kamer (*room*); rooi (*red*), rok (*dress*)	rolled as in Scots me<u>rr</u>y
42	m	man, kamer (*room*), gom (*glue/gum*), sommer (*summer*)	<u>m</u>an
43	n	wenner (*winner*), seun (*son/boy*), nou (*now*), wanneer (*when*)	<u>n</u>o
44	ng / nk	bang (*afraid*), vang (*catch*), lank (*long*), bedank (*thank*)	thi<u>ng</u>; si<u>nk</u>

Written accents

There are three written accents in Afrikaans, the circumflex (^), the acute (´) and the two dots or trema (¨). The ^ and ¨ are used to indicate a change in sound (and therefore in meaning), e.g.

hoe (*how*) → **hoë** (*high*)
se (the *'s* ending in English, showing possession) → **sê** (*say*)

The acute ´ is used to indicate a stressed syllable, as in

die (*the*) → **dié** (*this*)

Again, these words sound different, and as you see they have different meanings.

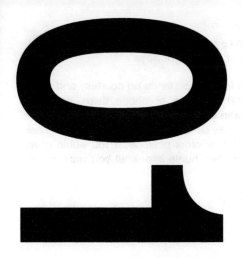

01

groete
greetings

In this unit you will learn
- about the use of greetings in Afrikaner culture
- the terms for members of the family
- the terms for the relationships among family members
- how Afrikaners distinguish between their nuclear and extended families
- how to say *hello*
- how to say *goodbye*

Note

The Afrikaans word **groete** *greetings* comes from **groet**, which can mean either *to greet* or *to say 'goodbye'*.

i The Afrikaners place a lot of importance on courtesy and polite behaviour. When you meet someone or phone them, your first question should be **Hoe gaan dit met jou?** *How are you?* The other person's response will generally be **Goed dankie. En met jou?** Their response to your politeness is another politeness! You would never just say **Môre** *Morning* and then hurtle into what you want to talk about.

▶ Dialogue 1

Meet the Smit family.

mev. Smit	Ek is die moeder.
mnr. Smit	Ek is die vader.
mnr. en mev. Smit	Ons het twee kinders. Een is 'n seun, die ander is 'n meisie. Ons dogter se naam is Susanna. Die gesin noem haar op haar bynaam, Sannie. Ons seun se naam is Piet.
Sannie	Ek is Sannie. Piet is my broer. Ek is sy suster.
Piet	Ek is Piet. Sannie is my suster. Ek is haar broer.
Sannie en Piet	Ons pa se naam is Jan. Ons ma se naam is Marie.

moeder	*mother*	**naam**	*name*
vader	*father*	**gesin**	*family*
twee	*two*	**bynaam**	*nickname*
kinders	*children*	**seun**	*son*
een	*one*	**broer**	*brother*
seun	*boy*	**suster**	*sister*
ander	*other*	**pa**	*dad*
meisie	*girl*	**ma**	*mum*
dogter	*daughter*		

Exercise 1

The following picture is of three generations of one family. Besides a father, mother and older children, the picture includes the oldest and youngest family members: the grandparents, **ouma** (*grandmother*), **oupa** (*grandfather*) and the baby (**baba**).

Use the following words to identify the people in the picture:

dogter, Pa, moeder, Oupa, seun, Ma, baba, vader, broer, Ouma, suster, kinders

Language patterns

Pronouns

Pronouns, as the word implies, are those words which are used to replace nouns (persons, places or things). It is likely we would find the sentence *Peter looked for Peter's book, Peter* most odd. We would normally say, *Peter looked for his book, himself*. The words *his* and *himself* substitute for the words *Peter's* and the second occurrence of *Peter* in the first sentence, respectively. Pronoun substitution is used to avoid repetition, which often leads to clumsy sentences. Pronouns work the same way in Afrikaans as they do in English.

i In Afrikaans, we have two ways of saying *you*. Generally, we use the word **jy**, but we also have a special form, **u**, for addressing those to whom we would be expected to show respect in terms of Afrikaans cultural practice. For example, we would say, **Goeiemôre, Meneer. Hoe gaan dit met u?** (*Good morning, Sir. How are you?*) if we were addressing our boss or perhaps a child was addressing his / her headteacher.

Look at the following table which sets out the English pronouns and their Afrikaans equivalents.

Singular	Plural

ek, my, myne
  (*I, me/my, mine*)
	ons, ons s'n
	  (*we/us, our/ours*)

jy, u, joune
  (*you, you/yours* (respectful),
  yours)
	julle, u, julles'n, u s'n
	  (*you/your, you/your
	  (respectful), yours,
	  yours (respectful)*)

hy, sy, haar, syne, hare
  (*he, she/his, her, his, hers*)
	hulle, hulle s'n
	  they/them/their, theirs

▶ 1 **Ek** is Ma.   *I am Mother.*
  2 **Ons** het twee kinders.   *We have two children.*
  3 Piet en Sannie is **ons**   *Piet and Sannie are our*
     kinders.   *children.*
  4 Die kinders is **ons s'n**.   *The children are ours.*
  5 Meneer, is dit **u** boek?   *Sir, is this your book?*
  6 **Sy** is Sannie.   *She is Sannie.*
  7 Dit is **sy** boek.   *It is his book.*

Note

• While there are separate singular and plural forms of **jy**, the **u** form is used for both the singular and plural:

To your friend/friends, you would say:

    Marie, **jy** is welkom.   *Mary, you are welcome.*
    Marie en Piet, **julle**   *Mary and Peter, you are*
     is welkom.   *welcome.*

In a formal situation you would say:

    Meneer, **u** is welkom.   *Sir, you are welcome.*
    Meneer en Mevrou,   *Sir, Madam, you are welcome.*
     u is welkom.

• The formal **u**, the 'respectful' form, substitutes for **jy/jou/julle**;
• **Sy** can mean either *she* or *his*;
• **My** can mean either *me* or *my*;
• **Ons** can mean either *we* or *our*.

Language patterns

Possessive pronouns

In English, when we want to show that something belongs to someone or something, we use phrases like *Mary's hat* (*the hat of Mary*), where the apostrophe before the *s* replaces the ownership word *of*. In Afrikaans we never use an apostrophe with a noun to show possession. For the English *of* we will use **se** in Afrikaans, and for the English *'s*, we will use the particle **s'n**. The particles **se** and **s'n** are used in both the singular and the plural (that is whether talking about one or many persons, places or things). Both the **se** and the **s'n** come immediately after the 'owning' noun:

Dit is Piet se boek.	*This is the book of Piet.*
Die tafel se poot is af.	*The leg of the table is broken.*
Die boek is Piet s'n.	*The book is Piet's.*
Dit is Ma s'n.	*It is Mum's.*

Exercise 2

From the list below choose the correct pronoun or particle for each of the following sentences.

> julle, u, hy, haar, ek, sy, jou, se

Example:

Marie is Piet en Sannie _____ ma. →
Marie is Piet en Sannie se ma.

1 "Kinders bring asseblief Pa _____ onbyt."
2 Sannie groet _____ ma en pa.
3 Piet vra of _____ Ma kan help.
4 "Pa hier is _____ ontbyt."
5 "Hoe gaan dit met _____ Ma?"
6 "Goed dankie, Piet. Hoe gaan dit met _____?"
7 "Sannie en Piet, kan _____ kom help?"
8 _____ en Piet het lekker geslaap.
9 Ma sê _____ het ook lekker geslaap.

Exercise 3

What do you notice about the Afrikaans written address forms when they precede a name? Look carefully at the dialogue at the beginning of this unit.

Exercise 4

1 Listen again to the recording and then repeat **Dialogue 1** out loud.
2 What would Sannie have said if she had had a sister, Sara?
3 What would Piet have said if he had had a brother, Dawid?

▶ Dialogue 2

It is breakfast time in the Smit house.

Sannie	Môre, Mamma.
Ma	Môre, Sannie.
Piet	Môre, Mamma. Hi, Sannie.
Ma	Môre, Piet.
Sannie	Hi, Piet.
Pa	Môre, Ma. Môre, kinders.
Ma	Môre, Jan. Ontbyt is amper reg.
Pa	Dankie, Marie.
Susanna en Piet	Môre, Pappa. Het Pappa goed geslaap?
Pa	Ja, dankie, kinders. Ek het. En julle?
Susanna en Piet	Ja, dankie, Pappa. Ons het.

Môre!	*Morning!*	**dankie**	*thank you*
ontbyt	*breakfast*	**goed geslaap**	*slept well*
amper reg	*nearly ready*	**ja, dankie**	*yes, thank you*

Exercise 5

In order to practise your pronunciation, you need to tune your ear to the 'noise' of Afrikaans. Listening and repeating along with the dialogues will help you. You need to try to match your pronunciation to that of the recording. You will find this easier the more you listen to the language.

1 Read the dialogue again, while you listen to it on the recording.
2 Read the dialogue out loud along with the recording.
3 Role play Mrs Smit's role, by responding to what each of the other characters says to her.

▶ Greetings

You will see from the dialogue that each member of the Smit family greets the others with the expression **Môre**. This expression is an abbreviation of the full, more formal, expression **Goeiemôre**. The following table sets out the most common forms of greetings, both formal and informal.

Formal	Informal
goeiemôre *good morning* goeiemiddag *good afternoon* goeienaand *good evening*	môre *morning* middag *afternoon* naand *evening* dag *good day* dagsê *good day* hi! *hi!*

Language patterns

gesin and *familie*

In English, the word 'family' refers to both your nuclear and your extended family. In Afrikaans, however, two words are used to distinguish between the two ideas. The word **gesin** is used to refer only to your nuclear family. The word **familie** refers only to your extended family.

A family tree graphically represents the extended family.

Look carefully at the following family tree, representing Sannie and Piet's family. Note the kinship (relationship) terms. The squares represent males and the circles stand for females.

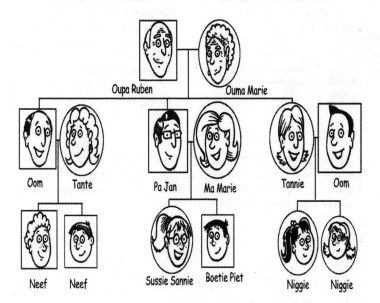

Some of the kinship terms are given in Dialogue 1, above. Here are some more:

boetie	*brother (affectionate, diminutive term)*
neef	*male cousin*
niggie	*female cousin*
oom	*uncle*
ouma	*grandmother*
oupa	*grandfather*
sussie	*sister (affectionate, diminutive term)*
tante	*aunt*

For extra practice, write the names of **your** relatives on Sannie and Piet's family tree.

Exercise 6

Look at the following table of greetings.

Groet (greeting)	Antwoord (response)
Hoe gaan dit met u? *How are you?*	**Dit gaan goed, dankie.** **En met u?** *Fine thanks, and you?*
Hoe gaan dit met jou? *How are you?*	**Dit gaan goed, dankie.** **En met jou?** *Fine thanks, and you?* **Goed, dankie. En self?** *Well, thanks. And you?* **Kan nie kla nie. En self?** *Can't complain. And you?* **Hoe's dit?** *How are things?* **Lekker!** *Great!*

1 Using the table above, suggest appropriate responses between the following members of the extended Smit family as they meet together on the first day of the holidays. In each case there may be several possibilities. Write them all down.

a Oom Jan responding to Ouma, his mother.
b Piet and Sannie responding to their cousins Sarel and Jannie.
c Mrs Smit to her sister-in-law, Susanne.
d Ouma to her son, Gert.
e Mr Smit to his brother, Gert.

2 How would they all greet Ouma?

▶ Dialogue 3

In this dialogue, we accompany Mr Smit and the children as they leave for work and school.

Pa	Kom, kinders. Ons ry nou. Ons gaan laat wees.
Kinders	Ons kom, Pappa. Totsiens, Mamma. Lekker dag!
Ma	Totsiens, kinders. Geniet die dag.
Pa	Totsiens, Marie. Sien jou vanaand.
Ma	Totsiens, Jan. Lekker werk!
Pa	Dankie, Ma. Jy ook.

kom	*come*	**totsiens**	*goodbye* (lit.
ry	*leave, drive away*		*till we see again)*
nou	*now*	**vanaand**	*tonight*
laat	*late*	**geniet**	*enjoy*
gaan	*go*	**werk**	*work*
wees	*be*	**ook**	*also*

Exercise 7

None of the Smits just say 'goodbye'. Each of them offers a pleasantry. Make a list of their pleasantries together with any English equivalent terms you might know.

▶ Taking your leave

Formal		Informal	
totsiens	*goodbye*	sien jou	*see you*
goeiemôre	*good morning*	ta ta	*ta-ta*
goeiemiddag	*good afternoon*	nagsê	*night*
goeienag	*goodnight*	nag	*night-night*
alles van die beste	*all the best*	lekker slaap	*sleep tight*
		lekker ry	*go well*
		mooi loop	*go well*
		mooi bly	*stay well*

Exercise 8

a Read through the table above, while you listen to the recording.
b Repeat the Afrikaans terms along with the recording.

02

ja meneer, nee meneer

yes sir, no sir

In this unit you will learn
- Afrikaans address forms
- how to count
- how to tell the time
- the three Afrikaans tenses – present, past and future
- the use of the Afrikaans verb *to be*
- the physical actions which accompany *hellos* and *goodbyes*
- Afrikaans telephone conventions

i All speakers meeting one another for the first time will say **Goeiemôre** *Good morning* in the morning, **Goeiemiddag** in the afternoon and **Goeienaand** in the evening. In formal situations and as a sign of respect, you would also include the name/s of the person/s whom you are addressing – **Baie dankie, Meneer (en Mevrou) Smit** *Thank you very much, Mr and Mrs Smit.*

The terms for *sir* and *madam* are **meneer** and **mevrou** – literally *mister* and *missis*. As in German, in Afrikaans the term for unmarried women, **mejuffrou**, or more commonly nowadays, **juffrou**, is frequently avoided for politeness' sake. The abbreviated written forms of address are derived from the three terms **meneer, mevrou** and **mejuffrou** – **mnr., mev.**, and **mej.** As noted in **Unit 1**, these forms *never* have a capital letter and are always closed with a full stop.

After someone has been introduced he/she will respond, **Aangename kennis** – *Pleased to meet you*. Literally, this means 'pleasant knowledge'. The expression **Aangename kennis** is an idiomatic phrase which you should learn by heart.

▶ Dialogue 1

Sannie and Piet arrive at school. They both see friends. After school assembly they go to their respective classes.

Van die kinders se vriende	Hi, daar julle! Kom hier. Die klok gaan nou lui.
Sannie en Piet	Hi, julle. Ons kom. Ons is vandag amper laat.
Gert	Ja, ons sien so. Daar lui die klok.
Jurg	Kom ons gaan.

In Sannie's Afrikaans class:

mnr. de Bruin	Goeiemôre, klas.
Klas saam	Goeiemôre, Meneer.
mnr. de Bruin	Sit asseblief, kinders, en haal julle taalboeke uit.

In Piet's biology class:

mej. Malan	Goeiemôre, kinders.
Klas saam	Goeiemôre, Juffrou.
mej. Malan	Sit asseblief, klas. Kom haal elkeen 'n padda.

hier	*here*	**Juffrou**	*Ma'am*
die klok lui	*the bell is ringing*	**elkeen**	*each*
Meneer	*Sir*	**'n padda**	*a frog*
taalboeke	*grammar books*		

Exercise 1

1 Read the dialogues while you listen to the recording.
2 Read out loud along with the recording.

Language patterns

Numbers

As in any language numbers are used for a variety of purposes: counting things, telling the time, giving dates and ranking things in a particular order. In this unit we will look first at the counting numbers and then at how these are used to tell the time. In **Unit 3**, we will look at ranking numbers and in Unit 5 at how these are used to say dates.

▶ Words for counting

Numbers 1–20

een	1	ses	6	elf	11	sestien	16
twee	2	sewe	7	twaalf	12	sewentien	17
drie	3	agt	8	dertien	13	agtien	18
vier	4	nege	9	veertien	14	negentien	19
vyf	5	tien	10	vyftien	15	twintig	20

Units of ten

tien	10	sestig	60
twintig	20	sewentig	70
dertig	30	tagtig	80
veertig	40	negentig	90
vyftig	50	honderd	100

Tens and units

In Afrikaans, once we move from the 'teens', we add the numbers from 1 to 9 to the particular unit of ten:

een-en-twintig	21	vier-en-twintig	24
twee-en-twintig	22	vyf-en-twintig	25
drie-en-twintig	23	ses-en-twintig	26
sewe-en-twintig	27	dertig	30
agt-en-twintig	28	een-en-dertig	31
nege-en-twintig	29	twee-en-dertig	32

Hundreds

Once we move into the hundreds, simply add the relevant number to the word **honderd**:

een honderd en sewe	107
drie honderd, vier-en-sewentig	374

Numbers above 1,000

Once we move into the thousands, simply add the word **duisend**:

een duisend, een honderd en sewe	1,107
een-en-twintig duisend, drie honderd, vier-en-sewentig	21,374

Note

- We say the numbers formed from units of ten, like 21, 'backwards' – first the unit number, and then the rest – **een-en-twintig**.
- When we write figures, we use commas between each of the thousands, hundreds, tens and units groups: 21,374 – **een-en-twintig duisend, drie honderd, vier-en-sewentig**.
- In Afrikaans the practice is to write numbers in figures rather than in words.
- Look in the useful information section at the end of the book for other numbers you may find useful.

▶ Exercise 2

Write and say the following numbers in words:

Example: 6,789 ses duisend, sewe honderd, nege-en-tagtig

1	9	6	32
2	19	7	2,186
3	99	8	12,345
4	999	9	345,678
5	9,999		

Language patterns

▶ Telling the time

In Afrikaans, the time reckoned from the 12-hour clock is always reckoned in terms of the nearest full hour.

Full hours

07h00	sewe-uur	*seven o'clock*
08h00	agtuur	*eight o'clock*

Half hours

12h30	halfeen	*half past twelve ('half before one')*
07h30	halfagt	*half past seven ('half before eight')*

Quarter hours

11h15	kwart oor elf	*a quarter past eleven*
02h45	kwart voor drie	*a quarter to three*

Minutes

09h05	vyf oor nege	*five past nine*
10h10	tien oor tien	*ten past ten*
01h40	twintig voor twee	*twenty past one or twenty to two*

When we use the 12-hour clock we have to say whether the time is *a.m.* (before 12 noon) or *p.m.* (after noon). In Afrikaans we do this by using the words **voormiddag** (*before noon*) and **namiddag** (*after noon*). The English abbreviations *a.m.* and *p.m.* are translated into Afrikaans as **vm.** and **nm.**, respectively.

Stating the time using the 24-hour clock is easy, as one merely states the numbers in the order they are written, except that for full hours we add the words **honderd** (*hundred*) and **uur** (*hour*).

Full hours

07h00	sewe honderd uur
08h00	agt honderd uur
20h00	twintig honderd uur

Half hours

12h30	twaalf-dertig
07h30	sewe-dertig
22h30	twee-en-twintig dertig

Quarter hours

11h15	elf-vyftien
14h45	vyftien-vyf-en-veertig

Minutes

09h05	nege-nul-vyf
10h10	tien-tien
13h40	dertien-veertig

Note

- In **twee-uur** and **sewe-uur**, there would be several vowels together, some of which form other actual Afrikaans vowel sounds. Thus, a hyphen is used to separate letters so that the required vowel sound will be made.
- In **agtuur** and **halfeen**, only the correct vowel sound is possible. Thus, the hyphen is not required and the words are written as one.
- While in English, we say for 15h00, *fifteen hundred hours*, in Afrikaans we use the singular form, **uur** – *vyftien-honderd-uur*.

i Invitations which say *19h30 for 20h00* are common in South Africa. This usually indicates that the 'official' proceedings will begin at 20h00 and that drinks and snacks will be available beforehand.

▶ Exercise 3

Using the **12-hour** clock, write **in words**, or say, in Afrikaans, the time shown on each of the clocks below. Clocks 1–4 show times before noon and clocks 5–8 show times after noon. Ensure that you make the difference clear in your answers, by stating **voormiddag** for *a.m.* and **namiddag** for *p.m.*

Exercise 4

Next to each activity, using the 12-hour clock, write in words the time at which you do each. Do not forget to indicate a.m. and p.m., by using either **vm.** or **nm.**

You will find a model answer in the **key to the exercises**.

Example: **aandete geniet**   *have supper*   **halfagt nm.**

1 opstaan   *get up*
2 ontbyt eet   *have breakfast*
3 gaan werk   *go to work*
4 tee drink   *have morning tea*
5 huis toe gaan   *go home*
6 nuus luister   *listen to the news*
7 bad   *bath*
8 gaan slaap   *go to sleep*

Language patterns

Verbs and tenses

All languages have verbs (doing words) and nouns (naming words) in their grammar. In fact, if you know lots of nouns and verbs in another language you should be able to make yourself understood in that language. For example, if you want to say in Afrikaans that someone's dog is going to bite you, you really only need to know the two words **hond** (*dog*) and **byt** (*bite*) to get across your fear and acquire the listener's help. This 'telegraphic' style is the way in which children talk when they are learning to speak a language.

Now you can see why it is so important to learn as much vocabulary as possible and the reason there are so many vocabulary lists throughout this book. Without the vocabulary you will be able to say, and thus communicate, little; you will understand even less of what is said to you, even if you know all the 'grammar' rules. Throughout this book you will be concentrating on nouns and verbs. In this unit we will be focusing on verbs and the way in which verbs tell the time at which something is done.

1 Verbs

Verbs are the 'heart' of any sentence – that part of a sentence which makes the sentence 'alive', so to speak. Verbs are often described as the 'doing' words in a sentence in that they describe/state what someone or something is doing. For example:

Sannie and Piet **are sleeping**.
Mr Smit **went** to work.
Mrs Smit **greets** Ouma.
The cousins **will arrive** late.

The 'verb' in a sentence may be made up of more than one word – a word (the 'main' verb) which describes an action, something being done – and other bits which in English, because it is our first language, we sense belong to the 'main' verb. Because Afrikaans is foreign to us, we might find that we do not have the same kind of intuitive feeling when it comes to the parts of Afrikaans verbs. In Unit 12, you will meet these bits and pieces of the verb, more formally.

In Afrikaans, the same form of the verb is used for the 1st, 2nd and 3rd person, whether the doer is singular or plural, or masculine, feminine or neuter. In English, the verb form may change. For example, compare the following sentences:

Ek *spring*.	*I jump*.
Die padda *spring*.	*The frog jumps*.
Sannie *spring*.	*Sannie jumps*.
Piet *spring*.	*Piet jumps*.
Die prys *spring*.	*The price jumps*.

2 Tenses

All languages allow for telling about things that are happening now; i.e. in the present, in the past and in the future. Some languages, like English, allow a variety of tenses; for example, the present continuous (*You are reading slowly*), the past continuous (*She was reading*) and the perfect (*I have done it*). These forms are not available in Afrikaans – you will learn how to deal with them in Unit 12. Afrikaans is much simpler and basically has the three main tenses: past, present and future:

Verlede	*Past*	What happened previously.
Teenwoordig	*Present*	What is happening now.
Toekomende	*Future*	What will happen in the future.

Present tense

Use this tense when you want to talk about things that are happening now. As noted earlier in this unit, the same form of the verb is used throughout for all persons in both the singular and plural.

Ek/Sannie/ Die onderwyser **loop**.	I *walk.*/Sannie/ The teacher *walks*.
Ek/Sannie/ Die onderwyser **lees**.	I *read.*/Sannie/ The teacher *reads*.
Ek/Sannie/ Die onderwyser **werk**.	I *work.*/Sannie/ The teacher *works*.
Ons/Julle/Hulle **loop**.	*We/You/They walk.*
Ons/Julle/Hulle **lees**.	*We/You/They read.*
Ons/Julle/Hulle **werk**.	*We/You/They work.*

Note

Self-correcting exercises

We have said before that part of learning a new language is learning its words and learning its 'sound'. Self-correcting exercises are indispensable when you need to acquire the sound and tense patterns of Afrikaans (or any other 'foreign' language) sentences. The advantage of these exercises is that you **cannot** give a wrong answer, and that by repeating large numbers of correct answers, your ears become attuned to the noise/sound of the structure you are practising.

The tables in Exercises 5, 6 and 7 are all self-correcting exercises. In such exercises, make a new sentence each time by choosing an alternative form from each column. As long as you read from left to write and choose one word from each column, you can't make a mistake.

To help you along, sentences compiled from each of the three following exercises have been recorded. As you work on each of the tenses, listen carefully to the appropriate set of sentences and practise them and compile others from the tables. These are important exercises if you want to get the feel of Afrikaans.

▶ Exercise 5

Use Table 1 to compose orally as many new present-tense sentences as you can.

Elke	dag	ry		dorp	toe.
	môre	stap		winkel	
	middag	loop	ek	kafee	
	aand	draf		stasie	
	oggend	wandel		poskantoor	

Table 1 Teenwoordige tyd *Present tense*

Note

You can make a possible 125 sentences from Table 1!

Example:

Elke dag ry ek dorp toe. *Every day I travel to town.*
Elke oggend loop ek stasie toe. *Every morning I walk to the station.*

elke	*every, each*	**dorp**	*town*
stap	*walk*	**winkel**	*shop*
loop	*walk*	**kafee**	*café*
draf	*jog*	**stasie**	*station*
wandel	*stroll*	**poskantoor**	*post office*

Additional vocabulary

From this point on, you will find that exercises and cultural practice notes frequently include extra vocabulary lists. These are provided in the belief that without an adequate vocabulary, no one can speak a language even if he/she might be able to explain the grammar of that language. The function of any grammar is to organize the meaning of what someone is saying so that another person who shares the language with the speaker/writer can understand it. Do not be tempted to skip learning the vocabulary. The more words you know and understand, the faster you will acquire Afrikaans.

Many of the vocabulary items are also recorded. Practise the words and listen to them and their English equivalents often. At this stage, you should be concentrating more on speech than on writing, so do not focus on the spelling of the words, but on sound and meaning.

Past tense

In English, the regular way in which to form the past tense is to add the particle *-ed* to the (main) verb (the word that names the action); i.e. *Today I skip* (present tense). *Yesterday I skipped* (past tense). The regular way to form the past tense in Afrikaans is to use the particle, **het** and to attach the particle **ge-** to the 'main' verb. For example:

Ek/Sannie/	I/Sannie/
Die onderwyser **het geloop**.	The teacher **walked**.
Ek/Sannie/	I/Sannie/
Die onderwyser **het gelees**.	The teacher **read**.
Ek/Sannie/	I/Sannie/
Die onderwyser **het gewerk**.	The teacher **worked**.

Verbs that begin with **ver-, be-, ont-, her-** and other prefixes don't add the **ge-** particle. For example:

Ek **het** my boeke **verkoop**.	I **sold** my books.
Ek **het** vir my boeke **betaal**.	I **paid** for my books.
Hy **het** haar verjaarsdag **onthou**.	He **remembered** her birthday.
Sy **het** my **herken**.	She **recognized** me.

▶ Exercise 6

Use **Table 2** to compose **orally** as many new past tense sentences as you can.

		vandag	geswem.
		gister	gehardloop.
		verlede week	huiswerk gedoen.
Ek	het	verlede maand	my ma gehelp.
		gisteraand	roomys gekoop.
		elke dag	my boeke gelees.
			klavier gespeel.

Table 2 Verlede tyd *Past tense*

Note

You can make a possible 42 sentences from Table 2.

Example:

Ek het gister my ma gehelp.	I helped my mother yesterday.
Ek het elke dag klavier gespeel.	I played the piano every day.

verlede	*last*	**gedoen**	*did*
week	*week*	**gehelp**	*helped*
maand	*month*	**roomys**	*ice cream*
gisteraand	*last night*	**gekoop**	*bought*
geswem	*swam*	**gelees**	*read*
gehardloop	*ran*	**klavier**	*piano*
huiswerk	*housework*	**gespeel**	*played*

Future tense

In English we form the future tense by adding *shall* or *will* to the (main) verb; i.e. *Tomorrow I shall skip* or *Tomorrow Vasu will skip*. In Afrikaans we add the word **sal** to the 'main' verb when we wish to use the future tense. For example:

Ek/Sannie/	*I shall walk./Sannie/*
Die onderwyser **sal loop.**	*The teacher will walk.*
Ek/Sannie/	*I shall read./Sannie/*
Die onderwyser **sal lees.**	*The teacher will read.*
Ek/Sannie/	*I shall work./Sannie/*
Die onderwyser **sal werk.**	*The teacher will work.*

▶ Exercise 7

Use Table 3 to compose orally as many new future tense sentences as you can.

		jou help.
Ons		die koppies was.
Hulle		kos kook.
Ons kinders	sal	die Juffrou groet.
Piet		tuis bly.
Ma		die huis skoonmaak.
		kom groet.
		gou weer kom kuier.

Table 3   Toekomende tyd   *Future tense*

Note

You can make a possible 40 sentences from Table 3.

Example:

Ons sal die Juffrou groet.	*We will greet the teacher.*
Piet sal die huis skoonmaak.	*Piet will clean the house.*

koppies	*cups and saucers*	**skoonmaak**	*to clean*
kos	*food*	**kom groet**	*to come and say goodbye*
kook	*to cook*	**gou**	*soon*
tuis	*home*	**weer**	*again*
huis	*house*	**kuier**	*visit*

Exercise 8

Write each of the following present tense sentences firstly in the past tense and then in the future tense.

Example:

Ek kook die kos. → Ek **het** die kos **gekook**. → Ek **sal** die kos **kook**.

1 Ek sien die seun hardloop.
2 Pa lees die boek.
3 Sannie en haar ma maak die huis skoon.
4 Pa koop vir Sannie en Piet 'n roomys.
5 Ouma en Oupa kuier by ons.

Language patterns

The forms of the verb 'to be' in Afrikaans

Most languages have a verb *to be*. This verb refers literally to 'being alive', existing. The forms in Afrikaans and English are:

Present		Past		Future	
is	*am/is/are*	was	*was/were*	sal wees	*shall be/will be*

You will notice that in the past and the future tenses, the verb *to be* has its own unique forms, for example:

Present	Past	Future
Piet **is** laat.	Piet **was** laat.	Piet **sal** laat **wees**.
Hulle **is** laat.	Hulle **was** laat.	Hulle **sal** laat **wees**.

In the examples above, the forms of the verb *to be* are 'main' verbs in that they are naming the action of being, existence. You will meet these forms again in Unit 12, when we talk about auxiliary and modal verbs in Afrikaans. For now, note only that, as in English, the verb 'to be' forms are often used with other 'main' verbs (as auxiliary/helping verbs) to complete verb phrases. For example:

Piet **sal** sy badwater netnou **intap**.

*Piet **will run** his bath water in a while.*

will and **sal** = auxiliary verbs
run and **intap** = main verbs
will run and **sal intap** = full verbs

▶ Dialogue 2

This conversation takes place amongst a group of adults of different professional status and different degrees of friendship.

Jan	Môre, Willem. Hoe gaan dit?
Willem	Môre, Jan. Goed, dankie. En met jou?
Jan	Beter nou dat dit koeler is! Goeiemôre, mnr. du Plessis. Hoe gaan dit met u?
mnr. du Plessis	Goed, dankie, Jan. Môre, Willem.
Willem	Goeiemôre, Meneer.
mnr. du Plessis	Goed. Ons beter aan die werk spring.

goed, dankie	*fine, thanks*	**koeler**	*cooler*
beter	*better*	**aan die werk spring**	*get to work*

▶ Dialogue 3

Mrs Smit phones the butcher at nine o'clock to order meat for a barbecue.

'n man se stem	Salim se slaghuis. Goeiemôre.
mev. Smit	Goeiemôre, mnr. Mohamed. Dit is mev. Smit wat praat. Hoe gaan dit met u?
mnr. Mohamed	Goeiemôre, Mevrou. Lekker, dankie. Hoe kan ek u help?
mev. Smit	Kan ek asseblief vleis bestel vir 'n braai vanaand? Ek wil graag agt tjoppies hê, een kilogram boerewors en vier hoender sosaties.
mnr. Mohamed	Goed, Mevrou. Ek sal u pakkie teen middagete aflewer.

| **mev. Smit** | Dankie, Meneer. Ek sal die bestuurder betaal. Totsiens. |
| **mnr. Mohamed** | Totsiens, Mevrou. Geniet die braai. |

man se	*man's*	**hê**	*want*
stem	*voice*	**boerewors**	*farm sausage*
slaghuis	*butchery*	**hoender**	*chicken*
praat	*speaking*	**sosaties**	*kebabs*
vleis	*meat*	**pakkie**	*parcel*
bestel	*order*	**teen**	*by*
braai	*barbecue*	**bestuurder**	*driver*
graag	*rather*	**betaal**	*pay*
tjoppies	*lamb chops*	**geniet**	*enjoy*

Exercise 9

Dialogue 3 between Mrs Smit and Mr Mohamed can be used as a template to plan other telephone orders. Use the vocabulary boxes to help you to fill in the gaps in the following dialogue in which Mrs Smit telephones the pharmacy to place an order for **aspirine, tandepasta, watte, salf, pleisters** (you may list these items in any order). She asks the chemist, Mr Pain, to deliver them to her by 3 p.m.

'n man se stem	____ se _____. Goeiemôre.
mev. Smit	Goeiemôre, mnr. ____. Dit is mev. Smit wat praat. Hoe gaan dit met u?
mnr. Pain	Goeiemôre, Mevrou. Lekker, dankie. Hoe kan ek u help?
mev. Smit	Kan ek asseblief 'n paar items bestel? Ek wil graag _____ , _____, _____, _____, en _____ hê.
mnr. Pain	Goed, Mevrou. Ek sal u pakkie teen vyfuur aflewer.
mev. Smit	Dankie, Meneer. Maar kan u asseblief teen _____ aflewer? Ek sal die bestuurder betaal. Totsiens.
mnr. Pain	Totsiens, Mevrou. Geniet die dag.

apteek	*pharmacy*	**salf**	*ointment*
aspirine	*aspirin*	**pleisters**	*plasters*
tandepasta	*toothpaste*	**apteker**	*chemist/*
watte	*cotton wool*		*pharmacist*

Exercise 10

1 Look at the following collage, in which there are 12 people doing different things. The Afrikaans terms for these people are:

musikant   bakker   sanger
tennisspeler   danser   verkeerskonstabel
skeepskaptein   dokter   verpleegster
soldaat   onderwyser   visserman

2 Most of the Afrikaans words are similar to English ones. Write down the list of English equivalents next to the Afrikaans words. (You will be able to work out the unfamiliar ones by a process of elimination!)

3 All the people in the collage are numbered. Match the letters in the collage with the correct Afrikaans terms.

03

asseblief, dankie

please, thank you

In this unit you will learn
- the parts of the body
- how to form plurals
- the ranking numbers
- about homes
- some question words
- about polite behaviour

ℹ Knowing how to behave appropriately

Making small talk and knowing polite forms of address are two of the social graces we have to learn. This is not always so easy to do in a foreign language situation. Yet it is a lack of these social graces which leads to others thinking we are rude or abrupt. It is thus essential that you acquire the culturally prescribed social behaviour in tandem with the language forms.

In Afrikaans, as in English, there are certain words which are used in certain contexts. The practice is similar to the way in which we speak of 'pork' rather than 'pig meat' and 'beef' rather than 'cow meat' in English. The practices represent cultural conventions.

The following are some examples of what would be considered social *faux pas* in Afrikaans:

- If you want to shake hands with an Afrikaans **hond**, be sure to **skud** its **poot** not its **hand**!
- An animal (**dier**) has **vier pote** (*paws*) not **twee hande en twee voete**, as **mense** do.
- If you want to **kiss** the budgie 'Hello', you will kiss its **bek** (*beak*) not its **mond** (*mouth*).
- Stroke the cat's or the dog's **pens** (*belly*), not its **maag** (*stomach*).

Liggaamsdele (*Parts of the body*)

- Give your guests food to **eet** (*eat*), and your pets food to **vreet** (*eat*).
- Even if 'she' is an old crone, you still can't call her hands **kloue** (*claws*) or her nose a **bek** (*beak*).
- People have **boude** (*rumps*), animals have **sterte** (*tails, backsides*). Never use the word **stert** for a person – you would be considered to be swearing at them!

Language patterns

Plural forms

Plurals in Afrikaans are *most commonly* formed by adding the letter -e to the end of a word:

Singular		Plural	
vlerk	(*wing*)	**vlerke**	(*wings*)
voet	(*foot*)	**voete**	(*feet*)
klou	(*claw*)	**kloue**	(*claws*)
neus	(*nose*)	**neuse**	(*noses*)

Arende het baie groot vlerke. *Eagles have enormous wings.*
Reuse het groot voete *Giants have large hands*
en hande. *and feet.*
Die skaapboude was *The legs of lamb were*
baie lekker. *delicious.*
Hekse het baie lang neuse. *Witches have very long noses.*

Spelling conventions

In Afrikaans, there are several spelling conventions which relate to the length of the vowel and whether vowels fall together when plurals are formed. You should learn these forms.

- When a noun has a short vowel (only one before a word-final consonant), **the consonant** at the end **is doubled** before the plural-e is added:

Singular		Plural	
kop	(*head*)	**koppe**	(*heads*)
bek	(*mouth, snout*)	**bekke**	(*mouths, snouts*)
nek	(*neck*)	**nekke**	(*necks*)

Die honde krap hulle koppe. *The dogs scratch their heads.*
Die nekke van kameelperde *Giraffes' necks are long.*
is lank.

Suikervoëls het lang, skerp bekke.	*Cape sugar birds have long, sharp beaks.*

- When a noun has twin vowels (like **aa, ee, oo, uu**) before a word-final consonant, the vowel is shortened before the plural **-e** is added:

Singular		Plural	
poot	(*paw*)	**pote**	(*paws*)
been	(*leg*)	**bene**	(*legs*)
oor	(*ear*)	**ore**	(*ears*)

My **ore** is seer.	*My ears are sore.*
Diere het vier **pote** en dikwels twintig **tone**.	*Animals have four paws and often twenty toes.*
Voëls en mense het net twee **bene**.	*Birds and people have only two legs.*

- Some nouns arbitrarily add an **-s** to form plurals – you will have to learn these words as you encounter them:

Singular		Plural	
seun	(*son, boy*)	**seuns**	(*sons, boys*)
dogter	(*daughter, girl*)	**dogters**	(*daughters, girls*)
voël	(*bird*)	**voëls**	(*birds*)

Voëls lê eiers en uit dié kom hulle kuikens.	*Birds lay eggs and out of these come their chicks.*
Die seuns en die dogters werk almal saam.	*The boys and the girls all work together.*
Die kinders se ouers is mnr. en mev. Smit.	*The children's parents are Mr and Mrs Smit.*
Ek het my vingers op die stoof gebrand.	*I burnt my fingers on the stove.*

- A few nouns change their forms exceptionally, and these too you will have to learn as you come across them. Two dots ('trema') are placed above the **-e** to show that the **-e** is to be pronounced as a separate syllable/sound.

Singular		Plural	
oog	(*eye*)	**oë**	(*eyes*)

My **oog** is seer.	*My eye is sore.*
My **oë** is seer.	*My eyes are sore.*

Such forms often end on a vowel **+-g** combination.

Note

-oe- is a single sound in Afrikaans in words like **boek** and **voet**, so if this single sound is not the one to be designated, the dots must be used to split the single sound into two, **o-e**. The -ee sound is also a single-syllable Afrikaans sound, and has to be distinguished from **e-e**, two syllables. The dots frequently distinguish words of different meaning. Compare **voel** (*to feel*) and **voël** (*a bird*) and **leer** (*to learn, a ladder, leather*) and **leër** (*an army, the armed forces*).

kop	koppe	*head/s*
hand	hande	*hand/s*
stert	sterte	*tail/s*
vinger	vingers	*finger/s*
oog	oë	*eye/s*
toon	tone	*toe/s*
neus	neuse	*nose/s*
klou	kloue	*claw/s*
mond	monde	*mouth/s*
voet	voete	*foot/feet*
bek	bekke	*beak/s, snout/s*
poot	pote	*paw/s*
nek	nekke	*neck/s*
been	bene	*leg/legs*
oor	ore	*ear/s*
boud	boude	*rump/s*
snor	snorre	*moustache/s*
pens	pense	*gut/s*
arm	arms	*arm/s*
vlerk	vlerke	*wing/s*
veer	vere	*feather/s*
troeteldier	troeteldiere	*pet/s*
vlieg	vlieë	*fly/flies*

Note

In Afrikaans, when you speak of your *hair* or an animal's *fur*, use **hare.** The singular form, **haar,** is seldom used and can only refer to a single *hair*.

Exercise 1

Choose the correct word from each of the alternatives in the following description.

Die Smits het twee **kinder/kinders** – een **seun/seuns** en een **dogters/dogter**. Die gesin het drie **troeteldiere/troeteldiers**. Hulle het 'n **kat/katte**, 'n **honde/hond** en 'n **voël/voëls**. Die **voëltjies/voëltjie** is Sannie s'n en die **katte/kat** is Piet s'n. Die **hond/honde** is almal s'n. Die Smits het saam veertig **tone/toons** op hulle **voete/voet** en veertig **vinger/vingers** op hulle **hands/hande/hand**. Die vier **mens/mense** het net agt **voet/voete/voets** saam. Die **katte/kat** en die **hond/honde** het agt **poot/pote** saam en die **voëltjies/voëltjie** net twee **klous/kloue/klou**. Maar, 'n **voëls/voël** kan vlieg want dit het **vlerk/vlerke/vlerks**.

▶ Dialogue 1

Back at home.

Kinders	Hallo, Mamma. Ons is tuis.
Ma	Middag, kinders. Hoe was dit by die skool?
Piet	Lekker, dankie. Ons het in biologie 'n padda opgesny.
Sannie	Ugh! Hoe kan julle? Hoe kan Juffrou Malan?
Pa	Dag almal. Ek is vandag vroeg tuis.
Ma en kinders	Middag, Pa. Hoekom, Pa?
Pa	Ek was klaar met my werk. Ons kan vanaand braai.
Kinders	Yipee! Dankie.
Ma	Dis tyd om te bad. Môre is dit weer skool. Bad jy eerste, Piet.
Piet	Goed, Ma.
Pa	Kom sê nag voor julle inklim.
Sannie	Ons sal, Pa.
Sannie en Piet	Nag, Ma. Nag, Pa.
Hulle ouers	Nag, kinders. Lekker slaap.

opgesny*	*cut up*	**klaar**	*finished*
dag almal	*afternoon all*	**bad**	*bath*
vroeg	*early*	**eerste**	*first*
hoekom	*why*	**inklim**	*get into bed*
hulle ouers	*their parents*		

*opgesny is from **opsny**. See Unit 11 for more on this type of 'prepositional verb'.

Language patterns

▶ Numerical ranking

Ranking numbers mark position. They describe the position of a person, place or thing.

Die Franse hardloper het **tweede** gekom in die wedloop.	*The French runner came second in the race.*
Piet is die Smit se **eerste** kind.	*Piet is the Smits' first child.*
Vandag is haar **dertigste** verjaarsdag.	*Today is her thirtieth birthday.*

1st	eerste	6th	sesde	11th	elfde	16th	sestiende
2nd	tweede	7th	sewende	12th	twaalfde	17th	sewentiende
3rd	derde	8th	agste	13th	dertiende	18th	agtiende
4th	vierde	9th	negende	14th	veertiende	19th	negentiende
5th	vyfde	10th	tiende	15th	vyftiende	20th	twintigste
30th	dertigste	40th	veertigste	50th	vyftigste	60th	sestigste
70th	sewentigste	80th	tagtigste	90th	negentigste	100th	honderdste

Note

- For most numbers between 2nd and 19th -de is added to the counting number. The exceptions are eerste and agste, which are formed by adding -ste. **Een** becomes **eer-** before the -ste is added. **Agt** loses its -t and becomes **ag-** before -ste is added.

- For numbers from 20th to 100th, we add -ste to the 'tens' part of the number – **vyftigste** (*50th*), **honderdste** (*100th*).

- For all other numbers we add the -ste to the last word of the number – sewe duisend, vier honderd, ses-en-sestigste (7,466); vier-en-twintig duisend, agt honderd en ses-en-tagtigste (24,886).

- Whereas in English we generally add -th to a figure when we wish to write a ranking number in figures, in Afrikaans we use mostly -ste (sometimes -de).

eerste	**1ste**	*1st*		negentigste	**90ste**	*90th*
tweede	**2de**	*2nd*		een-en-twintigste	**21ste**	*21st*

▶ Exercise 2

Use Dialogue 1 to answer the following questions.

This is the first exercise in which you will answer questions set in Afrikaans, but you will manage! Except for the question words **wie?** (*who?*) and **watter** (*which*), you have already encountered all of the vocabulary included in the following exercise. The sentences are all written in the past tense, so you can revise this pattern, also.

1 Wie was **eerste** tuis?
2 Wie het **tweede** gegroet?
3 Wie het **laaste** by die huis gekom?
4 Watter een van die kinders het **tweede** gebad?
5 Wie het **laaste** gaan slaap? (twee mense)

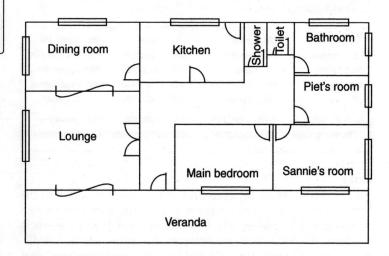

Die kamers	Icon	Rooms
Ma en Pa se slaapkamer		
Piet se slaapkamer		
Sannie se slaapkamer		
die eetkamer		
die sitkamer		
die kombuis		
die stort		
die badkamer		
die toilet		

Exercise 3

Look at the floor plan of the Smit house, opposite. The plan shows the rooms of the house and each is labelled in English. The following table lists the names of the rooms in Afrikaans. Next to each of the rooms there is an icon representing that room. Use the icons to help you associate each of the rooms on the floor plan with the list of Afrikaans terms. Complete the table by inserting the English translation next to the Afrikaans words.

Language patterns

Question words

Question words are those we use to get information from other people. In English we would begin a question with words like *who? what? when? where? how many?* and *which?* to name but a few.

Question words in Afrikaans include:

hoeveel?	*how many/much?*	**wanneer?**	*when?*
waar?	*where?*	**hoe?**	*how?*
hoe laat?	*what time?*	**van watter?**	*of/from which?*
wie?	*who?*	**waarop?**	*on what?*
wat?	*what?*	**watter?**	*which?*

Hoeveel slaapkamers is daar in die Smit se huis?	*How many bedrooms are there in the Smit's home?*
Daar is **drie** slaapkamers.	*There are three bedrooms.*
Wanneer slaap ons?	*When do we sleep?*
Ons slaap in die **nag**.	*We sleep at night.*
Van watter musiek hou jy?	*What music do you like?*
Ek hou van **jazz**.	*I like jazz.*
Hoe laat staan jy op?	*What time do you get up?*
Ek staan **vyfuur** op.	*I get up at five o'clock.*
Wat is mnr. en mev. Smit se voorname?	*What are Mr and Mrs Smit's first names?*
Hulle voorname is **Jan** en **Marie**.	*Their first names are Jan and Marie.*

hou van	*like*

- Learn by heart the following two questions:

Die hoeveelste is dit vandag?	*What is the date today?*
Hoe is jou naam?	*What is your name?*

▶ **Exercise 4**

Fill in the correct Afrikaans words in the spaces below.

All the answers in this exercise are drawn from vocabulary you have met before. The exercise also shows you how questions are formed and the kinds of answers they might elicit.

1 Waar eet ons? Ons eet in die _____ .
2 Waar kook ons die kos? Ons kook die kos in die _____ .
3 Waar sit ons en lees? Ons sit in die _____ en lees.
4 Hoeveel toilette is daar in die huis? Daar is net _____ toilet.
5 Wanneer eet ons ontbyt? Ons eet ontbyt in die _____ .
6 Watter kamer is die kleinste in die huis? Die _____ is die kleinste kamer in die huis.

Exercise 5

When the Smits moved into their house, they labelled each piece of furniture with the name of the room in which it belonged. Mr Smit also drew up a table listing the furniture contents for the supervisor to use as a checklist. Use the following table, together with the vocabulary box below, to draw up Mr Smit's list.

Vertrekke	Meubels
1 kombuis	
2 eetkamer	
3 sitkamer	
4 slaapkamer 1	
5 slaapkamer 2	
6 slaapkamer 3	

vertrek	**vertrekke**	*room/s*
spieëltafel	**spieëltafels**	*dressing table/s*
	meubels	*furniture*
lessenaar	**lessenaars**	*desk/s*
klavier	**klaviers**	*piano/s*
dubbelbed	**dubbelbeddens**	*double bed/s*
stoof	**stowe**	*stove/s*
enkelbed	**enkelbeddens**	*single bed/s*
yskas	**yskaste**	*fridge/s*
boekrak	**boekrakke**	*bookcase/s*

bank	**banke**	*couch/es*
pophuis	**pophuise**	*doll's house/s*
tafel	**tafels**	*table/s*
huisplant	**huisplante**	*house plant/s*
ketel	**ketels**	*kettle/s*
stoel	**stoele**	*chair/s*
TV	**TVs**	*TV/s*
draadloos	**draadlose**	*radio/s* (lit. *'wireless'*)

▶ Dialogue 2

'If I knew you were coming I'd have baked a cake!' Do you remember the words of this old song? Piet and Sannie decide to surprise their mum who is out visiting. It all starts with Piet's ever-growling hungry stomach.

Piet	Waar is Ma? Ek is honger.
Sannie	Ma is by vriende en sal vyfuur by die huis wees.
Piet	Dit is nou twee-uur. Kom ons bak 'n koek, 'n sjokoladekoek.
Sannie	Nou goed, maar waar is Ma se resepte boek?
Piet	Ons het nie 'n resep nodig nie! Waar is die sout en peper?
Sannie	Ag Piet! Moenie so dom wees nie. Vir 'n koek het ons eiers, melk, water, botter, sjokolade en suiker nodig.

The children mix the ingredients together. They put the cake in the oven. After an hour the cake has still not risen. Sannie and Piet think that the oven is still not hot enough.

Sannie	Oooh, ons is maar baie dom! 'n Koek het bakpoeier nodig om te rys.
Piet (*laggend*)	Wie gee om? Nou het ons sjokoladepoeding!

honger	*hungry*	**meng**	*mix*
vriende	*friends*	**bestandele**	*ingredients*
bak	*bake*	**saam**	*together*
sjokoladekoek	*chocolate cake*	**oond**	*oven*
nou goed	*OK*	**nog nie**	*not yet*
resep/resepte	*recipe/s*	**rys**	*rise*
resepte boek	*recipe book*	**dink**	*think*
het nodig	*have necessary* (lit. *need*)	**warm**	*hot*
sout en peper	*salt and pepper*	**genoeg**	*enough*

moenie/moet nie	don't/do not	baie	very
so dom	so silly	bakpoeier	baking powder
eiers	eggs	laggend	laughing
suiker	sugar	Wie gee om?	Who cares?

Exercise 6

1 Answer the following questions based on Dialogue 2:

   a *Where* has Piet and Sannie's mother gone?
   b *What time* will she be home?
   c *Whose* recipe book are they looking for?
   d *What* ingredients does Piet think they need?
   e *Who* is silly?
   f *What* do the children forget to put in the cake?

2 Give the Afrikaans question words for each of the English question words which appear in italics in Question 1.

🛈 Mealtimes

Many Afrikaners still have three meals a day. They have breakfast and supper together and lunch at school or work with people other than their family members. At weekends, however, most meals are taken together. Mealtimes are important occasions for family gatherings. The three main meals are:

ontbyt	(breakfast)	sewe-uur	(seven o'clock)
middagete	(lunch)	eenuur	(one o'clock)
aandete	(supper)	sesuur	(six o'clock)

Look at the following table of favourite South African foods. This gives you another opportunity for practising your plurals.

Vrugte	*Fruits*
appel/s	apple/s
perske/s	peach/es
vy/e	fig/s
pruim/e	plum/s
druiwe	grape/s
tamatie/s	tomato/es
piesang/s	banana/s
peer/pere	pear/s

Groente	*Vegetables*		
aartappel/s	*potato/es*		
ertjie/s	*pea/s*		
boontjie/s	*bean/s*		
kool	*cabbage/s*		
pampoen/e	*pumpkin/s*		
ui/e	*onion/s*		
raap/rape	*turnip/s*		
wortel/s	*carrot/s*		

Vleis	*Meats*
beesvleis	*beef*
skaapboud/e	*leg of lamb*
varktjop/s	*pork chop/s*
spek	*bacon*
wors	*sausage/s*
hoender/s	*chicken/s*
niertjie/s	*kidney/s*
maalvleis	*mince*

Other favourites include:

brood	*bread*	**eier/s**	*egg/s*
konfyt	*jam/s*	**pap**	*porridge*
kaas	*cheese/s*	**sap/pe**	*juices*
roosterbrood	*toast*	**smeer**	*spread*

You will note that in some cases English has a plural form, while Afrikaans does not. In English, for example, we have the plural forms *cabbages*, *sausages*, *jams*, *cheeses*, *spreads*. There are no equivalent plurals in Afrikaans. In Afrikaans, words are used which have a plural form: cabbages are described as **koppe kool** (*heads of cabbage*); jams, cheeses, spreads and sausages are described in terms of words like **soorte** (*kinds, varieties*). **Wors** is also frequently used with the word **stukke** (*pieces*).

Brood/brode (*bread*), on the other hand, has a plural in Afrikaans but not in English. This is because we qualify the word 'bread' in English with the word *loaf*, which has a plural form:

ses **brode**   *six **loaves** of bread* (literally 'six breads').

You will just have to learn the odd ones as you work through the book.

Exercise 7

Use the vocabulary above to compile, in Afrikaans, all the foods that might find their way on to menus for breakfast, lunch and supper.

▶ ⓘ Teatime – all about coffee

While we might speak in South Africa of 'teatime' at ten o'clock and four o'clock, it is coffee which is drunk by most Afrikaners and many other South Africans.

Afrikaners wake up to coffee and a rusk in the morning. The first cup of coffee is drunk while still in bed – not surprising then that coffee is known as '**boeretroos**' (*farmers' comfort*). Rusks are oven-dried strips (fingers) of bread, sometimes sweetened, and are dunked into the coffee as a kind of pre-breakfast snack.

South African ground coffee is generally not as strong as Italian, French or Belgian coffee, for example, and nowhere near as strong as Arabic coffee. It is drunk in large cups or mugs and most often black and well sugared. South Africans who like 'white' coffee almost never use cream. They add milk and often hot milk at that!

teetyd	*teatime*	**Arabiese**	*Arabic*
koffie	*coffee*	**beker**	*mug*
boerebeskuit	*rusks*	**swart**	*black*
moer	*ground (coffee)*	**wit**	*white*
sterk	*strong*	**Franse**	*French*
Italiaanse	*Italian*	**Belgiese**	*Belgian*
room	*cream*		

ⓘ Teatime – all about food

Whereas food taken with tea is generally 'light' (sandwiches, butter biscuits, shortbread), the food which accompanies coffee is far heavier and richer: chocolate cake, fruitcake, banana loaf, carrot cake, jam tarts, etc.

vrugtekoek	*fruitcake*	**toebroodjies**	*sandwiches*
piesangbrood	*banana loaf*	**soetkoekies**	*butter biscuits*
wortelkoek	*carrot cake*	**brosbrood**	*shortbread*
tertjies	*jam tarts*		

Teatime – on having a tea party

When very close friends and family members 'pop in' (Afrikaners generally keep open house), they often sit informally in the kitchen to have a cup of coffee and a rusk – and a chat. In a more formal situation, the hostess is likely to set a formal tea table, rather than serve in the lounge. The guests are then able to fill up their side plates with their choice from the table.

besoekers	visitors	**keuse**	choice
'n draaimaak	pop in	**skinkbord**	tray
opehuis	open house	**oudste**	eldest
gasvrou	hostess	**dame**	lady
dek	set	**tot jou smaak**	to taste
bedien	serve	**hoe neem u ...?**	how do you take ...?
gaste	guests	**klaar**	fully prepared
kleinbordjies	side plates		

Polite behaviour at meals

We have commented before on the importance Afrikaners place on polite forms of behaviour. Mealtimes have their own particular practices.

Meals customarily begin and end with grace. The closest equivalent to the French expression *bon appétit* in Afrikaans is **lekker eet** (*eat nice*), but this is a fairly recent innovation. It is much more customary for the partakers of the meal to compliment their hostess during or after the meal. Saying 'please' and 'thank you' is an integral part of the mealtimes.

Listen to the following dialogue. Notice how people ask for things, how they say 'thank you' and how they excuse themselves when they wish to interrupt or leave the table.

▶ Dialogue 3

Sannie	Kan ek u iets aangee, Tannie?
Tannie Mina	Die sout en paper asseblief, Sannie. Wat kan ek vir jou aangee?
Sannie	Kan ek asseblief die botter kry wanneer Pa daarmee klaar is?

Oom Gert	Hierdie konfyt is baie lekker, Marie. Het jy dit self gemaak?
Ma	Dankie, Gert. Ja, ek het. Wil jy koffie hê, Gert?
Oom Gert	Ja, asseblief, Marie. Dit sal lekker wees. Nee dankie. Geen suiker vir my nie, Jan.
Piet	Verskoon my, Oom Gert. Kan ek asseblief melk kry, Mamma?
Ma	Ja seker, Piet. En jy, Sannie?
Piet en Sannie	Dankie, Ma.
Pa	Marie, dit was 'n heerlike ontbyt. Baie dankie.
Ma	Dis 'n plesier, Jan. Julle is welkom.
Sannie	Mag ek die tafel verlaat, Mamma?
Ma	Ja, seker, Sannie.

iets	something	verskoon my	excuse me
aangee	pass	kry	get
asseblief	please/thank you	heerlik	delicious
daarmee	with it	plesier	pleasure
klaar	finished	seker	certainly
hierdie	this	verlaat	leave

▶ **Exercise 8**

You are at a tea party. Respond to the other guests according to the prompts.

Mrs Smit	Sal jy tee of koffie neem?
You	Say *'Coffee, please. Thank you.'*
Mrs Smit	Kry iets om te eet.
You	Say *'Thank you. I'll have a piece of cake.'*
Mrs Smit	Kry 'n kleinbordjie.
You	Say *'Thank you. I will. May I have the sugar, please?'*
...	
You	Say *'That was delicious. Thank you very much.'*

04

kultuur en kerk

culture and church

In this unit you will learn
- about the diverse South African cultures
- about the use of the infinitive in Afrikaans
- time, manner, place, word order in Afrikaans
- about compounds

▶ Dialogue 1

Listen to the following dialogue, in which members of the rich variety of South African cultural groups introduce themselves to you. This is rather a long dialogue, so you will need to listen to it several times. Most of the dialogue is in the present tense, as a reminder. You have also met most of the words before.

Willem Ek is 'n bruinman, 'n "Kaapse Kleurling". My huistaal is Afrikaans. Ek is 'n Christen.

Ben Ek is 'n Maleier. Ek woon ook in die Kaap. My huistaal is ook Afrikaans. Ek is Islamies.

Koos Ek is 'n Afrikaner boer van die Vrystaat. Ek is ook 'n Christen.

Andries Ek is 'n bruinman; 'n Greikwa, een van die Khoimense. Ek woon in die Vrystaat, langs die Garieprivier (die Oranjerivier soos die boere dit genoem het). Die woord "Gariep" is 'n Khoi woord. Ek is ook 'n Christen en my huistaal is ook Afrikaans.

Xai Ek is, wat die witmense noem, 'n Boesman. Ons mense noem ons self die San. Ek woon in die Noord-Kaap en in die Kalahariwoestyn. My huistaal is San, maar soos die meeste mense van die Sanmense, praat ek ook goed Afrikaans. Ons het ons eie traditionele geloof.

Nadira Ek is 'n Indiër vrou. Ek woon in Durban in die KwaZulu-Natal provinsie. Ek het familie wat in Gauteng en in Port Elizabeth in die Ooskaap woon. My geloof is Hindu. Die meeste Indiërs praat Engels as hulle huistaal en ken nie meer hulle erfenistale soos Hindi en Tamil en Gujerati nie.

Famieda Ek is ook 'n Indiër vrou en ek woon ook in Durban, maar my geloof is Islam. My huistaal is ook Engels, maar my gealooftaal is Arabies.

Sithole, Vuyo en Nothandu Ons is almal inheemse mense. Ons is Zulu, Xhosa en Basotho, onderskeidelik. Ons praat amper almal meer as twee tale. Ons praat almal ons eie taal – isiZulu, isiXhosa, Sesotho, onderskeidelik – en een of twee ander "swarttale" en Engels en/of Afrikaans. Die meeste inheemse mense is Christene, maar daar is van ons mense wat die ou geloof nog volg.

bruinman	'coloured', 'of mixed race'
kleurling	coloured
huistaal	home language
Maleier	Malay
Vrystaat	Free State
Griekwa	Griqua
rivier	river
Boesman	Bushman
noord	north/northern
woestyn	desert
geloof	religion/belief
meeste	most
erfenis	heritage
Arabies	Arabic (language)
inheemse	indigenous
onderskeidelik	respectively
amper	nearly
swarttale	'black' languages
volg	follow

Exercise 1

Check your knowledge of the peoples of South Africa based on Dialogue 1.

1 Which two people are Islamic?
2 The members of which three tribal groups participate in the dialogue?
3 Where do the Malays live?
4 In which three provinces do most Indians live?
5 Which four people claim Afrikaans as their first language?
6 What is the preferred name for Bushman?
7 What is the preferred name for Griquas?

Exercise 2

Use the question words you learnt in Unit 3 to complete the following questions, which are all based on the above dialogue. The English question forms are there to help you.

Example:

_____ is 'n bruinman? → **Wie** is 'n bruinman? (_____ *is a 'coloured'?* → ***Who is a coloured?***)

1 _____ is Willem se huistaal? (*What?*)
2 _____ woon Ben? (*Where?*)
3 _____ is Xai se geloof? (*What?*)
4 _____ tale praat die inheemse mense? (*Which?*)
5 _____ huistaal is San? (*Whose?*)
6 _____ woon die Griekwas? (*Where?*)
7 _____ tale praat die meeste inheemse mense? (*How many?*)
8 _____ erfenistale is Hindi, Tamil en Gujerati? (*Whose?*)
9 _____ is Koos se werk? (*What?*)

i Fishing for a living, and all the dangers it entails, is the way of life for a large portion of the Cape Coloureds. All round the southern and west coasts of South Africa there are tiny, quaint villages, reminiscent of fishing villages the world over. Some of the fisherfolk fish independently from tiny frail boats, while others work for the large fish production companies based mainly on the West Coast and at Southern Cape harbours.

▶ Going deep-sea fishing

Listen to and read along with the following story about a fishing trip on the west coast.

Vir die Kaapse Kleurling is visvang werk. Kaptein Bruinders is in bevel van 'n moderne vissersboot. Aan die mas van die boot hang daar groot nette. Visse word nie een-vir-een gevang nie, maar duisende der duisende op 'n slag.

Kaptein Bruinders gee die teken om die anker te lig. Na 'n uur se seil, gee Kaptein Bruinders die bevel **om die nette in die water te gooi.** Die vissers maak rooi vlaggies aan die nette vas voordat hulle dit in die water gooi.

Wanneer hulle terug seil na die nette, vind hulle dat hulle vol der duisende sardientjies is. Die nette word leeggemaak binne die koel skeepsruim. Wanneer al die nette ingetrek is, seil hulle weer terug Houtbaai toe. Daar word die sardientjies by die fabriek afgelaai **om behandel te word** voordat dit verkoop word.

Vis is goedkoop in Suid-Afrika en kan elke dag vars gekoop word by hawens en op die strande direk van privaat vissermans af. Elke visser moet 'n lisensie hê **om te kan visvang** – al is dit net vir pret.

visvang	fishing	duisende	thousands
bevel	command	sardientjies	sardines
vissersboot	trawler	leegmaak (V)	empty
mas	mast	skeepsruim	ship's hold
een-vir-een	one by one	intrek	pull in
slag	at one go	fabriek	factory
teken	sign	aflaai	offload
anker	anchor	behandel	to process
seil	sail	verkoop	sell
gooi	throw	goedkoop	cheap
rooi	red	elke	each
vlaggies	little flags	vars	fresh
vasmaak	fasten	hawens	harbours
voordat	before	strand	beach
pret	fun	lisensie	licence

Language patterns

Infinitives

In English, infinitive verbs are recognizable by the word *to*, which always precedes the 'main' verb – *to run, to talk, to be*. Infinitives (inf) can never be the only verb form in a sentence. There is always another verb form in the sentence to mark the tense of the action – *She wants* (V) *to sing* (inf) *that song*. You can see that infinitives, in fact, have no tense.

Afrikaans infinitives are similar to English infinitives, except that there are at least two forms of the infinitive in Afrikaans, one with **om te** and the other with just **te**. The **te**, whether it occurs on its own or with **om**, always comes just before the 'main' verb.

Om te ('in order to')

Look at the following Afrikaans phrases and their English equivalents:

om die nette in die water **te gooi**	to *throw the nets into the water*
om vis **te vang**	to *fish*
om te seil	to *sail*
om behandel **te word**	to *be processed*

Notice that in each case the infinitive in Afrikaans is made up of **om te** + verb.

These examples represent the most common form of the infinitive. Notice also that the particle **om** may occur some distance from its complement piece, **te** (see the first, second and fourth examples, above). The position of **om** is dictated by the verb preceding it and the position of the **te** by the verb itself.

Te *on its own* ('to')

1 The words **behoort** (*ought*) and **hoef** (*need*), as they do in English, take an infinitive to complete their meaning:

a Jy **behoort** jou tuin nou   *You **ought to** water your*
  nat **te** gooi.   *garden now.*
b Jy **hoef** dit nie **te** doen nie. *You **need** not do it.*

2 The words **met** (*with*) and **deur** (*by*) when they are used in the following ways require **te** + verb:

c **Deur** die vis **te** vries bly   *By **freezing** the fish it*
  dit vars.   *stays fresh.*
d **Deur** hard **te** oefen,   *By **practising** hard, they won.*
  het hulle gewen.
e Dit het niks **met** jou **te**   *It has nothing **to** do **with** you.*
  doen nie.

Note

- In **b**, above, there is no *to* in the English version;
- In **c**, above, the infinitive is reflected in English as an *-ing* form. This is common when **deur** is used in the Afrikaans.

▶ Exercise 3

To attune your ear and mind to the Afrikaans infinitive pattern, use the following self-correcting exercise. Compose **orally** as many new sentences as you can. (You can make a possible 84 sentences.)

				dit nie te doen		
Ek				te luister		
Sy		jou		die werk af te handel		
Hulle	wil	hom	nie dwing	om	te sing	nie.
Thabo		haar		rugby te speel		
				die toets af te lê		
				op te hou lekkers eet		

dwing	*force*		**aflê**	*sit (the test)*
luister	*listen*		**ophou**	*to stop*
afhandel	*complete*		**lekkers**	*sweets*

Exercise 4

Fill in either **om te** or **te** in the following sentences. Remember that sometimes the **om** and **te** are separated from one another.

Example:

Jy hoef dit nie _____ doen nie. → Jy hoef dit nie **te** doen nie.
Die kinders help _____ die tafel dek. → Die kinders help **om** die tafel **te** dek.

1 Ons hou daarvan _____ reis.
2 _____ braai is lekker.
3 Die kinders het probeer _____ 'n koek bak.
4 Ek moet ophou met _____ rook.
5 Deur hard _____ werk, het Sannie gewen.
6 Die kaptein hoef nie nou _____ seil nie.
7 Hulle het gekom _____ groet.
8 Hulle behoort vandag _____ kom.

Language patterns

Word order 1: time, manner, place

In English the word order of a sentence, particularly that of the subject ('doer') and the verb (action), doesn't change when we move other parts of a sentence around. Thus, we can say, *I am going* to town this afternoon or *This afternoon I am going* to town. In Afrikaans, however, moving a phrase around changes the word order of the subject and the verb. In Afrikaans, there are two ways in which the word order may change from the basic *Subject–Verb–Object* (SVO) sequence, which is the same in Afrikaans as it is in English:

[Die hond] (**S**) jaag (**V**)   [The dog] (**S**) chases (**V**)
  [die eend] (**O**).   [the duck] (**O**).
[Die voëls] (**S**) het (**V**)   [The birds](**S**) ate(**V**)
  [die saad](**O**) geëet.   [the seed](**O**).

Some changes occur in simple sentences – SVO sentences – and others in complex sentences – sentences made up of combinations of SVO sentences.

In this unit we will be looking at the word-order change which arises from the positioning of Time, Manner, and Place phrases, which say when, how or where something is done. This type of word-order change occurs in **simple** sentences whether they are used on their own or as part of longer complex sentences. (We will deal with word-order changes which arise in complex sentences in Unit 10.)

In Afrikaans, Time, Manner and Place are called **Tyd** (T), **Wyse** (W), **Plek** (P), respectively. The order of these phrases within a sentence is strict in Afrikaans. The order is always **Tyd, Wyse, Plek**. For example:

Sannie speel vandag (T) in die huis (P).	*Sannie is playing in the house (P) today (T).*
Piet het gister (T) lekker (W) in die tuin (P) gewerk.	*Piet played happily (M) in the garden (P) yesterday (T).*
Ma sal môre (T) gou (W) koek bak.	*Mum will bake a cake quickly (M) tomorrow (T).*

If we move a Time, Place or Manner phrase to the beginning of a sentence, the verb (or the verb particle) and the subject must swop places. For example:

Vandag (T) speel (V) Sannie (S) in die huis (P).
Gister (T) het (V part) Piet (S) lekker (W) in die tuin (P) gewerk.
Môre (T) sal (V part) Ma (S) gou (W) koek bak.

Note

You may move any of the phrases to the beginning of the sentence, but the other two must remain in their fixed order – Time, Manner, Place.

Die Smits het [gister] [per vliegtuig] [Kaapstad] toe gegaan.
→ **Gister** het die Smits [per vliegtuig] [Kaapstad toe] gegaan. OR **Per vliegtuig** het die Smits [gister] [Kaapstad toe] gegaan. OR **Kaapstad toe** het die Smits [gister] [Kaapstad toe] gegaan.

The Smiths went to Cape Town by plane yesterday.
→ *Yesterday the Smits went [by plane] [to Cape Town].* OR *'By plane the Smits went [yesterday] [to Cape Town].'* OR *'To Cape Town the Smits went yesterday by plane.'* (Note: In direct translation, some of the English sentences sound odd; which is why they have been placed in inverted commas.)

Exercise 5

Begin each of the following sentences with the word/s in bold. (Remember that the word order will change.)

Example:
Ma het **vroeg** gou groente by die mark gaan koop. →
Vroeg het Ma gou groente by die mark gaan koop.

1 Die kinders kom vroeg **vol pret** van die skool af.
2 Die kinders kom **vroeg** vol pret van die skool af.
3 Die kinders kom vroeg vol pret **van die skool af**.

4 Die Smits het verlede jaar ses weke lekker **in Engeland** gekuier.

5 Die Smits het verlede jaar ses weke **lekker** in Engeland gekuier.

6 Die Smits het verlede jaar **verlede jaar** ses weke lekker in Engeland gekuier.

7 Ons gaan Junie-maand **per boot** rustig Suid-Afrika toe reis.

8 Ons gaan Junie-maand per boot **rustig** Suid-Afrika toe reis.

9 Ons gaan **Junie-maand** per boot rustig Suid-Afrika toe reis.

vol pret	*full of fun*	**rustig**	*restfully*
kuier	*visit*	**reis**	*travel*
per boot	*by boat*		

▶ A letter from a friend

Listen to the recording while you read the following round-robin letter from your friend, Bets, who is visiting a South African farm in the Kalahari Desert.

Beste Vriende,

Ek kuier lekker op Abram se plaas. Abram het interessante mense wat op sy plaas woon. Hulle word die San genoem. Xai, is 'n San. Hy praat beide die San taal en vlot Afrikaans. Hy het my baie interessante stories van sy mense vertel.

*Xai en sy mense woon al lank hier. Xai vertel hoe sy Oupa vroeër wilde diere gejag het. Die San het jakkalse, hase en wildsbokke met 'n pyl en boog geskiet en het die vleis gebraai. Wanneer vleis skaars was, het hulle miere, sprinkane, krieke, akkedisse en soms ook slange geëet. Hulle het ook bessies, vrugte en uintjies rou geëet. Water het hulle uit die wortels van plante en **tsammas** gekry en heuningbier het hulle van heuning gemaak. Die San gebruik tot vandag toe kalbasse om hul water en bier in te hou.*

Ek weet nie of ek die San se kos sou kon eet nie!

Ek hoop dit gaan goed met julle. Een van die dae is ek weer terug in Engeland.

Groete

Bets

interessant	interesting	sprinkane	locusts
noem	named	krieke	crickets
beide	both	akkedisse	lizards
vertel	told	slange	snakes
vroeër	earlier	bessies	berries
jag	hunted	uintjies	edible bulb
jakkalse	jackals	rou	raw
hase	hares	wortels	roots
wildsbokke	wild buck	tsammas	melons
pyl en boog	arrow and bow	heuningbier	honey-beer
skiet	shoot	kalbasse	calabashes
skaars	scarce	weer	again
miere	ants		

Exercise 6

Use the letter above to help you translate the following sentences into Afrikaans:

1 On Abram's farm, I am holidaying enjoyably.
2 For a long time Xai's people have lived here.
3 Xai tells how earlier his grandfather hunted wild animals.
4 From the roots of plants and *tsamma* melons they got water.
5 I'll be back in England again one of these days.

Language patterns

Compounding

You will notice that in Afrikaans there are many 'long' words. This does not mean that they are difficult! In Afrikaans, words are frequently joined to represent one idea, in a sense, to make new words. Such words are commonly called 'compounds' and occur also in English, but whereas English generally uses hyphens to join words into compounds, Afrikaans joins words. All languages seem to use compounding to make new words for new things and ideas. For example, in Afrikaans:

pophuis = pop + huis	*doll + house*	*doll's house*
yskas = ys + kas	*ice + cupboard*	*fridge*
spieëltafel = spieël + tafel	*mirror + table*	*dressing-table*
troeteldier = troetel + dier	*pet + animal*	*pet*
sogdier = sog + dier	*suckle + animal*	*mammal*

In Afrikaans, when in doubt, join, regardless of how many words you are joining! A *two-drawer, rosewood desk* is a **tweelaairooshoudlessenaar** in Afrikaans. If two vowels fall together, hyphenate; for example, **twee-uur**. In Unit 16 we will be looking at compounding again and particularly at the way in which compounds enrich the language and make it very concrete and visual.

Exercise 7

Turn the following phrases into compounds:

pot vir blomme (*vase*) → **blompot**

1	doek vir die tafel	(*tablecloth*)
2	boek vir die telefoon	(*telephone directory*)
3	huis vir 'n motor	(*garage*)
4	pan vir stof	(*dustpan*)
5	sentrum vir besigheid	(*business centre*)
6	rak vir boeke	(*bookshelf*)
7	goed om mee te speel	(*toys*)
8	konstabel vir verkeer	(*traffic constable*)
9	kantoor vir pos	(*post office*)
10	halte vir bus	(*bus stop*)

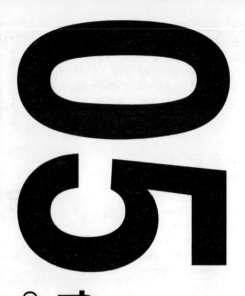

05

feesvierings
celebrations

In this unit you will learn
- how Afrikaners greet one another on special occasions
- the days of the week
- the months of the year
- how to write dates in Afrikaans
- about South African celebrations
- the gender formation rule
- about definite and indefinite articles
- how to use relative pronouns

i Afrikaners of all cultures are very family orientated. As a family they share one another's triumphs and disappointments. On such occasions, too, there are customary politeness practices and expressions. It is even common for the wife/husband/parent to be congratulated as well as their spouse/child.

Note

Look back to Unit 2 to remind yourself of the actions which accompany greetings. What actions do you think would accompany the following congratulatory greetings?

▶ Look and listen

Common expressions of felicitation include the following and you should learn them off by heart.

formally on birthdays veels geluk met jou/u verjaarsdag; veels geluk met jou/u vrou/ seun/kind se verjaarsdag	*congratulations*
informally beste wense, baie geluk, veels geluk	*best wishes, congratulations*
formally on achievements veels geluk met jou/u prestasie; veels geluk met jou/u vrou/ seun/kind se prestasie	*congratulations*
informally mooi so! skitterend! veels geluk!	*well done! brilliant!* *congratulations*
formally on engagements veels geluk met jou/u verlowing; veels geluk met jou/u dogter/ seun/kind se verlowing **informally** alles van die beste, baie geluk, veels geluk	*congratulations* *all the best, congratulations*
formally on marriage veels geluk met jou/u huwelik; veels geluk met jou/u dogter/ seun/kind se huwelik	*congratulations*

informally

alles van die beste, baie geluk, veels geluk	*all the best, congratulations*

birth

veels geluk met die geboorte van jou/u baba/seun/dogter/ kleinseun/kleindogter	*congratulations*

condolences

my/ons innige meegevoel/ simpatie	*deepest condolences/ sympathy*

At Christmas, Easter, and New Year, set phrases are used:

Geseënde Kersfees	*Blessed Christmas*
Gelukkige Nuwe Jaar	*Happy New Year*
Voorspoedige Nuwe Jaar	*Prosperous New Year*
Geseënde Paastyd	*Blessed Easter*

Other celebrations include:

bridal showers (**kombuistees**), *stag parties* (**rampartytjies/ bokkefuif**), *baby showers* (**ooievaarspartytjies**)

i It is still very common amongst Afrikaners to send greeting cards to one another on special occasions. The custom, when you know the person well or he/she is a relative, is to sign the appropriate card using your first name. Parents often sign **Jan, Marie en kinders**, rather than listing each name.

If you don't know the recipient very well, you sign your full names; i.e., your first name and your surname: **Lydia McDermott**.

Exercise 1

Use the table and information above to design an Afrikaans card to send (1) to your aunt on her birthday and (2) to an acquaintance on the occasion of her/his engagement. You should indicate the occasion and should sign it appropriately. Any illustration on the card should also be appropriate to the occasion.

Language patterns

▶ Days of the week

You should learn the names of the days of the week, so that you can use them fluently in conversation to make statements or to ask questions. Listen carefully to the recording.

Maandag	*Monday*
Dinsdag	*Tuesday*
Woensdag	*Wednesday*
Donderdag	*Thursday*
Vrydag	*Friday*
Saterdag	*Saturday*
Sondag	*Sunday*

Notice that in Afrikaans, as in English, we have words to speak about days shortly before or after today.

vandag	*today*
môre	*tomorrow*
oormôre	*the day after tomorrow*
naasoormôre	literally – *the day after the day after tomorrow*
naaseergister	literally – *the day before the day before yesterday*
eergister	*the day before yesterday*
gister	*yesterday*

The two words **naaseergister** and **naasoormôre** are no longer that common and it would be more common to say **verlede Donderdag** (*last Thursday*) and **dié Vrydag** (*this Friday*).

The same kinds of constructions can be used to talk about weeks from the perspective of this week. Note that only **vandeesweek** is written as one word:

vandeesweek	*this week*
volgende week	*next week*
verlede week	*last week*

Two other very common words are:

naweek	*weekend*
weeksdag	*week day*, usually associated with **werksdag** (*a working day*).

Note

Writing dates in Afrikaans is easy. Other than a full stop at the end after the year, there is no punctuation. Only figures are used to indicate the day, unless you leave out the month, then you must insert the word **die** in front of the number to which you then add either **-de** or **-ste** as you do for ranking numbers:

Kersfees is op 25 Desember.	*Christmas is on 25 December.*
Kersfees is op die 25ste.	*Christmas is on the 25th.*
Ek is op 20 Junie 1945 gebore.	*I was born on 20 June 1945.*
Ek is op die 20ste gebore.	*I was born on the 20th.*

Exercise 2

Look carefully at the following diary entries for a week.

1 Answer the following questions in Afrikaans. Write each answer in the future tense. In your answer use the verb used in the question.

Example:

Wat sal jy Maandag, 8 Augustus, om halfdrie doen? →
Ek sal 'n koek bak.

AUGUSTUS	
Sondag 7	**Donderdag 11**
09h00 *gaan strand toe*	**09h00** *maak Xai se kamer reg*
13h00 *eet by Marie*	**11h00** *berei aandete voor*
15h00 *leer verlede tyd*	**14h15** *ontmoet Xai by die apteek*
19h30 *doen oefeninge*	**19h30** *verwelkom gaste*
Maandag 8	**Vrydag 12**
08h30 *bel slagter*	**09h00** *neem Xai hawe toe*
11h00 *leer toekomende tyd*	**13h00** *gaan per boot Robbeneiland toe*
15h30 *bak koek*	**16h00** *woon boomplantdag by*
17h30 *luister na CD*	**18h30** *hou braaivleis*
Dinsdag 9	**Saterdag 13**
09h15 *was hare*	**09h00** *gaan strand toe*
10h00 *bel die skool*	**13h00** *ontmoet Asha vir middagete*
13h30 *leer woorde vir kos*	**15h00** *maak slaai vir aandete*
16h30 *haal vuurwerke vir Diwali*	**18h45** *gaan stap toe met Xai*
Woensdag 10	
09h00 *luister weer kos CD*	
14h00 *doen Unit 13*	
15h45 *kry boek by Marie*	
20h00 *gaan vuurwerke toe*	

a By wie sal jy Sondag, die 7de, om 13h00 eet?
b Wat sal jy Dinsdag, 9 Augustus, om 16h30 haal?
c Waarheen sal jy Vrydag, 12 Augustus, om 13h00 gaan?
d Wie sal jy op Donderdag, die 11de, om 14h15 by die apteek ontmoet?
e Waarna sal jy op Maandag, 8 Augustus, om 17h30 luister?

2 Use the same diary entries to answer the following questions. The word **wanneer** will require you to give both the time and the date. Other questions words can be answered with **om +** one word. Write all times in words.

Example:

Wanneer hou jy 'n braaivleis? → Op Vrydag, 12 Augustus, om halfsewe.
Hoe laat ontmoet jy vir Asha op Saterdag 13de? → Om eenuur vm.

a Wie moet jy om halfnege Maandag, die 8ste, bel?
b Wanneer gaan jy vuurwerke toe?
c Hoe laat moet jy die skool bel?
d Met wie gaan jy kwart voor sewe uit?
e Wanneer gaan jy Unit 13 doen?

ℹ️ South African celebrations

All of the different cultures within South Africa have their own celebratory moments, which are different from the South African National celebrations. In this unit we look at two culture-specific celebrations and one which is common to all South Africans.

The **Kaapse Klopse** refers to the Coloured people's band clubs of, primarily, the Western Cape. The name derives from when Malay slaves were allowed to parade through the streets of Cape Town in joyous celebration. Each year on 2 January, known as **Tweede Nuwejaar** ('second New Year') a parade is still held through the streets of Cape Town, to the Green Point stadium at which the various bands compete for a range of trophies. The term **Kaapse Klopse** has been 'sanitized' as it has been appropriated by the Coloured band members themselves as the name for their musical activities and for the name of their parade and festival. The music played is commonly known as **goema**, and is jazzlike in form, with a tinny timbre, but the traditional 'volkies' songs are not forgotten. The term 'volkies' is patronizing and derogatory and refers to the Coloured farm workers who sang songs while they worked (primarily) in the vineyards, on the wheatlands and on the fruit farms. The songs are reminiscent of the songs sung by the slaves in the cotton fields of the Southern States of the United States of America. The difference between them is that, whereas the 'slave' songs are often religious in tone, the Cape songs reflect aspects of the daily lives and experiences of the farm workers.

Read the following lyrics:

1   *Vanaand gaan die volkies koring sny, koring sny*
    Vanaand gaan die volkies koring sny, koring sny
    My geliefde hang aan die bos
    My geliefde hang aan die bos
    My geliefde hang aan die bitterbessiebos

2   *Haai! Haai! Die witborskraai*
    Hiervandaan na Mosselbaai
    Hoog gevlieg en laag geswaai
    Aangekom en omgedraai

3   *Pollie ons gaan Pêrel toe,*
    Pollie ons gaan Pêrel toe,
    Pollie ons gaan Pêrel toe.
    Ek en jy alleen

4   *O brandewyn laat my staan,*
    O brandewyn laat my staan,
    O brandewyn laat my staan,
    Want ek wil nou huis toe gaan.

(There are many slightly different versions of these 'ditties'. These are the versions I learnt as a child.)

volkies	*farm workers*	**laag**	*low*
koring	*wheat*	**swaai**	*swinging*
sny	*cut/harvest*	**aankom**	*arrive*
geliefde	*beloved*	**omdraai**	*turn around*
bitterbessiebos	*bitter-berry bush*	**Pêrel**	*Paarl*
witborskraai	*pied crow*	**alleen**	*alone*
	('white-chested')	**vandaan**	*from here*
hoog	*high*	**brandewyn**	*brandy*
vlieg	*flying*	**laat staan**	*leave alone*

Exercise 3

Use the vocabulary box to help you to describe in English the hardships intimated in each of the songs. The first song is about labour; the second, about a very common bird; the third, about a trip; and the last, about addiction to brandy. There is a sadness in all the songs, but also a wry humour.

▶ Look and listen

Read the following passage while you listen to the recording.

Diwali is 'n Hindu fees wat vyf dae lank aanhou. Dit staan ook bekend as *The festival of lights* – die "Fees van ligte". Die ligte (kerse) staan as simbool om ons te leer om oor die donkerte van die onkunde te seëvier wat ons ondermyn as mense. Elke dag van die fees op 'n spesifieke manier gevier en gedurende die fees word as geheel word verskillende gode en godine geëer, afhangende van waar in die land Diwali gevier word. Die fees word gehou om veral Lakshmi, die godin van rykdom en voorspoed te vereer.

fees	*festival*	**geheel**	*as a whole*
aanhou	*continue*	**verskillende**	*different*
staan bekend	*known as*	**god(e)**	*god(s)*
onkunde	*ignorance*	**godin(e)**	*goddess(es)*
kers(e)	*candle(s)*	**afgehang**	*depending on*
donkerte	*darkness*	**feesvier**	*celebrate*
seëvier oor	*triumph over*	**rykdom**	*wealth*
ondermyn	*undermine*	**voorspoed**	*prosperity*
manier	*way/manner*	**vereer**	*honour*
gedurende	*during*		

Exercise 4

You have been asked by a Hindu friend to write a pamphlet in Afrikaans about Diwali. Using the vocabulary box above, complete the pamphlet.

> Diwali word in November ge_____.
> Die woord "Diwali" beteken "Fees van
> _____". Vir _____ dae brand
> _____ oral in die huis. Die lig is
> _____ van die mens se _____ oor
> die _____ van die onkunde wat die
> mensdom _____. Die godin wat
> veral vereer word is Lakshmi wat die
> godin van rykdom en _____ is.

Language patterns

Gender forms

In Afrikaans the most common way of forming the feminine form is to add -es to the masculine form. For example:

Masculine	Feminine	
onderwyser	onderwyseres	*teacher*
danser	danseres	*dancer*
digter	digteres	*poet*
sanger	sangeres	*singer*

There are, however, other forms which can be added:

	Masculine	Feminine	
-in	god	godin	*god/goddess*
	vriend	vriendin	*friend*
-e	assistent	assistente	*assistant*
	eggenoot	eggenote	*spouse*
-ster	werker	werkster	*worker*
	besoeker	besoekster	*visitor*

Afrikaans gender forms are even more likely to be unique forms. Some of the most common and most useful are given below. You will have to learn them.

Masculine	Feminine
broer (*brother*)	suster (*sister*)
man (*man*)	vrou (*woman*)
oupa (*grandfather*)	ouma (*grandmother*)
oom (*uncle*)	tante (*aunt*)
seun (*son*)	dogter (*daughter*)
seun (*boy*)	meisie (*girl*)
swaer (*brother-in-law*)	skoonsuster (*sister-in-law*)
bruidegom (*bridegroom*)	bruid (*bride*)
gasheer (*host*)	gasvrou (*hostess*)
wewenaar (*widower*)	weduwee (*widow*)
heer (*gentleman*)	dame (*lady*)
buurman (*neighbour*)	buurvrou
hings (*stallion*)	merrie (*mare*)
ram (*ram*)	ooi (*ewe*)
bul (*bull*)	koei (*cow*)
haan (*cock*)	hen (*hen*)

ℹ️ Arbor Day

Arbor Day began in South Africa in 1983. In 1999 Arbor Day became **Arbor Week**. Like Arbor Day in countries all over the world, Arbor Week seeks to make people aware of the indigenous trees and the importance of trees for soil protection, fruit, shade, as building material, food, medicine and, importantly, natural beauty. Each year schools, businesses and organizations participate during Arbor Week in 'greening' events at which trees are planted.

In South Africa each year two particular trees, one rare and one common, are each named 'Tree of the Year'. These are made widely available. Areas particularly targeted are those where exotic trees have destroyed the natural vegetation or in areas where the forests or wooded areas have been destroyed by indiscriminate harvesting. People are now also being encouraged to plant fruit trees as a source of healthy food.

▶️ Dialogue 1

mnr. Smit Ons maatskappy beplan om hierdie jaar op 4 September 'n Boomplantdag te hou. Ons wil hê dat soveel moontlik van julle deelneem, omdat ons die hele voortuin van die hoofgebou wil beplant met inheemse bome. Dus het ons besluit dat ons ook 4 September as 'n "Loslitdag" vier. Dié dag sal die fabriek dus toe wees vir besigheid. Almal wat van tuinmaak hou word gevra om 'n graaf saam te bring. Dié van u wat nie wil tuinmaak nie, word gevra om te help met verversings en so-meer. Let net daarop dat 4 September wel 'n werksdag is en dat alle personeel wel by die werk moet wees op die gewone tyd. Enige vrae of kommentaar?

Thabo Waar gaan ons die bome kry?

mnr. Smit Die Parkeraad-kwekery het belowe dat hulle vir elke boom wat die maatskappy koop een sal skenk.

Nomusa Maar wat van mis en kompos?

mnr. Smit Dié sal die maatskappy ook voorsien, want ons het 'n komposhoop wat ons gemaak het van gras-snysels. Een van ons kliënte het drie honderd sakke hoender-mis belowe.

Sarel Wat as ons nie 'n graaf het nie, maar ons wil help met die plant werk?

mnr. Smit Ons sal verseker dat daar vyftig grawe is vir dié van u wat nie grawe het nie. Enige ander vrae? As daar nie is nie, wil ek net dankie sê vir u ondersteuning en u herinner om hoede saam te bring. Baie dankie vir u aandag.

maatskappy	company	**vrae**	questions
hierdie	this	**kommentaar**	comments
Boomplantdag	tree planting (Arbor) day	**kwekery**	nursery
deelneem	participate	**belowe**	promised
voortuin	front garden	**skenk**	donated
hoofgebou	main building	**mis**	manure
inheemse	indigenous	**voorsien**	provide
dus	thus/therefore	**komposhoop**	compost heap
besluit	decide/decision	**gras-snysels**	grass cuttings
"Loslitdag"	'Casual Day'	**sakke**	pockets
besigheid	business	**hoender-mis**	chicken manure
tuinmaak	garden	**verseker**	ensure
graaf	spade	**ondersteuning**	support
verversings	retreshments	**herinner**	remind
so-meer	and so forth	**hoede**	hats
werksdag	working day	**aandag**	attention
gewone	normal		

Exercise 5

Use the vocabulary box to help you compose a memo to post on the noticeboard to remind staff about Arbor Day on the 4 September. (A model answer is given in the key to the exercises.)

Language patterns

Definite and indefinite articles

In English we have two articles, which come in three forms. The two articles are the *indefinite* and the *definite*. *A* and *an* are the indefinite articles. For example, we say, *a book*, *an apple*, when we mean *any* book or *any* apple – i.e. not a specific book or apple.

The definite article in English is *the*. We use this article when we are refering to a specific thing. For example, when we say *the book* or *the apple*, the speaker is referring to a book or apple of which his/her listener is aware: *The book is interesting* or *The apple is rotten*. The Afrikaans articles work in exactly the same way, but there are only two: the definite article **die**, and the indefinite article **'n**. Compare the following pairs of sentences:

---

die   *the*

Die man praat met Sannie.   (***The** man is talking to Sannie.*)
Kan ek **die** eier kry asseblief?   (*Can I have **the** egg please?*)
Die San vrou soek water.   (***The** San woman is looking
                                for water.*)

'n   *a/an*

'n Man praat met Sannie.   (***A** man is talking to Sannie.*)
Kan ek **'n** eier kry asseblief?   (*Can I have **an** egg, please?*)
'n San vrou soek water.   (***A** San woman is looking
                                for water.*)

In the three **die** sentences, the **man**, **eier** and **San vrou** are all specific and particular: both speaker and listener know of the man talking to Sannie; the egg is one of several things and the speaker wants the egg; and the San woman (rather than another woman) is looking for water.

In the three **'n** sentences, a man is talking to Sannie, the speaker would like an egg (rather than a peach, say), and some or other San woman is looking for water.

Note

- In Afrikaans we can use the word **die** to mean *this*, if we put an accent mark on the -e-, thus, **dié**. This **dié** can be used interchangeably with **hierdie**.
- **'n** is **never** written as a capital, even when it occurs at the beginning of a sentence – when 'n occurs at the beginning of a sentence the word immediately **following** it is capitalized. For example: **'n Groot boom word geplant.**

Relative pronouns

Relative pronouns are those words, which as their name implies, **relate** things to one another. Relative pronouns generally introduce sentences which describe/refer to something in a previous sentence (which is why such forms are called 'pronouns' – see Unit 1). In English, for example:

The two sentences

   Ahmed is a Muslim. Ahmed lives in Cape Town.

can be joined to form one sentence:

   *Ahmed is a Muslim **who** lives in Cape Town.*

The sentence part, *who lives in Cape Town*, relates to *Ahmed* in the 'main' part of the sentence. *Who* stands in the place of *Ahmed* and in this way joins the two sentences into one.

The following table lists English relative pronouns with their Afrikaans equivalents.

wat	who	**waarop**	on which
wat	which	**waarmee**	with which
wat	that	**aan wie**	to whom
wie se	whose	**waarin**	in which
met wie	with whom	**van wie**	from whom
waaruit	out of which	**waarvan**	of which

To see how these words may be used, look at the following sentences:

▶ Piet is die seun **wat** 'n padda *Piet is the boy **who** had to* moes opsny. *cut up a frog.*

Jan is die man **met wie** *Jan is the man **to whom*** Gert gepraat het. *Gert spoke.*

Dit is Kaptein Bruinders **wie** *It is Captain Bruinders **whose*** se boot in Houtbaai staan. *boat is in Hout Bay.*

Suid-Afrika is dié land **wat** *South Africa is the country* ek wil besoek. ***which** I wish to visit.*

Die koek **wat** hulle geëet *The cake **which** they ate was* het was baie lekker. *very nice.*

Die tafel **waarop** ek werk *The table **on which** I am* is te klein. *working is too small.*

Die kamer **waarin** ek slaap *The room **in which** I sleep* is baie groot. *is very big.*

Die potlood **waarmee** ek *The pencil **with which** I* skryf is stomp. *am writing is blunt.*

Each of the relative pronouns refers to a noun (**Kaptein Bruinders, land, koek, tafel, kamer, potlood**). Remember that when two sentences are joined together by a relative pronoun, the relative pronoun stands in place of the noun which has previously been mentioned. Relative pronouns act like conjunctions because they join sentences (see Unit 10).

Note

• For people we use **wat** and **wie se** (*who* and *whose*) and **XXX wie** (*for whom, with whom, by whom*, etc.). The word **wie** stands on its own ONLY as a question word (see Unit 3).

- For everything else, we use **wat** (*which/that*) and **waar + XXX** (*on which*, *by which*, *of which*, etc.). Notice that **waar + XXX** forms are written as ONE word.

Die seun **wat** die padda opgesny het, is Piet.	*(The boy **who** cut up the frog is Piet.)*
Dit is Piet **wat** die padda opgesny het.	*(It is Piet **who** cut up the frog.)*
Sannie is die meisie **van wie** ek jou vertel het.	*(Sannie is the girl **about whom** I told you.)*
Dit is die boek **waarvan** ek jou vertel het.	*(This is the book **about which** I told you.)*

Remember that **wat** is used for both people and everything else when we mean *who, which or that*.

Exercise 6

Use the following list of relative pronouns to fill the gaps in the sentences below.

waarin	**wat**	**wie se**	**waarvan**	**met wie**
waarop	**waarmee**	**van wie**	**waaruit**	**aan wie**

1 Suid-Afrika is die land _____ ek wil besoek.
2 Die maatskappy sal die grawe voorsien _____ die gate gemaak sal word.
3 Mnr. Smit is persoon _____ ons gepraat het.
4 Dit is die boek _____ jy moet lees.
5 Jou vriende in Engeland is die mense _____ jy 'n brief moet skryf.
6 Dit is die gat _____ jy die boom moet plant.
7 Sannie is die dogter _____ pa, Jan is.
8 Dit is Gert _____ siek is.
9 Die San is die mense _____ ek jou vertel het.
10 Die stoel _____ jy sit, is stukkend.

Exercise 7

Join each of the following pairs of sentences by using the relative pronoun in brackets. In each case begin with the first of the pair of sentences.

Example:

Daar is die boom. Hulle sit onder die boom. (**waaronder**) →
Daar is die boom **waaronder** hulle sit.

Note that the verb moves to the end of the sentence. (See also Unit 10, for even more on word order.)

1 Sannie het 'n brief van Piet gekry. Piet is in die Kalahari. (**wat**)
2 Xai eet sprinkane. Piet hou nie van sprinkane nie. (**waarvan**)
3 Dié boom is 'n Van Wykshout. Die Van Wykshout is die boom van die jaar. (**wat**)
4 Hier is die materiaal. Jy kan jou rok met die materiaal maak. (**waarmee**)
5 Daar is Xai se oupa. Die pyl en boog behoort aan Xai se oupa. (**aan wie**)
6 Vanaand is die laaste aand van Diwali. Diwali is 'n Hindu fees. (**wat**)
7 Greenpoint is die stadium. Die Kaapse Klopse kompetisie word in die stadium gehou. (**waarin**)
8 Tweede Nuwejaar is dié dag. Die Kaapse Klopse word op dié dag gehou. (**waarop**)

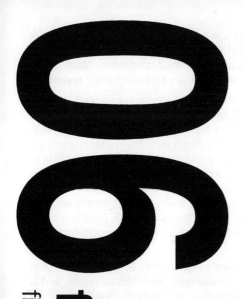

06

fris, vrom, vrolik
fit, strong, happy

In this unit you will learn
- about the sports South Africans love to watch and play
- about adjectives and things adjectival in Afrikaans
- how the degrees of comparison are formed in Afrikaans
- some common African similes

Most South Africans are sport crazy. Soccer, rugby and cricket are the most popular sports in South Africa. Netball, tennis, athletics, squash, golf and swimming also have their supporters. Many South Africans play a sport, but many more are avid listeners or watchers.

Pre-1994, support for rugby, cricket and soccer, respectively, tended to be along ethnic lines, rugby and cricket being primarily 'white' sports and soccer, 'black'. Since then, however, and particularly after Nelson Mandela's support of the Springbok Rugby team (both by name and by game) at the 1995 World Cup and his clear jubilation at the team's World Cup victory, rugby is now becoming more and more a national sport and seen less as a white Afrikaner sport. As more and more players of colour have become squad members and real efforts have been made to teach the game and provide proper facilities and training from school level upwards, support has been growing.

Cricket pre-1994 was perceived to be a white English sport, but in fact there have always been, for example, great 'Indian' teams, and in the Eastern Cape cricket has always had a strong following amongst blacks. These 'other' teams and groups were 'invisible' because of apartheid and its segregation policies. There are now more and more people of colour making the South African squad as they come through the training ranks of the development programme.

Soccer is still the most 'beautiful game' to its millions of supporters. Bafana-Bafana, even when in dire straits, is supported on pavements, in shebeens and homes whenever the team plays, and now it is also being supported by the people of South Africa as a nation. Its television audience is no longer primarily 'black', nor are broadcasts primarily in an indigenous language. Soccer, like cricket and rugby, is now becoming everybody's game.

Sport has played a crucial a role in nation-building in South Africa, just as it did through South Africa's isolation pre-1996 in bringing an end to apartheid.

▶ Dialogue 1

Listen to the following rugby radio commentary while you follow the text.

Stan   Die spanne hardloop nou op die veld. Die gejuig van die toeskouers is omtrent verdowend. Die spanne staan nou reg vir die gesing van die volksliedere. Die Engelse volkslied word eers gesing.

Tembe Nou sing almal *Nkosi sikelel' iAfrika*. Hoor hoe sing die Suid-Afrikaners! Daar blaas die fluitjie. Die Leeus skop af.

Stan Brown, die Leeus se senter stuur die bal links die veld af. White vang die bal net buite die Springbokke se twee-en-twintig. Hy ontduik Durant en skop dwars oor die veld. Die bal word deur Willemse gevang. Sy dwarsskop gaan uit.

Tembe Dis 'n lynstaan. Dit is 'n Engelse ingooi. Die gooi is skeef. Daar word weer ingegooi. Krige het dit vir die Bokke. Hy gee die bal uit na Chester Williams. Williams bars deur die verdediging. Dis 'n drie! Suid-Afrika loop voor na twee minute in die eerste helfte met vyf punte.

Stan Dit is bloedig warm vandag en maar min wind. Kyk hoe tap die sweet alreeds van die spelers af. Dis 'n maklike skop van net links van die pale. H.O. behoort nie 'n probleem te hê nie.

Tembe En daar is dit! Suid-Afrika, sewe, en Engeland, nul. Solank die Bokke se verdediging rotsvas kan staan het hulle 'n goeie kans om die Leeus te klop.

Stan Dis waar, maar hulle sal vir Catt en Wilkinson wanneer een van hulle die bal wen, moet goed dophou. Albei van hulle is perdfris en blitsvinnig as hulle 'n gaping kry.

spanne	*teams*
hardloop	*run*
veld	*field of play*
juig	*cheer*
toeskouers	*spectators*
omtrent	*nearly*
verdowend	*deafening*
staan reg	*are ready*
volksliedere	*national anthems*
blaas	*blow*
fluitjie	*whistle*
Leeus	*Lions*
skop	*kick*
stuur	*send*
links	*left*
buite	*outside*
Springbokke	*Springboks*
ontduik	*dodges*
dwarsskop	*cross-kick*
lynstaan	*line-out*
ingooi	*throw-in*
skeef	*skew/not straight*

Bokke	*Boks (pet name)*
bars deur	*breaks through*
verdediging	*defence*
drie	*a try*
loop voor	*is ahead*
helfte	*half*
punte	*(scoring) points*
bloedig warm	*blood hot*
tap die sweet af	*sweat runs off*
alreeds	*already*
maklike	*easy*
pale	*poles*
behoort	*should*
probleem	*problem*
nul	*nil*
solank	*as long as*
rotsvas	*firm*
klop	*beat*
wen	*win*
dophou	*to mark*
albei	*both*
perdfris	*fit as a fiddle*
blitsvinnig	*lightning quick*
gaping	*gap*

Language patterns

Adjectives (1)

When we wish to talk **about** something (a noun 'thing'), we use words which describe or qualify them in some way or another. These describing, qualifying words in effect distinguish between one thing and another. For example a lion is a *fierce* animal and a lamb, a *gentle* animal; a giraffe, a *tall* animal, and a warthog, a *short* animal. We call such words adjectives. The main job of adjectives is to describe/qualify nouns. The rules for using adjectives in Afrikaans are virtually the same as those which apply in English.

Attributive

Usually the descriptive word precedes the noun it is describing. Such adjectives are said to be used 'attributively' – in other words, such adjectives add directly to the noun they are qualifying.

'n **rooi** hoed	*a **red** hat*
die **groot** skare	*the **big** crowd*

In Afrikaans some adjectives change their form (usually by adding -**e**) when they are used 'attributively':

'n **vinnige** doel	*a **quick** goal*
die **juigende** toeskouers	*the **cheering** crowd*

Predicative

As in English, an adjective in Afrikaans may also *follow* the noun it is describing by joining in a structure with the verb 'to be' (usually **is, was** or **sal wees** forms in Afrikaans). Such adjectives are said to be used 'predicatively' – in other words, such adjectives add to the noun by *joining* with **is**.

Die hoed is **rooi**.	*The hat is **red**.*
Die skare was **groot**.	*The crowd was **big**.*
Die vuurwerke is **mooi**.	*The fireworks are **beautiful**.*
Ek is **siek**.	*I am **sick**.*
Môre sal **koud** wees.	*Tomorrow will be **cold**.*

Note

Remember that whereas in English we use different verb forms of 'to be', depending on the person, Afrikaans is much simpler and we need only three for all persons (see Unit 2), depending on which tense (present, past, future) we are using – **is** (present), **was** (past), **sal wees** (future).

Forming attributive adjectives from predicative adjectives

Many of the spelling rules which apply when plurals are formed (discussed in Unit 3) also apply to adjectives. In the following, 'V' = 'vowel'.

1 Adjectives ending in 'twin' vowels followed by 'f' (general scheme: VV – f + *e*)

predicative	attributive	English
doof	do+w+e	*deaf*
skeef	ske+w+e	*skew*

2 Adjectives ending in a single vowel followed by 'f' (general scheme: V – f + *e*)

predicative	attributive	English
dof	do+ww+e	*dim*
laf	la+ww+e	*silly*

3 Adjectives ending in two vowels followed by 'g' (general scheme: VV – g + *e*)

predicative	attributive	English
moeg	moe+ë	*tired*
hoog	ho+ë	*high*
laag	la+e*	*low*

* Because there is no 'ae' diphthong in Afrikaans, you don't need to use the 'ë' here.

4 Adjectives ending in a single vowel followed by 'g' (general scheme: V – g + *te*)

predicative	attributive	English
sag	sag+te	*soft*
sleg	sleg+te	*bad*

5 Adjectives ending in double vowels followed by 'd' (general scheme: VV – d + *e*)

predicative	attributive	English
wreed	wre+d+e	*cruel*
breed	bre+ë	*wide*
koud	kou+e	*cold*

Exceptions

Unfortunately none of the rules shown above can be said to be hard and fast. They are merely the common 'exceptions'.

There are also times when NO -e is added when an adjective is used attributively, and, when adding or not adding an -e will mark the difference between the figurative and the literal use of the adjective:

L = literal; F = figurative

   L: Die **arm** man het niks   *The poor man has no food.*
      kos nie.   (The man is poor.)
   F: Die **arme** man se huis   *The poor man's house has*
      het afgebrand.   *burnt down.* (The man is not
                              poor; you feel sorry for him.)

   L: Boere hou van **bitter** koffie. *Farmers like bitter coffee.*
   F: Dat ons verloor het,   *That we lost was a bitter pill.*
      was 'n **bittere** pil.

   L: Die All Blacks se rugbytruie *The All Blacks' rugby jerseys*
      is **swart**.   *are black.*
   F: Dit was 'n **swarte** dag vir *It was a black day for the*
      die Bokke.   *Boks.*

Exercise 1

You have to submit to your editor six news headlines about the
rugby game which the Springboks eventually lost. Use
words/phrases from Dialogue 1 and the Language patterns
section above to translate the following headlines into Afrikaans.

1 **Boks beaten!**
2 **Whistle blows on Boks**
3 **Lions break through**
4 **Poles too high for Boks**
5 **Lions stand firm**
6 **Boks sweat; Lions win**

Exercise 2

Fill in the correct form of the adjectives in the following
sentences.

Example:

   Al die (skeef) skoppe het die Bokke die wedstryd verloor. →
   Al die *skewe* skoppe het die Bokke die wedstryd verloor.

1 Die (juigend) skare het die Bokke gegroet.
2 Toe die Bokke 'n drie druk is die skare (juigend).
3 Die gejuig van die toeskouers was (verdowend).
4 Met die (verdowend) gejuig van die toeskouers kon ons nie
   die fluitjie hoor nie.
5 Die (blitsvinnig) Catt het die Leeus se drie gedruk.
6 Wilkinson sal (blitsvinnig) pale toe skop.
7 Vir die Leeus was die lynstane (maklik) om te wen.
8 Vir H.O. was die skop pale toe (maklik).

Language patterns

Adjectives (2) – Degrees of comparison

We use degrees of comparison in Afrikaans just as we do in English. The term 'degrees of comparison' means to compare descriptively two or more things (or groups of things) with one another. There are three degrees – positive, comparative and superlative. The positive adjective form is used to describe one thing. The comparative form is used to compare descriptively two things, and the superlative form to compare more than two things.

Sannie is **tall** for her age.	(positive)
Piet is **taller** than Sannie.	(comparative)
Mr Smit is the **tallest** member of the family.	(superlative)
Human beings are **large** mammals.	(positive)
Elephants are **larger** mammals than human beings.	(comparative)
Whales are the **largest** mammals of all.	(superlative)

General rules for degrees of comparison

In English:

1 *South Africa is* **sunny**. (statement)
2 *South Africa is* **sunnier** *than Scotland.* (of the two)
3 *South Africa is the* **sunniest** *country in the Commonwealth.* (of all)

In Afrikaans:

1 Suid-Afrika is **sonnig**. (statement)
2 Suid-Afrika is **sonniger** as Skotland. (of the two)
3 Suid-Afrika is die **sonnigste** land in die Statebond. (of all)

The Afrikaans rules are as follows:

- for the comparative add -**er**;
- for the superlative, add -**ste**.

Some useful everyday examples:

Positive		Comparative (+er)		Superlative (+ste)	
blink	shiny	blinker	shinier	blinkste	shiniest
fluks	industrious	flukser	more industrious	fluksste	most industrious
vals	false	valser	more false	valste	most false
mooi	pretty	mooier	prettier	mooiste	prettiest
flou	weak	flouer	weaker	flouste	weakest
lelik	ugly	leliker	uglier	lelikste	ugliest
vies	disgusted	vieser	more disgusted	viesste	most disgusted
bly	happy	blyer	happier	blyste	happiest
lui	lazy	luier	lazier	luiste	laziest
erg	serious	erger	more serious	ergste	most serious

Exceptions to the rules

As in English there are certain comparative forms that have unique forms. Some of the most common Afrikaans examples follow.

Positive		Comparative (+er)		Superlative (+ste)	
baie	much, many	meer	more	meeste	most
bietjie	little	minder	least	minste	least
goed	good	beter	better	beste	best
dikwels	often	meermal	more often	meestal	most often
naby	near	nader	nearer	naaste	nearest

Some adjectives, as in English, cannot really be used comparatively, although we frequently use them as such in casual speech. Others can never be used comparatively. One cannot *literally* be more or less dead. When we are speaking figuratively (suggesting an image) we might say someone is 'deader than a dodo', but dodos are long dead, so what we are suggesting is not that the person we are referring to is dead, but that s/he is like a dead dodo.

dood	*dead*	**blind**	*blind*
leeg	*empty*	**half**	*half*
vol	*full*	**boonste**	*top*
ewig	*equal*	**onderste**	*bottom*
doof	*deaf*	**binneste**	*inside*
stom	*dumb*		

Other Afrikaans adjectives, many of which are polysyllabic 'long words', form the comparative and superlative degrees by 'borrowing' the words **meer** (*more*) and **mees** (*most*) for the comparative and superlative, respectively:

beskeie	meer beskeie	mees beskeie	*more/most shy*
verbaas	meer verbaas	mees verbaas	*more/most amazed*
bekend	meer bekend	mees bekend	*more/most known*
verlate	meer verlate	mees verlate	*more/most desolate*
opgewonde	meer opgewonde	mees opgewonde	*more/most excited*
ontevrede	meer ontevrede	mees ontevrede	*more/most dissatisfied*

And then there are the spelling conventions with which you should now be familiar. Spelling rules only need to be remembered with comparative degree forms as the superlative forms almost exclusively add -**ste** to the stem adjective (or borrow the word **mees**) ('V' = 'vowel'; 'C' = 'consonant').

1 Adjectives ending in 'twin' vowels followed by 'f' (general scheme: VV – f + *er*)

predicative	comparative	English
gaaf	ga+w+er	*kind/kinder*
skeef	ske+w+er	*skew/more skew*

2 Adjectives ending in a single vowel followed by 'f' (general scheme: V – f + *er*)

predicative	comparative	English
dof	do+ww+er	*dim/dimmer*
laf	la+ww+er	*silly/sillier*

3 Adjectives ending in two vowels followed by 'g' (general scheme: VV – g + *er*)

predicative	comparative	English
moeg	moe+ër	*tired/more tired*
hoog	hoe+ër	*high/higher*
laag	la+er*	*low/lower*

* Because there is no 'ae' diphthong in Afrikaans, you don't need to use the 'ë' here.

4 Adjectives ending in a single vowel followed by 'g' (general scheme: V – g + *ter*)

predicative	comparative	English
sag	sag+ter	*soft/softer*
sleg	sleg+ter	*bad/worse*

5 Adjectives ending in double vowels followed by 'd' (general scheme: VV - d + *er*)

predicative	comparative	English
wreed	wre+d+er	*cruel/crueller*
breed	bre+ër	*wide/wider*
koud	kou+er	*cold/colder*

6 Adjectives ending in a short vowel followed by a consonant (general scheme: VC + C + *er*)

predicative	comparative	English
vet	vetter	*fat/fatter*
dik	dikker	*thick/thicker*

7 Adjectives ending in a long vowel followed by a consonant (general scheme: VV + C + *er*)

predicative	comparative	English
groot	groter	*big/bigger*
skoon	skoner	*clean/cleaner*
laat	later	*late/later*

8 Adjectives ending in '-r' (general scheme: r + *er*)

predicative	comparative	English
lekker	lekkerder	*nice/nicer*
donker	donkerder	*dark/darker*

9 Adjectives ending in '-lik' or '-ig' do not double their final consonants.

predicative	comparative	English
moeilik	moeiliker	*difficult/more difficult*
vinnig	vinniger	*fast/faster*
maklik	makliker	*easy/easier*
aaklig	aakliger	*horrid/more horrid*
vriendelik	vriendeliker	*friendly/friendlier*
weelderig	weelderiger	*plush/more plush*

▶ Exercise 3

Fill in the correct forms of the adjectives shown in bold in the passage below.

Die Leeus is die (**sterk**) rugbyspan in die wêreld. Die All Blacks is ook (**sterk**) as die Bokke wat hulle geklop het, maar die All Blacks het teen die Leeus verloor. Al die rugbyspanne is baie (**moeg**) na die (**lang**) wêreldbeker. Die (**moeg**) van almal is die Fijianers want hulle moes die (**vêr**) vlieg en het die (**baie**) gesukkel. Hulle het (**goed**) gedoen as verlede keer. Maar, die Engelse bly die (**opgewonde**) van al die spanne!

▶ Die Gees van Comrades

Jaarliks, op 16 Junie, vind die wêreld-beroemde Comrades Marathon tussen Durban en Pietermaritzburg plaas. Die marathon het onstaan na die Eerste Wêreldoorlog, en is ingestel ter herdenking van beide die soldate wat in die oorlog gesneuwel het, en ter herdenking van die swaar las waaronder hulle gelei het. Dit was 'n aaklige oorlog waarin duisende ter duisende soldate aan beide kante gesterf het of vermink is, of psigies geskend is. Die marathon staan dus as simbool vir die leiding van die soldate, maar is ook 'n kans vir individue om hulself fisies en psigies te toets.

Die marathon word op 16 Junie gehou wat bekend staan as "Jeugdag". Dit is 'n openbare vakansie dag in Suid-Afrika en word gehou ter herdenking van die jeug wat gedurende die stryd teen apartheid gesneuwel het en is ook die gedenkdag van die uitbreek van die Soweto-onrus op 16 Junie 1976. Deur die marathon op dié dag te hê, word die kinders van die Soweto-onrus en die swaar las wat hulle gedra het en die dapperheid wat hulle getoon het, ook onthou.

Die eerste Comrades, met 34 hardlopers, het in 1912 plaasgevind. Deesdae neem duisende hardlopers deel. Die een jaar hardloop die hardlopers van Durban na Pietermaritzburg (die sogenaamde "up-run") en die volgende jaar van Pietermaritzburg na Durban (die sogenaamde "down-run"). Die marathon is omtrent negentig kilometer lank.

Die marathon staan as simbool van die mens se vermoë om te oorwin. Dit is wat bedoel word met "Die Gees van die Comrades".

(Adapted and translated from **http://www.comrades.com**)

plaasvind	*takes place*
wêreld-beroemde	*world famous*
tussen	*between*
onstaan	*beginning*
wêreldoorlog	*world war*
instel	*institute*
ter herdenking van	*in commemoration of*
beide	*both*
soldaat/soldate	*soldier/s*
sneuwel	*die in battle*
lei	*to suffer/to lead*
sterf	*to die*
vermink	*maim, mutilate*
psigies	*psychologically*
skend	*scar, damage*
leiding	*suffering*
fisies	*physical*
staan bekend	*known as*
jeug	*youth*
openbare vakansie	*public (bank) holiday*
stryd	*struggle*
gedenkdag	*anniversary*
uitbreek	*outbreak*
onrus	*unrest*
dapperheid	*courage*
toon	*demonstrate*
onthou	*remember*
hardloper/s	*runner/s*
deesdae	*nowadays*
deelneem	*participate*

sogenaamde	*so-called*
volgende	*next*
swaar las	*heavy burden*
omtrent	*about*
oorwin	*overcome*

Exercise 4

Test your understanding of the passage by translating the following into English.

Die marathon staan as simbool van die mens se vermoë om te oorwin. Dit is wat bedoel word met "Die Gees van Comrades".

Exercise 5

Pick out the 15 adjectives and numbers in the 'Gees van Comrades' passage above. Look out for the -e, -er and -ste endings on words, for adjectives that might be used predicatively, and remember that numbers can also be used as adjectives; for example, die *tweede* boek (*the second book*).

Language patterns

Similes

Afrikaners are particularly fond of using 'sayings' of various kinds. Amongst the most commonly used are similes. You might like to learn some of these once you feel confident of your basic Afrikaans vocabulary and grammar. Similes are included here as they are descriptive (adjectival) forms.

A simile is a literary form which makes a direct comparison. Two forms may be used, without there being any difference in meaning: one a phrase and the other a compound word.

phrase   *as red as blood*   compound word   *blood red*

The same forms occur in Afrikaans. Such words and phrases add not only to your vocabulary, but also to the literary quality and authenticity of your writing, so you should try to learn at least a few of them. Beware though of using too many simultaneously and the same ones repeatedly, lest you overdo it and your writing ends up being clichéd!

The following are among the more common and most useful similes in Afrikaans.

blitsvinnig	*lightning quick*
asvaal	*ashen*
wêreldberoemd	*world famous*
goudgeel	*yellow*
pikdonker	*pitch dark*
peperduur	*expensive*
splinternuut	*brand new*
spotgoedkoop	*dirt cheap*
skatryk	*filthy rich*
helderskoon	*sparkling clean*
brandarm	*very poor*
silwerskoon	*sparkling clean*
doodseker	*dead sure*
doodsiek	*deadly ill*
doodbang	*dead scared*
vuurwarm	*red hot*
dolleeg	*totally empty*
yskoud	*ice cold*
propvol	*full to overflowing*
stroopsoet	*as good as gold*
kliphard	*rock hard*
beeldskoon	*as pretty as a picture*
stokoud	*as old as Methuselah*
papdronk	*dead drunk*
bloedjonk	*spring chicken*
skreeulelik	*as ugly as sin*
stokstyf	*as stiff as a board*
vreklui	*as lazy as sin*
spekvet	*as fat as a pig*
springlewendig	*as lively as a cricket*
brandmaer	*as thin as a rake*
plankdun	*as thin as a rake*
spierwit	*snow white*
kurkdroog	*as dry as a bone*
bloedrooi	*blood red*
papnat	*sopping wet*
grasgroen	*as green as grass*
doodsbleek	*as pale as a ghost*
pikswart	*pitch black*
doodmoeg	*dead tired*

as ... as (**so ... soos ...**) phrase forms include:

so vet soos 'n vark	*as fat as a pig*
arm ... 'n kerkmuis	*as poor as a churchmouse*
lig ... 'n veer	*as light as a feather*
bitter ... gal	*as bitter as gall*
kwaai ... 'n geitjie	*as fierce as a gecko*
bleek ... 'n laken	*as pale as a sheet*
koel ... 'n komkommer	*as cool as a cucumber*
blind ... 'n mol	*as blind as a mole*
rats ... 'n kat	*as agile as a cat*
dapper ... 'n leeu	*as brave as a lion*
siek ... 'n hond	*as sick as a dog*
dood ... 'n mossie	*as dead as a sparrow*
sterk ... 'n os	*as strong as an ox*
glad ... seep	*as smooth as soap*
swaar ... lood	*as heavy as lead*
maer ... 'n kraai	*as thin as a crow*
slim ... 'n jakkals	*as sly as a jackal*
dom ... 'n esel	*as dumb as an ass*
wit ... sneeu	*as white as snow*
mak ... 'n lam	*as tame as a lamb*
swart ... die nag	*as black as night*
doof ... 'n kwartel	*as deaf as a quail*
groen ... gras	*as green as grass*
gereeld ... klokslag	*as regular as a chime*
rooi ... bloed	*as red as blood*
koud ... ys	*as cold as ice*
blou ... die hemel	*as blue as the heavens*
sag ... sy	*as soft as silk*
hard ... 'n klip	*as hard as a rock*

Exercise 6

Which of the Afrikaans similes listed above best fits each of the
following images?

1

2

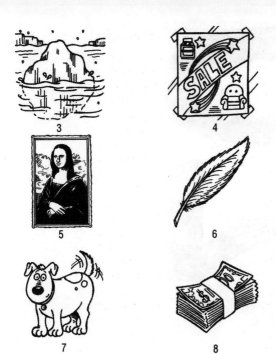

3

4

5

6

7

8

07

het dit! (1)

got it! (1)

In this unit you will test your knowledge of:
- Afrikaans pronouns
- the verb *to be* in Afrikaans
- telling the time in Afrikaans
- Afrikaans tenses
- homes and things
- word order – time, place and manner
- definite and indefinite articles
- relative pronouns
- adjectives

These exercises will test your grasp of the work covered so far. Don't panic if at first you don't do very well. Every single question you get right should be seen as an achievement and you should look on your mistakes as learning opportunities.

When you do the exercises, you should use the glossary at the end of the book to look up any words you might have forgotten.

Exercise 1 Afrikaans pronouns (Unit 1)

Select the correct pronoun for each sentence from the following table.

Singular	
ek, my, my/myne	*I, me, my/mine*
jy/u, jou/u, joune/u s'n	*you, your, yours/yours*
hy/sy, hom/sy, sy/syne, haar/hare	*he/she, him/her, his/his, her/hers*
Plural	
ons, ons/ons s'n	*we/us, our/ours*
julle/u, julle/u, julle s'n/u s'n	*you, your, yours/yours*
hulle, hulle/hulle s'n	*they/them, their/theirs*

1 Tenjane loop vier minute voor sy naaste maters; dit lyk asof _____ Comrades gaan wen.
2 Dis die eerste TY-toets wat _____ doen.
3 Sannie en Piet _____ Pa _____ naam is Jan.
4 Die Hindi vereer Lakshmi by _____ Diwalifeesvierings.
5 Wat makeer met _____? Is hy siek?
6 Die skrum is nie Engeland ___ nie, maar Suid-Afrika _____.
7 Hy het _____ byna doodgeskrik toe hy die slang sien.
8 Die krieket span kan nie op _____ twee draaiboulers staatmaak nie.
9 "Meneer die President, sal _____ sit, asseblief?"
10 Sannie vra _____ ma of _____ kan gaan speel.

Exercise 2 The verb 'to be' in Afrikaans (Unit 2)

Give the correct form of the verb *to be*.

1 Die hond, die kat en die koei ___ almal in die tuin.
2 In watter dorp _____ jy môre _____?
3 En wie se boek _____ dit?
4 Die skare by die sokker ____ wild toe Engeland verloor.
5 Verlede jaar _____ ek in België.

Exercise 3 Telling the time in Afrikaans (Unit 2)

Using the 12-hour clock, write down the following times in words. (Don't forget to say whether it is a.m. or p.m.)

1 20h00 **2** 06h30 **3** 13h22 **4** 09h07 **5** 03h00

Exercise 4 Afrikaans tenses (Unit 2)

1 Write out the following paragraph in the past tense. If you have forgotten some of the words, either look back at Unit 4 where you first met Xai or consult the Glossary at the end of the book.

Example:

Xai en Piet sit by die vuur en gesels oor die verlede. → Xai en Piet **het** by die vuur **ge**sit en oor die verlede gesels.

Xai wys vir Piet dat die tsamma vol water is. Xai en Piet drink die water en Piet vind uit dat die vloeistof wel soos water smaak. Terwyl hulle sit, vertel Xai vir Piet van hoe sy oupa gejag het en agter die springbokke aangetrek het. Xai sê dat die San nie meer mag jag nie en nou op een plek moet bly. Sy oupa se pyl en boog hang nou teen die muur in hulle baksteen-huisie. Xai voel baie treurig omdat die ou dae verby is. Piet kry hom baie jammer.

2 Write out the following passage in the future tense. If you have forgotten some of the words, either look back at Unit 3, in which you learnt about different foods, and Unit 6, in which you learnt about the Comrades, or consult the Glossary at the end of the book.

Example:

Twintig duisend mense hardloop op 16 Junie die Comrades. → Twintig duisend mense **sal** op 16 Junie die Comrades hardloop.

Mnr. en mev. Smit neem aan die Comrades deel. Hulle maak seker dat hulle die regte kos eet en hardloop elke dag tien kilometer vêr. Hulle eet piesangs, heuning, druiwe, wortels en heuning, omdat dié kossoorte almal vol vitamines is. Om hulle liggame op te bou en te verseker dat hulle energie het, eet hulle ook aartappels, rys en witbrood. Hulle drink ook baie melk. Die kinders eet saam met hulle ouers, want dit is alles gesonde kos.

Exercise 5 At home (Unit 3)

1 You have encountered the words below in the previous units. Firstly, give the Afrikaans for the following, and secondly, write the plural form of each. (Use the Glossary at the end of the book if you have forgotten some of the meanings.)

    a shirt **b** pullover **c** socks **d** suit **e** jacket **f** coat
    g umbrella **h** dress **i** skirt **j** boots **k** blouse **l** tie
    m petticoat **n** belt **o** underpants

2 Translate the following advertisement from the **huise te koop** (*houses for sale*) column into English:

> **Umhlanga** Vierslaapkamer huis met twee-en-half badkamers, eetkamer, sitkamer, familie-/tv-kamer. Nuwe kombuis met aparte waskamer. Dubbelmotorhuis. Groot tuin met braai-area en swembad. Een miljoen, twee honderd duisend Rand.

Exercise 6 Word order – time, place and manner (Unit 4)

Rewrite each of the following sentences by beginning with the word/s in bold. (Remember that the verb and subject forms change places.)

Example:

Die Lachmans steek **vroeg** die kerse op. →
Vroeg steek die Lachmans die kerse op.

1 Boomplantdag vind plaas in September **elke jaar.**
2 Gedurende die voetbalwedstryd is twee toeskouers ernstig **op die kantlyn** beseer.
3 Kallis het **met vernuf** vanoggend die bal sewe maal hoog oor die grens geslaan.
4 Die Kaapse Klopse parade beweeg elke jaar **Adderley straat af,** Strand straat in, die bult oor, tot by die Greenpoint stadium.
5 Smaaklike kos, baie kerse en vuurwerke is daar elke jaar te siene **by die Diwali feesvierings.**
6 Dit was **voor 1996** nie moontlik om te weet hoe vinnig 'n bouler boul nie. Die handige 'Speed Stick' is deur 'n Suid-Afrikaanse maatskappy gevestig in Stellenbosch **in daardie jaar** ontwerp en getoets.

Exercise 7 Question words (Unit 3)

Translate the following questions into Afrikaans.

1 What is your name?
2 How are you?
3 When are you going home?
4 What is the time?
5 Where do you live?
6 From which city do you come?
7 What is the date today?
8 What are you reading?

Exercise 8 Indefinite and definite articles (Unit 5)

Fill in the correct definite or indefinite article in the following paragraph:

Xai en Piet het in ___1___ veld geloop en na al ___2___ woestynplante gekyk. Xai het vir Piet gewys hoe om ___3___ tsamma oop te sny om water te kry. Piet het ___4___ koel water geniet. ___5___ Bok het onder ___6___ boom gestaan en gras geëet. ___7___ leeus het ___8___ bok dopgehou.

Exercise 9 Relative pronouns (Unit 5)

1 Translate the following sentences into English.

a Gert is die man wat die wedren gewen het.
b Marie is die vrou met wie Gert getrou het.
c Dit is Xai se oupa wie se pyl en boog dit is.
d Die Khalagadi is die land wat deur die witmense die Kalahari genoem is.
e Die koffie wat hulle gedrink het was baie bitter.
f Die bed waarop ek lê is te sag.
g Die kamer waarin hulle TV kyk is baie warm.
h Dit is die pen waarmee ek die boek geskryf het.

2 Join each of the following pairs of sentences by using the relative pronoun in brackets. In each case begin with the first of the pair of sentences. (Remember that the verb in the sentence being joined moves to the end of the sentence.)

Example:

Daar is die boom. Hulle sit onder die boom. (**waaronder**) →
Daar is die boom **waaronder** hulle sit.

a Die Parkeraad voorsien die bome. Die bome word op Boomplantdag geplant. (**wat**)
b Piet hou nie van die sprinkane nie. Xai eet die sprinkane. (**wat**)

c Dié boom is 'n Van Wykshout. Ek het jou van dié boom
vertel. (**waarvan**)
d Hier is die graaf. Jy kan die gat met die graaf maak.
(**waarmee**)
e Daar is Xai se pa. Die baksteenhuis behoort aan Xai se pa.
(**aan wie**)
f Vanaand is die Kaapse Klopse kompetisie. Die kompetisie
hou die hele nag aan. (**wat**)
g Greenpoint is die stadium. Die Kaapse Klopse kompetisie
word in die stadium gehou. (**waarin**)
h Die Bokke se skoppe pale toe het hulle die wedstryd laat
verloor. Dié skoppe was skeef. (**wat**)

Exercise 10 Adjectives (Unit 6)

The following is a newsscript, but someone has only half
translated the text. The news is due to be read in five minutes.
Help the newsreader by supplying the correct Afrikaans
adjectival forms for the English words shown in italics.

Na *hundreds* jare, het Mount Kenya weer begin rook. Die
omgewing is *grey* van al die as wat die *sky blue* lug intrek. Die
eens *green as grass* berghange is besmet met *red hot* stukke rotse
en die eens *snow white* kuif op die bergtop het verdwyn soos die
sneeu gesmelt het. Nou staan die *great* berg stoksielalleen – geen
mens, geen dier meer op sy hange nie. Die mense is *dirt poor*,
maar hulle is *dead scared* vir die koms van die *blood red* rivier.
Die diere vlug om 'n *horrible* dood te ontsnap. Selfs die voëls is
stil. Net die berg se *warning* gerommel word gehoor.

08

om daar te kom
getting there

In this unit you will learn
- about money matters in South Africa
- about adverbs and things adverbial
- about how South Africans do business
- Yes–no questions
- about getting around South Africa

▶ At the airport

You have just arrived at Johannesburg International airport. You hear the following announcements. Listen while you follow the text.

- Vlug BA 234 vanaf Londen het so pas geland. Passasiers word deur Hek Sewentien verwag.

- Die Suid-Afrikaanse Lugdiens kondig graag aan, die aankoms van Vlug SAA 345 vanaf Durban. Passasiers kan hulle bagasie by bagasie-ontvangs B afhaal.

- Die Suid-Afrikaanse Lugdiens is jammer om die vertraging van Vlug SAA 598 vanaf Kimberley aan te kondig. Die verwagte aankoms van die vlug is om 17h50. Ons vra om verskoning vir enige ongerief.

- Mnr. Smit wat die Air France Vlug 709 na Parys vertraag, word vriendelik versoek om onmiddellik na Hek 17 te gaan. Die laaste bus na die vliegtuig vertrek oor drie minute.

- Internasionale passasiers word hartlik verwelkom in Suid-Afrika. Ons hoop dat u u kuier in Suid-Afrika sal geniet. Toeriste inligting is beskikbaar in die Aankomssaal. Lughawebusdienste en huurmotors na die stad is beskikbaar net buite die Aankomssaal. Auto-tellers en *Bureaux de change* is beskikbaar in die verversingsarea.

vlug	*flight*	**vriendelik**	*respectfully*
land	*to land*	**versoek**	*requested*
passasiers	*passengers*	**vliegtuig**	*aircraft*
hek	*gate*	**internasionale**	*international*
verwag/te	*expect/ed*	**hartlik**	*heartily, sincerely*
lugdiens	*airline*	**verwelkom**	*welcomes*
graag	*with pleasure*	**hoop**	*hope*
aankoms	*arrival*	**toeriste**	*tourist*
bagasie	*baggage*	**inligting**	*information*
ontvangs	*reception*	**beskikbaar**	*available*
afhaal	*collect*	**Aankomssaal**	*Arrivals Hall*
vertraging	*delay*	**busdienste**	*bus service*
aankondig	*announce*	**huurmotor/s**	*taxi/s*
enige	*any*	**auto-tellers**	*cashpoint machines*
ongerief	*inconvenience*	**verversings**	*refreshments*
vertrek	*depart*		

▶ Exercise 1

In Unit 3 we looked at some question words. We will be using some of them in this exercise, in which you will be answering questions in Afrikaans by using the information given in 'At the airport', above. You should give the answers both orally and in writing.

1 Watter twee vliegtuie het geland?
2 Wie vertraag die vlug Parys toe?
3 Waar kan ek my bagasie afhaal?
4 Watter vlug is vertraag?
5 Waarvandaan kom dié vlug?
6 By watter hek word die internasionale passasiers verwag?
7 Waarheen gaan die busse en huurmotors?
8 Waar kan ons iets kry om te eet?

Question words revisited

watter?	which?	**wie se?**	whose?
wie?	who?	**waarop?**	in what?
waar?	where?	**waaruit?**	out of what?
waarvandaan?	from where?	**wanneer?**	when?
wat?	what?	**hoe laat?**	what time?
waarin?	in what?	**hoeveel?**	how much?
waarheen?	where to?	**hoekom?**	why?
waardeur?	through what?	**hoe lank?**	how long?

Language patterns

Adverbs

Kinds of adverbs

Just as adjectives (and adjectival phrases and clauses) describe nouns, so adverbs (and adverbial phrases and clauses) describe verbs. Generally, adverbs describe how, when, where something happens – how, where, when the action takes place.

Look at the following sentences:

Die padda lê **op die tafel**.	*The frog is lying on the table.*	Where?
Hulle het die bal **vinnig** ingegooi.	*They threw in the ball quickly.*	How?

Gister is die jeug geseëvier.   *Yesterday youth was celebrated.*   When?

Notice how the words **vinnig** and **gister,** and the phrase **op die tafel,** each 'describes' the action (verb) of the sentence. The characteristics of adverbs are also found in clauses which fulfil the same function as adverbs and adverbial phrases – that is, they modify (describe) a verb.

Some adverbs are used on occasion to define other word types, including adverbs themselves, but never nouns or pronouns. Such adverbs are primarily those which represent degree to some extent. For example:

    baie laat   *very late*   adverb of degree + adverb of time
    baie lelik   *very ugly*   adverb of degree + adjective

We will distinguish amongst the three most common adverbial types:

Time	Manner	Place
gister *yesterday*	hard *hard*	hier *here*
môre *tomorrow*	sag *softly*	daar *there*
vandag *today*	vinnig *quickly*	onder *under*
bedags *daily*	stadig *slowly*	bo *on top*
gereeld *regularly*	heerlik *pleasantly*	onderaan *at the bottom*
selde *seldom*	puik *superbly*	bo-aan *at the top*
verlede *last*	sleg *badly*	ondertoe *towards the bottom*
eers *first*	lekker *enjoyably*	boontoe *towards the top*
lankal *long*	duidelik *clearly*	agtertoe *towards the back*
snags *at night*	halfhartig *halfheartedly*	vorentoe *towards the front*
smiddags *in the afternoon*	sing-sing *while singing*	waarnatoe *where* (motion)
smôrens *in the morning*	fluit-fluit *while whistling*	hiernatoe *here* (motion)
dan *then* (future)	huil-huil *while crying*	binne *inside*
toe *then, when* (past)	lag-lag *while laughing*	buite *outside*
dadelik *immediately*	skril *shrilly*	agter *behind*
onmiddellik *immediately*	fluks *industriously*	voor *in front of*

toe and *dan*

These two adverbs of time both mean *then,* but their use is tricky. **Toe** is used only in past tense sentences and **dan** only in future tense sentences.

    Ons het gewerk en **toe** voetbal gekyk.   *We worked **then** we watched soccer.*
    Ons sal werk en **dan** voetbal kyk.   *We will work and **then** watch football.*

Toe can also mean *when*, as it does in the next sentence:

Toe hy weer sien, lê hy op die gras.   *When he looked again, he was lying on the grass.*

-*toe* words which are written as one word

There are a few words ending in -**toe** which are written as one word. All of them have the sense of going somewhere and are often accompanied in Afrikaans by the word **gaan** (*going*). Look at the following examples:

ondertoe (*below*)   agtertoe (*to the back*)
waarnatoe (*where to?*)   daarnatoe (*to there*)
boontoe (*above*)   vorentoe (*to the front*)
hiernatoe (*to here*)   soheentoe (*to there*)

When in doubt, write any phrases containing **toe** as two words – **huis toe** (*to home*), **Durban toe** (*to Durban*), **winkel toe** (*to the shop*).

Doubled-up adverbs

There are two occasions on which adverbs may be formed by doubling up words. These 'double-ups' are peculiar to the two words **gou-gou** and **nou-nou** (adverb + adverb) and randomly in words such as **lag-lag**, **hop-hop**, **sing-sing** (verb + verb).

The words gou-gou (*quickly*) and nou-nou (*now-now*) are both *adverbs of time* and are standard forms.

Words such as **lag-lag** (*laughingly*), **hop-hop** (*hoppingly*) and **sing-sing** (*singingly*) are adverbs which have randomly been formed from verbs and are used for emphasis. A great variety of such verb double-ups can be made up at any time. All such double-ups function as *adverbs of manner* – that is, they say how something is/was being done. There is no corresponding English form. Look at the following Afrikaans sentences, their literal English translations and their English equivalents:

Hulle loop lag-lag die straat af.   *They are walking 'laughingly' down the street.   They are walking down the street laughing.*

Die kind klim huil-huil in haar bed.   *The child gets 'cryingly' into her bed.   The child gets into her bed crying.*

Degrees of comparison of adverbs

Many adverbs are formed from *adjectives*. Like adjectives, adverbs can be used comparatively in the three degrees, positive, comparative and superlative. As for adjectives, we add **-er** to form the comparative and **-ste** to form the superlative. The same spelling rules apply as did for adjectives (Unit 6). Also as for adjectives, we use **meer** and **mees** (*more* and *most*) to form the comparative and superlative, respectively, for polysyllabic words.

Look at the following table of the more common Afrikaans adverbs.

Positive	Comparative (+er)	Superlative (+ste)
wel, goed *well, good*	beter *better*	beste *best*
fluks *industriously*	flukser *more industriously*	fluksste *most industriously*
vals *falsely*	valser *more falsely*	valsste *falsely*
mooi *prettily*	mooier *more prettily*	mooiste *prettily*
vroeg *early*	vroeër *earlier*	vroegste *earliest*
sleg *badly*	slegter *worse, more badly*	slegste *worst, most badly*
naby *close*	nader *closer*	naaste *closest*
bly *happily*	blyer *more happily*	blyste *most happily*
lui *lazily*	luier *more lazily*	luiste *most lazily*
ernstig *seriously*	meer ernstig *more seriously*	mees ernstig *most seriously*

Exercise 2

From the following list choose the appropriate adverb for each sentence.

> toe, soggens, vroeër, kort-kort, laatste, dan, meer gretig, betyds, selde, hoe laat, waar

1 _____ kom jy huis toe?
2 Hy bel my _____.
3 Sannie sal _____ wees as Piet om te kook.
4 Die mans het _____ as die vrouens wakker geword.
5 Ons gaan in die winter _____ strand toe.
6 Sy wil weet _____ die wedstryd gespeel word; Londen of Parys.
7 Vroeg _____ skreeu die hadedas.
8 Hulle het die kerse opgesteek en _____ gaan eet.
9 Die marathonlopers mag op die _____ vieruur by Drummond deur hardloop.
10 Ek was net _____ vir die vliegtuig.

kort-kort	*again and again*	**strand**	*beach*
betyds	*just in time*	**wedstryd**	*match*
selde	*seldom*	**vroeg**	*early*
vrouens	*women*	**skreeu**	*scream, cry*
wakker	*awake*	**hadedas**	*large, noisy birds*

▶ Exercise 3

The aircraft which you are piloting is about an hour from landing at Johannesburg International. You have to do the standard pre-landing announcement in English, Afrikaans and isiZulu, but you have misplaced the English version. Write out a translation of the following Afrikaans version into English and then read the Afrikaans version out in unison with the recording.

Ons hoop dat julle julle ontbyt geniet het. Ons land op Johannesburg Internasionaal om 10h20. Johannesburg (of *Egoli*, die goudstad, soos dit in isiZulu bekend staan) is die grootstse stad in Suid-Afrika en sy besigheidssentrum. Dit is 'n kosmopolitaanse stad en oorsese besoekers find hulself gou tuis. Dit word ook gesê dat dit die mees geboomde stad in die wêreld is, dus sal julle kan skaduwee vind onder die Afrika son. Geniet dit!

ℹ Money matters

Cash

The South African currency is called the Rand. The name is derived from the ridge called the Witwatersrand on which the great goldfields which underpin South Africa's economy were discovered in 1886. It was the mining camp on the Witwatersrand which grew to be Johannesburg, Egoli, the 'City of Gold'.

All South African money (notes and coins) have nature images rather than human profiles imprinted on them. The various denominations come in the following forms:

Coins	Notes
R5, R2, R1 50c, 20c, 10c, 5c	R10, R20, R50 R100, R200

There are still 2c and 1c coins in circulation, but these are being phased out. Many shops now choose to round off to the nearest 5c – always to the customer's advantage!

There are 'cash machines' (belonging to, and serviced by, all the major banks) all over in strategic positions. The machines are to be found outside banks, in malls, at petrol stations and randomly in the street.

Credit

South Africans are great credit card users. Virtually all shops, hotels, restaurants and general businesses accept credit cards. Even hospitals and other emergency services accept credit cards. Special cards are used to buy petrol ('Petro' cards). Debit cards are becoming more and more common. Shops are not always prepared to accept traveller's cheques (or even personal cheques) as there is so much fraudulent use of traveller's cheques. These should be exchanged at a bank or *Bureau de change*. Electronic payments and withdrawals have led to fewer and fewer personal cheques being used. You can only cash cheques drawn on your own account and then only at your own bank. Other cheques will have to be deposited. Cheques which you wish to deposit to your account will take seven working days to clear.

toonbank	*counter*
teller	*teller*
deposito	*deposit*
tjek	*cheque*
bankbestuurder	*bank manager*
strokie	*transaction slip*
geld trek	*draw money*
navrae	*enquiries*
reisigerstjek	*traveller's cheque*
kredietkaart	*credit card*
kontantkaart	*cash card*
debietkaart	*debit card*
automatiese-teller	*automatic teller*
werksdae	*working days*
bankmasjien	*bank machine*

Language patterns

Adverbial phrases revisited

1 We first dealt with adverbial phrases in Unit 4 when we dealt with the word order of Time, Place and Manner.
2 The following adverbial phrases occur frequently. You will find it useful to learn them.

kortliks	*briefly*	'n rukkie gelede	*a while ago*
binnekort	*shortly*	'n rukkie daarna	*a while later*
kort daarna	*shortly thereafter*	net 'n oomblik	*just a minute*
nou-nou	*'now-now'*	netnou	*just now*
kort-kort	*again and again*	onlangs	*recently*
gou-gou	*quickly, quickly*	in die verlede	*in the past*

Note

The adverbs **gelede** (*ago*) and **verlede** (*past, last*) are easy to confuse.

- The word **gelede** is always used to mean *ago*:

  lank **gelede** *long ago*
  vier jare **gelede** *four years ago*

- Use the word **verlede** at all other times:

  verlede week *last week*
  in die **verlede** *in the past*

Exercise 4

Rewrite the following sentences beginning with the words in bold so that each word or phrase occurs in its correct position:

1 **Die toeris** (vol klere, om agtuur, stasie toe, môre-aand, met sy koffer, stap, te haal, om die trein, sal).

2 **Die passasiers** (gaan eet, toe, onmiddellik, lekker verversings, het, bagasie, gaan afhaal, en, hul).

ℹ️ Business hours

Bankure Banking hours

Weeksdae	09h00 tot 15h30
Saterdae	08h30 tot 11h00
Sondae	Gesluit/Toe (*Closed*)

Government Office hours are usually from 08h00 to 16h00 and schools from about 07h45 to 14h00.

Supermarkte *Supermarkets*

| Weeksdae en Saterdae: | 09h00 tot 18h00 |
| Sondae: | 09h00 tot 13h00 |

At the end of the month, many of the supermarkets and the banks open half an hour ealier.)

Algemene winkels *General shopping*

Weeksdae:	08h30 tot 17h00
Saterdae:	08h30 tot 13h00
Sondae	Gesluit/Toe

Cafés and the like

Maandae tot Sondae: 07h00 tot 23h00

'Servi-winkels' by petrolstasies   *Shops at petrol stations*
 – 24 uur, 7 dae 'n week   *– 24 hours, 7 days a week*

Some common business expressions

na ure	*after hours; i.e. after normal business hours*
besigheidsure	*business hours; i.e. during normal business hours*
besigheidsdae	*business days; i.e. weekdays* – Saturday not included

Language patterns

Yes–no questions

We saw in Unit 3 that we can ask questions by using interrogatives at the beginning of sentences.

| **Wie** is jy? | **Who** *are you?* |
| **Hoeveel** is dit? | *How **much** is it/that?* |

However, using special question words/interrogatives is not the only way we can ask questions. All languages allow questions to be formed by using the verb and/or parts of the verb as a kind of question word. This is done by placing the verb particle first in the sentence and by moving the subject of the sentence into the second position in the sentence. It is in this way that yes–no questions are formed in both Afrikaans and English.

Die marathon **is** oor.	*The marathon **is** over.*
Is die marathon oor?	***Is** the marathon over?*
Sy **sal** hom na die wedstryd vra.	*She **will** ask him to the game.*
Sal sy hom na die wedstryd vra?	***Will** she ask him to the game?*
Die kinders **speel** krieket.	*The kids **are** playing cricket.*
Speel die kinders krieket?	***Are** the kids playing cricket?*
Suid-Afrika **is** mooi.	*South Africa **is** beautiful.*
Is Suid-Afrika mooi?	***Is** South Africa beautiful?*

You will notice in both the English and Afrikaans sentences that when the questions are formed by moving the verb/verb particle to the beginning of the sentence, the subject takes up the second position. You will also notice that questions formed in this way can only have either *yes* or *no* answers.

In Afrikaans, as in English, you can choose to answer such questions either *yes* or *no* or use the words 'Yes' or 'No' and transform the question into a statement.

▶
Q **Is** Suid-Afrika mooi?	Q *Is South Africa beautiful?*
A **Ja/Nee**.	A *Yes/No.*
A **Ja**, Suid-Afrika is mooi.	A *Yes, South Africa is beautiful.*
A **Nee**, Suid-Afrika is **nie** mooi **nie**.	A *No, South Africa is not beautiful.*
Q **Is** die marathon oor?	Q *Is the marathon over?*
A **Ja/Nee**.	A *Yes/No.*
A **Ja**, die marathon is oor.	A *Yes, the marathon is over.*
A **Nee**, die marathon is **nie** oor **nie**.	A *No, the marathon is not over.*
Q **Kom** hy saam?	Q *Is he coming with us?*
A **Ja/Nee**.	A *Yes/No.*
A **Ja**, hy kom saam.	A *Yes, he is coming with us.*
A **Nee**, hy kom **nie** saam **nie**.	A *No, he is not coming with us.*

You will notice in the 'full' answers, whether positive or negative, that the part of the sentence which comes after the **Yes/No** and **Ja/Nee** has the usual statement structure of subject + verb whether or not the statement is positive or negative.

While in English we use only verb parts like *are*, *is*, *have*, etc. or *do/did* to begin yes–no questions, you will note that in Afrikaans whole verbs as well as the verb parts **is**, **was**, **het**, etc. can be used to ask such questions.

Neem jy deel aan die marathon?	*Are you running in the marathon?*
Gaan jy hom vra?	*Are you going to ask him?*
Kom hy saam?	*Is he coming with us?*
Hou jy van hom?	*Do you like him?*
Het die kinders krieket gespeel?	*Did the kids play cricket?*
Is Suid-Afrika mooi?	*Is South Africa beautiful?*

Note

There are few special things to remember about forming yes–no questions in Afrikaans:

- There is a comma after **Ja** and **Nee**.
- *Not* in English is translated by the double negative, **nie ... nie**, in Afrikaans.
- Note for now, that in Afrikaans, if a sentence is in the negative, the last word in the sentence will be a **nie** and that there will be another **nie** (or its equivalent) earlier in the sentence close to the verb which it is negating.

Exercise 5

You have been asked to set up a yes–no questionnaire for a survey. You are required to elicit the following information. The first one has been done for you. You may use either kind of question formation – yes–no or question word formation (Unit 3).

Example:

> **kerkverband**   *religious affiliation* → Is jy verband aan 'n kerk?   *Are you affiliated to a church?*

1 huwelikstaat   *marital status*
2 ouerskap   *parental status*
3 kinders   *offspring*
4 afhanklikes   *dependants*
5 skoolgangers   *school pupils*
6 huiseienaar   *home owner*
7 werknemer   *employee*
8 werkgewer   *employer*
9 pensioentrekker   *pensioner*

▶ **Exercise 6**

Now answer the questions in your survey yourself in full sentences.

Example:

Ja, ek behoort aan 'n kerk.   *Yes, I belong to a church.*

or

Nee, ek behoort nie aan   *No, I do not belong*
'n kerk nie.   *to a church.*

ℹ️ Public transport

In the urban areas, except in the major cities of Johannesburg, Cape Town and Durban, public transport is limited to buses and taxis. In addition cars can also be hired on a self-drive basis.

Taxis and buses can be caught at bus stops and at special stops outside hotels and shopping malls. Conventional taxis can be ordered by telephone or hired at taxi ranks. In South Africa there are also minibus taxis, which not only park at ranks, but also cruise the streets in search of customers. If you stand by the side of the road with your index finger raised, you are asking a minibus taxi to stop and pick you up! Minibus taxis will also drop you exactly where you want to be, even if it is a no-stopping zone. They are cheap in comparison to conventional taxis and are more convenient and frequent than buses. They also do not follow fixed routes, so you can go virtually anywhere in them; even on long trips out of town.

Nationally, trains cater for tourists and holiday makers. The luxurious (and expensive) 'Blue Train' ('**Bloutrein**'), which is famous for its good food, runs between Cape Town and Pretoria.

Steam train enthusiasts can travel on the 'Apple Express', which runs on a narrow gauge line between Port Elizabeth and Patensie. This is the railway which was used until about 1960 to transport fruit from the Long Kloof to the harbour in Port Elizabeth, from where the fruit was exported to Europe on the 'Mail boats'.

Very popular nowadays, and cheaper than trains, planes and hire cars, is travel by luxury coach. Various companies run buses on a daily basis between all the major cities in the country. These buses also stop in the smaller towns on the way. Tickets are booked through agents and/or the companies themselves.

There are daily flights between all the major airports in the country and some smaller carriers run flights between the smaller centres and to many of the game reserves.

▶️

stedelike gebiede	*urban areas*
openbarevervoer	*public transport*
busse	*buses*
huurmotors/taxi's	*taxis*
metrospoorsisteem	*metro-rail systems*
minibustaxi's	*minibus taxis*
konvensioneel	*conventional*
selfbestuur	*self-drive*

bushalte	bus stops
winkelsentrums	shopping malls
taxi-staanplek	taxi ranks
weelderig	luxurious
duur	expensive
smalspoor	narrow gauge
goedkoper	cheaper
daagliks	daily
bespreek	booked
agente	agents

▶ Dialogue

At the reception desk of an hotel.

Toeris Verskoon my, mevrou. Hoe kan ek in die stad kom?

Ontvangsdame Die maklikste sal wees om by daardie venster waar dit sê "kaartjies" te gaan toustaan en daar 'n kaartjie te koop. Wil u terugkeer hotel toe?

Toeris Ja, asseblief.

Ontvangsdame Dan moet u vra vir 'n retoerkaartjie dorp toe. Dit sal R5 kos. Onthou die laaste bus vertrek om tienuur vanaf die bushalte op die Markplein. Dis dieselfde plek waar u gaan afklim.

Toeris Dis 'n bietjie vroeg!

Ontvangsdame Dan moet u eerder 'n enkelkaartjie koop en 'n taxi huur om terug te kom. Hier is die nommer van die taxi-maatskappy wat ons hotel be dien.

Toeris Baie dankie. Ek waardeer u hulp.

Ontvangsdame U's welkom. Geniet jou dag.

verskoon my	excuse me	afklim	alight
stad	city centre	eerder	rather
ontvangsdame	receptionist	enkelkaartjie	single ticket
venster	window	terugkeer	return
toustaan	queue	bedien	serve
terugkom	return	waardeer	appreciate
retoerkaartjie	return ticket	afklim	alight, get off
onthou	remember		

Exercise 7

Translate the above dialogue into English.

ℹ️ Self–drive journeys

South Africa has an advanced National Roads system. The routes between the main centres are known as 'National Roads' and are numbered in order of importance. For example: the N1 runs between Cape town and Pretoria, the N2 between Cape Town and Durban and the N3 between Durban and Johannesburg.

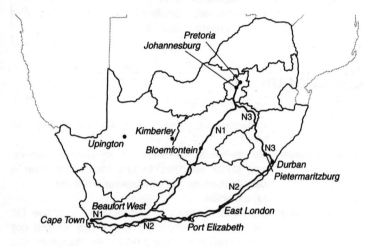

Major highways

▶ Look and listen

You hear the following from your tour guide:

Die meeste nasionale paaie (hoofroetes) is nou tolpaaie, maar daar is alternatiewe roetes vir almal van hulle, soos deur die wet in Suid-Afrika vereis. Tolgeld hang af van die grootte van die voertuig en die lengte van die tolpad. Tolgeld wissel tussen R5 en R35. Die alternatiewe roetes is net so goed soos die nasionale paaie (en dikwels stiller en meer natuurskoon). Alle alternatiewe roetes, en baie van die platteland se paaie is geteer. Die meeste van hierdie paaie loop deur dorpies waar verversings, brandstof en akkommodasie beskikbaar is. Die nasionale paaie het diens-stasies al langs die roetes. Sulke brandstof-sentrums bied ook ruskamers en restaurante aan. Daar is ook by party van hierdie stilhou-sentrums, outomatiese bank-masjiene.

Die brandstof-sentrums is op strategiese plekke op die hoof-roetes geplaas om bestuurders aan te moedig om "blaaskansies" te neem, sodat hulle nie moeg raak en dus verongeluk nie. Dié veldtog word voortgesit deur die "Kom veilig tuis" veldtog.

Let op dat baie van die platteland se paaie, stof-/grondpaaie is. U moet versigtig ry en u spoed beperk. Moet ook nie skerp rem trap nie. Kom eerder stadig tot 'n stilstand. Pas ook op, dat u nie die onderkant van u motor beskadig op die "middelmannetjies" nie. Ry eerder met die een wiel op die rand van die middelmannetjie.

Waarskuwing!

As dit gereën het, mag die paaie in 'n slegte toestand wees, met slaggate en poele water. Die pad mag ook baie glipperig wees. Nadat die paaie opgedroog het, mag hulle ook miskien, geriffeld word – d.w.s. sinkplaatpaaie wees.

Ry versigtig. Kom veilig tuis!

tolpaaie	*toll roads*
moeg raak	*get tired*
alternatiewe	*alternative*
verongeluk	*have an accident*
roetes	*routes*
veldtog	*campaign*
wet	*law*
voorsit	*promote*
vereis	*demanded*
stof-/grondpaaie	*rough roads*
tolgeld	*toll fees*
versigtig	*carefully*
grootte	*size*
spoed beperk	*limit speed*
voertuig	*vehicle*
skerp	*sharp*
wissel	*ranges from*
rem trap	*to brake*
dikwels	*often*
tot 'n stilstand kom	*to stop*
stil	*quiet*
onderkant	*underside*
natuurskoon	*scenic*
beskadig	*damage*
teer	*tar*

middelmannetjie	*hump*
brandstof	*petrol/fuel*
wiel	*wheel*
akkommodasie	*accommodation*
rand	*edge*
beskikbaar	*available*
reën	*rain*
dorpies	*villages*
toestand	*condition*
ruskamers	*restrooms*
slaggate	*potholes*
stilhou	*stop*
poele	*pools*
strategies	*strategic*
glipperig	*slippery*
hoofroetes	*main routes*
opdroog	*dry off*
plaas	*place*
geriffeld	*corrugated*
bestuurders	*drivers*
d.w.s.	*i.e.*
aan te moedig	*encourage*
sinkplaatpaaie	*corrugated (i.e. rutted) roads*
blaaskansies	*take a break*

Exercise 8

You didn't quite understand everything your tour guide said, so you ask him/her the following questions. Give his/her answers in English in full sentences.

Example:

Is al die nasionale paaie nou tolpaaie? (Are all of the national roads now toll roads?) *No, not all of them, but most.*

1 Is daar net tolpaaie op die hoofroetes in Suid-Afrika?
2 Watter van die paaie in Suid-Afrika is nie geteer nie?
3 Waar kan ons brandstof en iets te ete kry op die pad?
4 Op watter paaie moet ons nie skerp rem trap nie?
5 Waardeur kan die onderkant van die motor beskadig word?
6 Wat kan gebeur met die paaie na dit gereën het?
7 Wat is die naam van die Suid-Afrikaanse padveiligheidsveldtog?

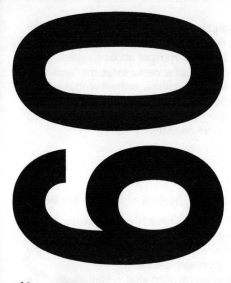

09

om daar te bly

staying there

In this unit you will learn
- about South African 'B&Bs'
- to say *no!* in Afrikaans
- common telephone expressions
- the Afrikaans variants of English *all*
- about eating out in South Africa

i In the last few years bed and breakfasts (known as B&Bs in both British English and Afrikaans) have sprung up all over South Africa, in both urban and rural areas. B&Bs offer cheaper accommodation than hotels and often give visitors a real chance to meet the 'locals' in their homes and thus absorb the local culture. You will probably even be able to practise your Afrikaans on them. Staying at a B&B in Soweto will afford you the opportunity to have an authentic African experience in terms of food, music and street theatre.

▶ Dialogue 1

Mrs Ntuli welcomes her guests Di, Mary and Dick to her B&B.

mev. Ntuli	Goeiemiddag. Ek is mev. Ntuli, u gasvrou. Hartlik welkom by "Kwelahuis". Kom asseblief binne.
Mary	Baie dankie, mev. Ntuli. Ek is Mary en dit is my suster, Di, en haar man, Dick.
mev. Ntuli	Aangename kennis. Kan ek u, u kamers wys? Ek het twee kamers langsaan mekaar vir u bespreek. Die badkamer en toilet is net oorkant die gang.
Dick	Dankie. Hoe laat is ontbyt?
mev. Ntuli	Vanaf sewe-uur tot halftien. Hier is die spyskaart. Kies wat julle wil eet en los dit op jou laaikas voor sesuur vanaand. Ons sal dit dan kom haal.
Di	Is dit moontlik om ander etes te kry terwyl ons hier is?
mev. Ntuli	Ja, seker. Solank u seker maak om* u besprekings teen tienuur in te dien. Dit is baie warm en julle is seker moeg. Hoe klink 'n koppie tee of koffie – of 'n koeldrank?
Di, Dick en Mary	Dankie. Koeldrank vir ons almal, asseblief!

*This is what mev. Ntuli should have said on the recording!

hartlik welkom	*welcome*
kom binne asseblief/	*come in please/*
kom asseblief binne	*please come in*
man	*husband*
aangename kennis	*pleased to meet you*
langsaan mekaar	*adjoining*
bespreek	*reserve/book*

oorkant	across the way
gang	passage
kies	choose
solank	as long as
seker	surely
bestellings	orders
in te dien	to hand in, to place
klink	sound
koeldrank	cold drink

Exercise 1

Two friends, Petra and Rachél, have arrived on Friday evening to spend the weekend with you. Use Dialogue 1 and the vocabulary box to complete the following dialogue, by replacing the English words in italics with their Afrikaans equivalents.

Jy	*Good evening*, julle. *Welcome*. Kom binne.
Petra	*Thank you. How are you?*
Jy	*Well, thanks and you?*
Petra and Rachél	Dit gaan met ons goed, dankie.
Jy	Kom ek wys julle *where your rooms are*. *Petra you are here and Rachél you are across the passage.*
Petra and Rachél	*Thank you very much.*
Jy	Sit jou *suitcases* neer en *come and drink some coffee.*
Rachél	*That will be very nice. Thank you.*
Petra	*We will be there now-now.*

Language patterns

The negative form (1)

Negative words

We saw one use of the negative in Unit 8 where we used **Nee** to begin negative responses to yes–no questions. The negative form is known in Afrikaans as the **Ontkennend** and means, literally, *denying*. Afrikaans is a language which uses a double negative *almost* exclusively. The term 'double negative' means that there are two words which mark a negative sentence. For example, in English we might say: *The children do **not** want to sleep.* Here the *not* negates (denies) the statement *The children want to sleep*. In Afrikaans, however, we would negate the equivalent sentence **Die kinders wil slaap** by saying, **Die kinders wil *nie* slaap *nie***. Compare the following sets of sentences:

Positive	Negative
Dit is die boom van die jaar.	Dit is **nie** die boom van die jaar **nie**.
This is the tree of the year.	*This is **not** the tree of the year.*
Die kat jaag die hond.	Die kat jaag **nie** die hond **nie**.
The cat chases the dog.	*The cat does **not** chase the dog.*
Die Bokke kan skop!	Die Bokke kan **nie** skop **nie**!
The Boks can kick!	*The Boks can**not** kick!*

You will see that the basic negative word in Afrikaans is **nie** (*not*). There are, however, others – just as there are others in English besides *not*, like *never*, *nothing*, and *hardly*, for example. The Afrikaans words which follow all have positive and negative forms. Remember that when the negative form is used, a second **nie** must always occur with it and that the second **nie** always occurs as the *very last* word in the sentence.

moet	*must*	moenie (moet nie)	*mustn't* (*must not*)
al	*already*	nog nie	*not yet*
iemand	*someone*	niemand	*no one*
almal	*all*	geen	*no, none*
		geeneen	*no one*
êrens	*somewhere*	nêrens	*nowhere*
baie	*much, many*	niks	*nothing, no*
ooit	*ever*	nooit	*never*
óf ... óf	*either ... or*	nóg ... nóg	*neither ... nor*
iets	*something*	niks	*nothing*
altyd	*always*	nooit	*never*

Look at the following examples:

Positive	Negative
Daar is **iemand** by die deur.	Daar is **niemand** by die deur **nie**.
*There is **someone** at the door.*	*There is **no one** at the door.*
Tweede Nuwejaar is **altyd** op 1 Januarie.	Tweede Nuwejaar is **nooit** op 1 Januarie **nie**.
*Second New Year is **always** on 1 January.*	*Second New Year is **never** on 1 January.*

Ek het die brief **al** gelees.	Ek het die brief **nog nie** gelees **nie**.
*I have **already** read the letter.*	*I have **not yet** read the letter.*
Daar is **baie** blomme in die veld.	Daar is **geen** blomme in die veld **nie**.
*There are **many** flowers in the countryside.*	*There are **no** flowers in the countryside.*
Gaan jy die naweek **êrens**?	Nee, ek gaan dié naweek **nêrens nie**.
*Are you going **somewhere** this weekend?*	*No, I am going **nowhere** this weekend.*

Position of the first negative word

In English the negative usually follows the verb parts as closely as possible. Afrikaans is a little different. In Afrikaans, the first negative word is also placed as close to the verb forms as possible, but the first negative may occur either before or after them. This will depend on the meaning of the sentence. Thus, a **nie/nooit/nêrens** ... may come before or after the verb forms. The easiest way to decide on where to put the first negative is to decide on what is being negated. (Remember that the second negative **nie** always comes at the end of the sentence.)

Look at the following sentences.

Positive	Negative
Ons woon **altyd** die vuurwerke by.	Ons woon **nooit** die vuurwerke by **nie**.
*We **always** attend the fireworks.*	*We **never** attend the fireworks.*
Ons sal die vuurwerke **altyd** bywoon.	Ons sal die vuurwerke **nooit** bywoon **nie**.
*We will **always** attend the fireworks.*	*We will **never** attend the fireworks.*
Ons wou **nog altyd** die vuurwerke bywoon.	Ons wou **nog nooit** die vuurwerke bywoon **nie**.
*We have **always** wanted to attend the fireworks.*	*We have **never** wanted to attend the fireworks.*

In the first example, **bywoon** (*attend*) is being negated. In the second example **bywoon** (*attend*) is being negated. In the third example **wou** (*wanted*) is being negated. Thus, in the first and second examples the attendance is being denied, whereas in the last two examples the speaker is denying the wish to attend.

In Afrikaans, the position of the first negative in relation to an adverbial phrase of time can fundamentally alter the meaning of a sentence. Look at the following examples and at the way in which the different placements of the first negative alter the sentence meaning:

Atlete oefen **die hele jaar** net vir die Comrades. — *Athletes practise all year just for the Comrades.*

Atlete oefen **nie die hele jaar** net vir die Comrades **nie**. — *Athletes do not practise all year just for the Comrades.*

Atlete oefen **die hele jaar nie** net vir die Comrades nie. — *Athletes practise all year, not just for the Comrades.*

Die vliegtuig land **om 10h00** op Heathrow. — *The aeroplane lands at Heathrow at 10h00.*

Die vliegtuig land **nie om 10h00** op Heathrow **nie**. — *The aeroplane does not land at 10h00 at Heathrow.*

Die vliegtuig land **om 10h00 nie** op Heathrow **nie**. — *The aeroplane does not land at Heathrow at 10h00.*

Exercise 2

On the aircraft, you read the following article supposedly about South Africa. Unfortunately someone has inserted the incorrect block of text. Make the text accurate by changing it into the negative.

> Suid-Afrika is 'n koue reënerige land. Dis 'n klein land wat al 'n honderd jaar vry is. Jy sal êrens in die bos tiers teëkom. Suid-Afrika is 'n land van dodo's en paradysvoëls. Net Indiërs woon in Suid-Afrika en al hulle dorpe en stede is aan die kus. Iemand sal vir jou kan reël om in die woestyn te toer. Jy sal daar êrens vervoer kan kry.

reënerig	rainy	**reël**	arrange
tier/s	tiger/s	**woestyn**	desert
teëkom	encounter	**toer**	tour
kus	coast	**vervoer**	transport

Language patterns

The negative form (2)

There are a few occasions in Afrikaans where there is only one negative in a sentence, but these are exceptional uses. The general rule in Afrikaans is to have two negatives, and this is why we we learn about the double negative before we learn about the single.

Single negatives usually occur in simple present tense sentences which reflect one of the following patterns:

1. Sentences which have only a subject and a verb.

Afrikaans	English
Die kinders slaap.	*The children are sleeping.*
Die kinders slaap **nie**.	*The children are **not** sleeping.*
Piet en Gert luister.	*Piet en Gert are listening.*
Piet en Gert luister **nie**.	*Piet and Gert are **not** listening.*
Die Bokke wen.	*The Boks are winning.*
Die Bokke wen **nie**.	*The Boks are **not** winning.*

2. Sentences which have objects that are pronouns.

Afrikaans	English
Mary haal dit.	*Mary is fetching it.*
Mary haal dit **nie**.	*Mary is **not** fetching it.*
Piet drink dit.	*Piet is drinking it.*
Piet drink dit **nie**.	*Piet is **not** drinking it.*
Sannie bedien hulle.	*Sannie is serving them.*
Sannie bedien hulle **nie**.	*Sannie is **not** serving them.*

3. Sentences which begin with an adverbial phrase.

Afrikaans	English
Op dié lugdiens kry ons gratis drankies.	*On this air carrier we get free drinks.*
Op dié lugdiens kry ons gratis drankies **nie**.	*On this air carrier we do **not** get free drinks.*

Note

1 Compound verbs always take the double negative:

Mary **kom saam** met Dick en Di.	*Mary is coming with Dick and Di.*
Mary **kom** *nie* **saam** met Dick en Di *nie*.	*Mary is **not** coming with Dick and Di.*
Die huurmotor **laai** julle hier **op**.	*The taxi picks them up here.*
Die huurmotor **laai** julle *nie* hier **op** *nie*.	*The taxi does **not** pick them up here.*
Die passassiers **haal** hulle bagasie daar **af**.	*The passengers collect their baggage there.*
Die passassiers **haal** hulle bagasie *nie* hier **af** *nie*.	*The passengers do **not** collect their baggage there.*
Hulle **tel** die rommel **op**.	*They are picking up the rubbish.*
Hulle **tel** die rommel **nie op nie**.	*They are **not** picking up the rubbish.*

saamkom	*coming with*	**afhaal**	*collect*
oplaai	*pick up*	**optel**	*pick up*

2 A very few words in becoming their opposites imply the negative, but do not usually take a **nie**.

Ja, dit is **waar**.	*Yes, it is **true**.*
Nee, dit is **onwaar**.	*No, it is **false**.*
Ja, dit is **moontlik**.	*Yes, it is **possible**.*
Nee, dit is **onmoontlik**.	*No, it is **impossible**.*
Ja, ek **herken** dit.	*Yes, I **admit** it.*
Nee, ek **ontken** dit.	*No, I **deny** it.*
Ja, ek **aanvaar** dit.	*Yes, I **accept** that.*
Nee, ek **verwerp** dit.	*No, I **reject** that.*

In positive sentences we would be likely to stress the *is* in both the English and Afrikaans sentences.

In the negative, in Afrikaans the stress comes on the first **nie** where in English we stress the *not*.

Dit **is** waar.	*It **is** true.*
Dit is **nie** waar **nie**.	*It is **not** true.*
Dit **is** moontlik.	*It **is** possible.*
Dit is **nie** moontlik **nie**.	*It is **not** possible.*

Other opposite words follow the normal simple present tense sentence SV only rule and take only one **nie**.

Ek **herken** dit.	I **admit** it.
Ek **herken** dit *nie*.	I **do not** admit it.
Ek **aanvaar** dit.	I **accept** it.
Ek **aanvaar** dit nie.	I **do not** accept it.

3 óf ... of; nóg ... nóg *either ... or; neither ... nor*

These words are the Afrikaans equivalents of the English *either ... or* and *neither ... nor*, respectively. There is no **nie** in the negative (**nóg ... nóg**) sentence:

Óf Di óf Mary sal nou stort.	*Either Di or Mary will shower now.*
Nóg Di nóg Mary sal nou stort.	*Neither Di nor Mary will shower now.*
Jy kan óf 'n taxi óf 'n bus soontoe neem.	*You can take either a taxi or bus there.*
Jy kan nóg 'n taxi nóg 'n bus soontoe neem.	*You can take neither a taxi nor a bus there.*
Hulle gaan óf Kimberley óf Oudtshoorn toe.	*They are going to either Kimberley or Oudtshoorn.*
Hulle gaan nóg Kimberley nóg Oudtshoorn toe.	*They are going to neither Kimberley nor Oudtshoorn.*

Exercise 3

Write the following memo on the house rules of the B&B in the negative.

MEMO – HUISORDE

- rook en sterk drank word in die kamers toegelaat

- tydskrifte mag weggedra word

- sleutels moet in u deure gelos word

- partytjies word in u kamers toegelaat

- onderklere moet in die kamers gewas word

---

rook	smoking	tydskrifte	magazines
sterk drank	strong drink	sleutels	keys
toelaat	allowed	partytjies	parties

i South Africa is a vast country which it is almost impossible to cover with telephone lines and electrical cables. Cell phones (mobiles) are very common in South Africa, and in rural areas are often the only form of communication. In Unit 2, Mrs Smit used her landline to telephone her butcher. You learnt some telephone etiquette there. In the following description you will come across some typical telephonic expressions. You should learn them.

▶ Look and listen

Mev. Ntuli skakel die huurmotor-maatskappy om 'n taxi te bestel. Sy sê haar gaste moet 'n luitjie gee as hulle iets nodig het. Sy sê Themba sal 'n boodskap neem as sy êrens besig is. Dick wil iets vra. Mev. Ntuli vra die taxibestuurder om 'n oomblik aan te hou, terwyl sy na Dick luister. Dick wil weet of hulle sommer met die taxibestuurder kan afspreek om hulle weer drie-uur op te laai. Mev. Ntuli vra die taxibestuurder of hy bereid is om nou al af te spreek om haar gaste drie-uur op te laai. Hy sê hulle moet eerder, wanneer hulle gereed is, sy beheersentrum bel en vra om hulle deur te skakel na hom. Hy wil weet of die gaste 'n selfoon het. Di het een, so alles is in die haak.

skakel	to phone	oplaai	pick up
bestel	to order	bereid	prepared
luitjie	call (slang)	gereed	ready
boodskap neem	take a message	beheersentrum	control centre
oomblik	a moment	deur te skakel	patch through
aan te hou	hang on	selfoon	mobile phone
sommer	just (slang)	alles is in die haak	ready to roll
afspreek	arrange		

Exercise 4

Answer the following questions in Afrikaans.

1 Waarom skakel mev. Ntuli die huurmotor-maatskappy?
2 Wat sê sy haar gaste moet maak as hulle iets nodig het?

3 Hoekom vra mev. Ntuli die taxibestuurder om aan te hou?
4 Vir wie moet die gaste bel as hulle met die taxibestuurder wil praat?
5 Wat sê die taxibestuurder moet die gaste die beheer-sentrum vra om te doen wanneer hulle hom wil hê?

i The telephone signals in South Africa are different from those in Europe.

- The 'tring-tring, tring-tring' is the ringing tone.
- The one-second spaced 'beep, beep, beep' is an engaged signal.
- Rapid 'beep, beep, beep, beep' signals means the main line is busy and you cannot be connected to the area you want.
- The long two-second 'beeeep, beeeep, beeeep' means the phone is out of order or disconnected.

Language patterns

The forms of 'all' in Afrikaans

Look at the following sentences and their Afrikaans equivalents:

Hulle het **al** hulle ontbyt geëet.	*They ate **all** their breakfast.*
Mev. Ntuli het **al** die reëlings getref.	*Mrs Ntuli made **all** the arrangements.*
Sy het hulle **al** die nodige inligting gegee.	*She gave them **all** the necessary information.*
Sy het **almal** van hulle 'n goeie dag toe gewens.	*She wished **all** of them a good day.*
Alle reëlings is getref.	*All the arrangements are complete.*

In the sentences above, the Afrikaans word-equivalents for the English *all* are each describing a noun which follows them:

al → ontbyt
al → (die) reëlings
al → (die nodige) inligting
almal → (van) hulle
alle → reëlings

When the Afrikaans equivalent forms follow their noun, **almal** is used for everything and **alle** and **alles** as above. Compare the following examples.

Die katte het **almal** lekker gespeel.	*The cats **all** played happily.*
Al die katte het lekker gespeel.	*All the cats played happily.*
Sy het **al** die katte kos gegeee.	*She gave **all** the cats food.*
Sy het die katte **almal** kos gegee.	*She gave food to **all** the cats.*
Piet, Sannie en Pa slaap **almal**.	*Piet, Sannie and Dad are **all** sleeping.*
Sy het hulle **almal** 'n goeie dag toe gewens.	*She wished them **all** a good day.*

Exercise 5

Choose the correct form of *all* in the following sentences.

1 Julle sal nie (alles, almal, al, alle) in Suid-Afrika kan sien nie.
2 Die toeskouers sal (alles, almal, al, alle) die Bokke ondersteun.
3 Sit (alles, almal, al, alle) die kos in die kas.
4 Die kos moet (alles, almal, al, alle) in die kas kom.
5 Ons het (alles, almal, al, alle) roete probeer, maar nie die regte een gekry nie.
6 Mev. Ntuli het (alles, almal, al, alle) gedoen om hulle te help.
7 Die taxibestuurder het hulle (alles, almal, al, alle) die interessante plekke gewys.
8 Jy sal (alles, almal, al, alle) die woorde moet leer.
9 (Alles, almal, al, alle) die honde blaf.
10 Die honde blaf (alles, almal, al, alle).

Exercise 6

Translate the following into Afrikaans.

Information for guests

- Please switch off your lights when you leave your room.
- Please take your keys with you when you leave your room.
- Please lock your door.
- Please place your breakfast order by 18h00 the night before.
- Tea and coffee is available at all times in the dining room.
- Television is available in the lounge.

Enjoy!

 Eating out

Restaurants

Eating out is a great South African pastime, even in winter when the weather is less kind. Every hotel has at least a dining room and many have several restaurants in addition. Some of the restaurants cater for family groups, while others, which are generally more up-market, cater for business and professional groups. All over the cities and even in villages you will find restaurants both simple and sophisticated.

As smoking is banned in public and workplace environments in South Africa, restaurants that wish to cater for smokers have to have special smoking areas which are hermetically sealed from the non-smoking areas. Cigarettes may not be sold to anyone under 16.

Pubs

The South African pub culture is becoming more and more like British pub culture. Pubs are still, however, mostly associated with drinking and eating rather than just drinking. This in itself is a change from the seventies and before, when pubs were called 'bars' and were drinking places for men only – women were not even allowed in. When, in the seventies, 'ladies' bars' became popular, really 'decent' women did not enter them. Women were served in 'lounges'! The term 'pub' used to be used solely to describe off-sales/off-licences. The tendency nowadays is to use the term 'bottle store' for off-sales and 'pub' for a place to drink and eat – and usually, smoke. The words 'off-sales' and 'off-licence' seem to have fallen into disuse.

Under 18s may not be served liquor in pubs (or anywhere else for that matter), but now they are allowed in pubs which serve food.

Cafés

Cafés in South Africa are small shops in which basics like bread, milk, sweets, cigarettes, cold drinks, newspapers and magazines can be bought.

Coffee shops

Coffee shops in South Africa are more like French cafés, but serve no liquor, only a range of coffees and light meals and confectionery.

Fast food

There are hundreds of fast-food restaurants in South Africa. They sell everything from chicken to sushi and hamburgers and hummus. Most of the international fast-food brands are available in South Africa.

uiteet	*eating out*
vermaak	*pastime*
weer	*weather*
besigheidsmense	*business people*
professionele	*professionals*
gesofistikeerd	*sophisticated*
verbode	*banned/forbidden*
openbaar	*public*
werkplek	*work place*
omgewing	*environment*
drank	*liquor*
rook-area	*smoking-area*
lugdig	*hermetic*
sigarette	*cigarettes*
ordentlike	*decent*
buite-verkope	*off-sales*
tendens	*tendency*
deesdae	*nowadays*
'bottelstoor'	*bottle store*
koerante	*newspapers*
tydskrifte	*magazines*

During the apartheid years, coloured people were not allowed into white hotels and bars and could only be sold liquor from off-sales in the 'townships'. A *shebeen* culture sprang up, particularly in the black townships. Frequently, the liquor served there was (and, sometimes, still is) home-brewed, traditional African beer. Today, shebeens are an integral part of South African society.

The following exercises are simply for oral practice.

▶ **Exercise 7**

You are with four children in the Wees Tuis restaurant. Order something to eat and drink for yourself and for each of the children from the following menu.

wees tuis
SPYSKAART

Vis en skyfies	R15,50
Skyfies	R6,00
Worsbroodjie	R6,00
Hamburger	R13,50
Hambruger en skyfies	R19,50
Worsrolletjie	R5,50
Geroosterde toebroodjies:	
tamatie en kaas	R5,50
ham en kaas	R6,00
tamatie, ham en kaas	R7,00
tamatie en spek	R6,00
spek en eiers	R6,50
Koffie	R4,50
Tee	R4,00
Koeldrank	R5,00
Melk	R3,50
Roomysmelk	R6,50
Roomys	R5,50

wees tuis	*feel at home*
spyskaart	*menu*
skyfies	*chips*
worsbroodjie	*hotdog*
worsrolletjie	*sausage roll*
geroosterde toebroodjie	*toasted sandwhich*
tamatie	*tomato*
kaas	*cheese*
spek	*bacon*
eiers	*eggs*
roomysmelk	*milkshake*
roomys	*ice cream*
deftig	*smart*
voorgereg	*starter*
kelkie	*cocktail*
hoenderlewertjies	*chicken livers*
slakke	*snails*
knoffel	*garlic*
garnale	*mussels*
kaassous	*cheese sauce*
sampioene	*mushrooms*
wynsous	*wine sauce*
hoofgereg	*main course*
lynvis	*line-fish*
smoorsnoek	*braised snoek* (type of fish)
koningklip	*kingklip* (type of fish)
kreef	*crab*
gebraaide	*roasted*
vark	*pork*
skaap	*lamb*
beesbredie	*beef stew*
bedien met	*served with*
groente	*vegetables*
nagereg	*dessert*
kersies	*cherries*
kaasbord	*cheese board*
rooi	*red*
wit	*white*
vonkelwyn	*sparkling wine*
likeur	*liqueur*

▶ Exercise 8

a You are at a formal dinner. From the following menu, order a starter, a main course and a dessert.

b The waiter shows you the wine list. Order something to drink during your meal and something to drink after the meal.

Hotel Deftig
Spyskaart

Voorgereg
vrugtekelkie
tuna-kelkie
hoenderlewertjies
slakke met knoffel
garnale in kaassous
sampioene in wynsous

Hoofgereg
lynvis van die dag
smoorsnoek
koningklip
kreef
gebraaide: varkboud
              skaapboud
beesbredie
almal bedien met groente

Nagereg
roomys met sjokolade sous
kersies in rooiwyn
kaasbord
koffie en likeur

Hotel Deftig
Wynkaart

Rooi:
Dieman Shiraz
Paulet Pinotage
Triomf Cinsaut

Wit:
Classic Chardonnay
De Wet Chenin Blanc
Robbins Riesling

Vonkelwyn:
Brillig Soet
Brillig Sec
Brillig Ekstra Sec

Likeurs:
Amarula
Café
Mintando

10

koopkuns
cunning shopping

In this unit you will learn
- about shopping in South Africa
- how to use conjunctions and their clauses
- about the 'Proudly South African' campaign
- more variation in word order
- about going to market

ℹ️ Shopping

South African shops and the South African shopping experience are equal to the best in the world.

South African fruit, for example, can rarely be beaten for quality and is readily available and cheap. Fruit and vegetables are sold, not only in shops, but also at farm stalls and along the urban streets by hawkers. Many public buildings have their cluster of hawkers offering fruit and drinks, and sometimes snacks, to their customers.

South Africa's gold, diamond and platinum is renowned throughout the world and is still relatively cheap. South African jewellery craftsmen are justifiably acclaimed and all have recognized formal outlets both in shopping malls and at selected upmarket hotels and the major game reserves. Tourist discounts are available to those who present their passports as evidence of their tourist status.

A 'value added tax' (VAT) of 14% (currently) is added to all purchases other than basic, unprepackaged foods. While VAT is almost always inclusive, i.e. already added on to the marked price, this is not so at supermarkets. At supermarkets, because of the differentiation between basic unpackaged foods and other 'luxury' prepackaged foods, VAT is calculated on the total purchase, excluding VAT-free foods.

Since 2003, customers have been expected to supply their own shopping bags. This measure was instituted as a conservation measure to limit the number of plastic bags littering the environment. Shopping bags can be bought cheaply at all shops, but the distribution of thin plastic bags is prohibited by law.

South Africans are encouraged through the 'Proudly South African' campaign to buy South African and many goods carry the 'Proudly South African' logo as well as the South African Bureau of Standards (SABS) logo, which is a guarantee of quality and fine workmanship.

inkopies	*purchases*
goud	*gold*
silwer	*silver*
witgoud	*platinum*
ware	*goods*
juweliersware	*jewellery*
juwelier	*jeweller*
padstalletjies	*farm stalls*
smous	*hawker*
drinkgoed	*beverages*

peuselhappies	*snacks*
kopers	*customers*
goedkoop	*cheap*
afslag	*discount*
BTW	*VAT*
inklusief	*inclusive*
eksklusief	*exclusive*
strokie	*till slip*
prys	*price*
kruideniersware	*groceries*
algemene handelaar	*general dealer*
drankwinkel	*bottle store*
uitrusters	*outfitters*
hardeware winkel	*hardware store*
boekwinkel	*bookshop*
apteker	*chemist*
verkoopsassistent	*sales assistant*
winskopie	*bargain*
uitverkoping	*sale*
plastiese sakkies	*plastic bags*
Trots Suid-Afrikaans	*Proudly South African*

Exercise 1

Translate into English the following flyer advertising shopping opportunities in South Africa.

UITVERKOPING

50% op alle ware

Goud en silwerware en diamante teen afslagpryse. Alle juweliersware sonder BTW aan toeriste. Jaarlikse uitverkoping.

Moet dit nie misloop nie!!

Language patterns

Conjunctions

In Afrikaans, as in English, conjunctions (joining words) are used to join a series of simple sentences to form a complex sentence. The effect is, in essence, a stylistic one, which prevents the impression of a choppy, 'telegraph' style. For example, we would be unlikely to speak in the following way in English:

The sun was shining. The sardines were running. We planned to spend the day on the beach. The sardines were running. We wanted to catch some. We put buckets in the car. We also took our binoculars with us. The hump-backed whales had followed the sardines up the coast.

We would be more likely to say:

*The sun was shining **and** the sardines were running, **so** we planned to spend the day on the beach. **Because** the sardines were running **and** we wanted to catch some, we put buckets in the car. We also took our binoculars with us **because** the hump-backed whales had followed the sardines up the coast.*

The words **and, so** and **because** are all conjunctions. The original eight sentences have been combined into three but there has been no change in the meaning of the original text.

We can do the same in Afrikaans, but in Afrikaans the process is generally more complicated, because most conjunctions affect the word order of the sentence which follows the conjunction. (Note, however, that in Afrikaans we generally avoid the long complicated sentences so common in English. English-speaking writers, myself included, often find it difficult to remember to limit their sentence length when they write in Afrikaans.)

Conjunctions and word order

In English, conjunctions hardly ever affect the word order of the sentences which follow them. In Afrikaans, however, conjunctions often change the position of the verb particles. There are three sets of conjunctions in Afrikaans, each of which has a different effect on the word order. Below is a list of the more common conjunctions and the set to which each belongs.

Group 1	Group 2	Group 3
no change in word order	**verb or auxiliary comes after adverb**	**verb at the end of the sentence**
en *and*	dus *therefore, so*	dat *that*
maar *but*	daarom *therefore, so*	omdat *because*
want *because*	dan *then* (future)	nadat *after*
of *or*	toe *then* (past)	sodat *so that*
óf ... óf *either ... or*	gevolglik *as a result*	totdat *until*
nóg ... nóg *neither ... nor*	tog *yet*	voordat *before*
	daarna *then, thereafter*	wat *which, that, who*
	nietemin *nevertheless*	wanneer *when*
	intussen *in between*	as *if, then. when*
		terwyl *while*
		(al)hoewel *(al)though*
		tensy *unless*
		waarom *why*
		hoekom *why*
		toe *when*
		hoe *how*
		soos *as*
		waar(in) *(in) which*
		(met) wie *(with) who(m)*
		waarheen *where* (motion)
		as of *as if*

▶ Group 1

For these conjunctions there is no change in word order.

1. Sannie speel tennis.
   Themba speel voetbal.
   Sannie speel tennis **en**
   Themba speel voetbal.

   Sannie plays tennis.
   Themba plays soccer.
   *Sannie plays tennis **and***
   Themba plays soccer.

2. Ma het gebak. Pa het gelees.
   Ma het gebak, **maar** Pa het
   gelees.

   Mum baked. Dad read.
   *Mum baked, **but** Dad read.*

3. Bring skyfies. Bring pretzels.
   Bring **óf** skyfies **óf** pretzels.

   Bring crisps. Bring pretzels.
   *Bring **either** crisps **or** pretzels.*

4. Die algemene handelaar was
   oop. Die drankwinkel
   was oop.
   Nóg die algemene handelaar
   nóg die drankwinkel
   was oop.

   The general store was open.
   The bottlestore was open.
   Neither** the general store **nor
   the bottlestore was open.

5. Sy koop diamante. Diamante *She is buying diamonds.*
   is goedkoop in Suid-Afrika. *Diamonds are cheap in*
   South Africa.

   Sy koop diamante **want** hulle *She is buying diamonds*
   is goedkoop in Suid-Afrika. ***because** they are cheap in*
   South Africa.

Group 2

In this group, verbs or verb parts come immediately after the conjunction.

1. Die fietsryer het geval. Die *The cyclist fell. The cyclist*
   fietsryer **het** onmiddellik *showered immediately.*
   gestort.

   Die fietsryer het geval, *The cyclist fell so he showered*
   ***daarom** het hy onmiddellik *immediately.*
   gestort.

2. Hulle sal diere kyk. *They will look at the animals.*
   Hulle **sal** braai. *They will braai (barbecue).*
   Hulle sal diere kyk, *They will look at the animals*
   ***dan** sal hulle braai. *then they will braai*
   (barbecue).

3. Die verkoopsassistent het *The shop assistant wrapped*
   die pakkie toegedraai. *the parcel. She gave it*
   Sy **het** dit vir Di gegee. *to Di.*

   Die verkoopsassistent het die *The shop assistant wrapped*
   pakkie toegedraai ***toe** *the parcel **then** gave it*
   dit vir Di gegee. *to Di.*

4. Mandela was lank in die *Mandela was in jail a long*
   tronk. Hy is nie bitter nie. *time. He is not bitter.*

   Mandela was lank in die *Mandela was in jail a long*
   tronk ***tog** is hy nie *time **yet** he is not bitter.*
   bitter nie.

Group 3

The full verb comes at the end of the sentence when using Group 3 conjunctions.

1. Die San woon nou in dorpies. *The San now live in villages.*
   Hulle **mag** nie meer jag **nie**. *They may no longer hunt.*
   Die San woon nou in dorpies, *The San now live in villages,*
   ***omdat** hulle nie meer ***because** they may no*
   mag jag nie. *longer hunt.*

Remember: If a sentence is in the negative, the last word will always be **nie**.

2. Die kantore was gesluit.   *The offices were closed.*
   Dit **was** Boomplantdag.   *It was Arbor Day.*
   Die kantore was gesluit *toe*   *The offices were closed **when***
   dit Boomplantdag **was**.   *it was Arbor Day.*

3. Die toeriste het vroeg in   *The tourists were in bed early.*
   die bed gekom. Hulle **het**   *They had walked in the*
   die hele dag in die veld   *veld all day.*
   geloop.
   Die toeriste het vroeg in   *The tourists were in bed early*
   die bed gekom, *nadat* hulle   *after they had walked in*
   die hele dag in die veld   *the veld all day.*
   geloop het.

4. Koop jy die medisyne by   *Buy the medicine from the*
   die apteek. Ek **koop** die   *chemist. I buy the*
   kruideniersware.   *groceries.*
   Koop jy die medisyne by die   *Buy the medicine from the*
   apteek *terwyl* ek die   *chemist **while** I buy the*
   kruideniersware **koop**.   *groceries.*

5. Michael het die kelner   *Michael asked the waiter.*
   gevra. Die rooiwyn **is**   *The red wine was so*
   so duur.   *expensive.*
   Michael het die kelner   *Michael asked the waiter **why***
   gevra *hoekom* die rooiwyn   *the red wine was so*
   so duur **is**.   *expensive.*

6. Hulle eet nie nagereg nie.   *They do not eat dessert.*
   Hulle **hou** nie daarvan nie.   *They do not like it.*
   Hulle eet nie nagereg nie   *They do not eat dessert **because***
   omdat hulle nie daarvan   *they do not like it.*
   hou nie.

7. Piet sal ons 'n luitjie gee.   *Piet will give us a ring.*
   Hy **kom** vanaand **kuier**.   *He comes to visit tonight.*
   Piet sal ons 'n luitjie gee   *Piet will give us a ring **before***
   voordat hy vanaand   *he comes to visit tonight.*
   kom kuier.

Note

- **Want** and **omdat** both mean *because*, but belong in different 'groups'. Use **want** when you can as there is no word order change after it.
- For all conjunctions ending in **-dat**, the verb comes at the end of the sentence.

Exercise 2

Replace the English word in the following sentences with the correct Afrikaans one.

Example:

Xai hou van sprinkane, *but* Piet sal hulle nie eet nie. →
Xai hou van sprinkane, **maar** Piet sal hulle nie eet nie.

1 Die span gaan feesvier *after* hulle gewen het.
2 Hulle wil weet *if* daar koningklip op die spyskaart is.
3 Mary en Di gaan inkopies doen *when* hulle dorp toe gaan.
4 Kaptein Bruinders het die net ingegooi *then* verder geseil.
5 Mev. Smit maak haar eie konfyt *and* haar eie brood en botter.

Exercise 3

Join the following sentences by using the conjunctions in brackets.

Example:

Jan bly in die bed. Hy is siek. (**omdat**) →
Jan bly in die bed **omdat** hy siek is.

1 Jy moet skoene aantrek. Daar is slange in die veld. (**want**)
2 Die Hindus gebruik baie kerse gedurende Diwali. Dit is die "Fees van Ligte". (**omdat**)
3 Piet het vroeg gekom. Hy wou sy padda graag opsny. (**aangesien**)
4 Die rugbywedstryd sal gespeel word. Dit het baie hard gereën. (**alhoewel**)
5 Jy sal nou moet ry. Jy wil jou inkopies doen. Die winkels sluit. (**as, voordat**)
6 Die werkers sal eers gate maak. Die bome sal geplant word. (**dan**)
7 Die maatskappy het die bome gekoop. Die werkers het hulle geplant. (**toe**)
8 Hulle het gaan draf. Hulle het die huis klaar skoongemaak het. (**nadat**)

i Shop till you drop

Clothing in South Africa is relatively cheap. Sizing generally follows British sizes, but US and European sizes are often also given.

Specialist men's outfitters and women's boutiques are very common and are to be found in all shopping malls.

Some terms for articles of clothing are typically South African or are used in a particular way.

plakkies	*thong sandals*
beanie	*woollen cap*
takkies	*tennis shoes*
stokies	*soft towelling shoes*
pants	*men's and women's trousers/women's knickers*
T-shirt	*any pullover-type cotton shirt*
jersey	*cardigan or pullover*

The following vocabulary boxes contain the words you need to be able to 'shop till you drop'. You will have come across some of the words before.

Groente en vrugte Vegetables and fruit

aartappel	*potato*	**appel**	*apple*
aspersie	*asparagus*	**appelkoos**	*apricot*
beet	*beetroot*	**druiwe**	*grapes*
blaarslaai	*lettuce*	**koejawel**	*guava*
blomkool	*cauliflower*	**lemoen**	*orange*
ertjies	*peas*	**naartjie**	*tangerine*
(geel)wortel	*carrot*	**papaja**	*papaya*
groenbone	*green beans*	**peer**	*pear*
knoffel	*garlic*	**perske**	*peach*
mielie	*maize*	**piesang**	*banana*
pampoen	*pumpkin*	**pomelo**	*grapefruit*
patat	*sweet potato*	**pynappel**	*pineapple*
pietersielie	*parsley*	**spanspek**	*sweet melon*
sampioen	*mushroom*	**suurlemoen**	*lemon*
skorsie	*gem squash*	**tamatie**	*tomato*
ui	*onion*	**vy**	*fig*
witwortel	*parsnip*	**waatlemoen**	*watermelon*

Vleis en melkprodukte Meat and dairy products

beesvleis	*beef*	**botter**	*butter*
biefstuk	*steak*	**bottermelk**	*buttermilk*
biltong	*jerky*	**kaas**	*cheese*
boerewors	*farm sausage*	**maaskaas**	*cream cheese*
frikkadel	*rissole*	**melk**	*milk*
hoender	*chicken*	**room**	*cream*
lewer	*liver*	**roomys**	*ice cream*
maalvleis	*mince*	**joghurt**	*yoghurt*
niertjie	*kidney*		
skaaplvleis	*lamb*		
spek	*bacon*		
tjop	*chop*		
sosatie	*kebab*		
varkvleis	*pork*		

Drinkgoed Beverages

brandewyn	*brandy*	**tee**	*tea*
koeldrank	*cold drink*	**water: stil**	*water: still*
		vonkel	*sparkling*
koffie: wit	*coffee: white*	**wyn: rooi**	*wine: red*
swart	*black*	**wit**	*white*
kitskoffie	*instant*	**soet**	*sweet*
		droë	*dry*
melk: volroom	*milk: fullcream*		
2%	*semi-skimmed*	**vrugtesap**	*fruit juice*

Allerlei Miscellaneous

aartappelskyfies	*crisps*	**neute**	*nuts*
asyn	*vinegar*	**sout en pepper**	*salt and pepper*
eiers	*eggs*	**pap**	*porridge*
bakpoeier	*baking powder*	**sigarette**	*cigarettes*
brood	*bread*	**roosterbrood**	*toast*

broodrolletjies	bread rolls	**slaptjips**	chips
vla	custard	**graankos**	cereal
grondboontjies	peanuts	**sop**	soup
heuning	honey	**sous**	sauce, gravy
kapokaartappels	mashed potatoes	**tamatiesous**	tomato sauce
kelkie	cocktail	**toebrootjies**	sandwiches
konfyt	jam	**vissmeer**	fishpaste
lekkers	sweets	**vet**	lard
margarien	margarine	**vuurhoudjies**	matches
olyfolie	olive oil	**mostert**	mustard

Kleding Clothing

baadjie	jacket	**japon**	gown (hospital)
baaibroek	bathing costume (male)	**kamerjas**	gown (home)
		onderbroek	underpants
baaikostuum	bathing costume (female)	**pak (klere)**	suit
		pantoffels	slippers
bikini	bikini	**reënjas**	raincoat
bra	bra	**plakkies**	sandals
broek	pants, panties	**rok**	dress
broekieskouse	tights	**romp**	skirt
das	tie	**serp**	scarf (neck)
doek	scarf (head)	**slenterpak**	tracksuit
drafskoene	running shoes	**sweetpak**	tracksuit
frokkie	vest	**tekkies**	tennis shoes
gordel	belt	**trui**	jersey, pullover
handskoene	gloves	**jas**	coat
hemp	shirt		
hoed	hat		

Exercise 4

You are planning a trip to a game reserve. Your reservations are for self-catering accommodation. You find the following advice for self-catering meals in an Afrikaans guide book. Translate the paragraph into English for your friends who cannot read Afrikaans, but who are going to do the shopping.

▶

Die maklikste kos om saam te neem is vrugte, aartappels en vleis. Drink goed soos vrugtesap, koffie, tee en melk is ook belangrik. Maak s seker dat u water het. Vir ontbyt is óf pap óf graankos die maklikste. Braai elke aand genoeg vleis om die volgende dag vir middagete koud te eet. U kan brood en gekookte eiers en tamaties saam met die koue braai eet. Moenie die botter, sout en die suiker, of die houd en vuurhoutjies, vergeet nie.

Exercise 5

Using the paragraph above, write out a shopping list for your friends, giving both the English and Afrikaans terms to help them learn some Afrikaans.

Exercise 6

Your partner, Robin, has left some clothes he now needs at your friend Sarie's house. Your partner asks you to translate the following letter to Sarie into Afrikaans.

Dear Sarie,

How are you? We are enjoying ourselves, but it is cold here. I, therefore, need my red cardigan and my black coat. I also need some socks and a tracksuit. Please send them to me.

Regards,

Robin

Language patterns

▶ Word order when clauses begin sentences

You will remember from Unit 4 that when we move time, place and manner phrases or words to the beginning of a sentence, the word order changes. When we move clauses (the part of the complex sentence which begins with the conjunction) to the beginning of complex sentences, the word order may also change. Generally, only clauses beginning with Group 2 and 3 conjunctions can be moved to the beginning of the complex sentence.

The position of the verb in the clause, as you learnt earlier, depends on the type of conjunction used. When the sentence begins with a Group 2 or Group 3 conjunction clause, the verb and the verb parts in the main clause (the one that does not start with a conjunction) are affected. Look at the following examples.

1. Piet **gaan** vroeg skool toe, **omdat** hy sy padda wil opsny.
   Omdat hy sy padda wil opsny, **gaan** Piet vroeg skool toe.

   *Piet **is going** to school early **because** he wants to cut up his frog.*
   ***Because** he wants to cut up his frog, Piet **is going** to school early.*

2. Die winkels **was** al gesluit, **toe** Mary en Di opgedaag het.
   Toe Mary en Di opgedaag het, **was** die winkels al gesluit.

   *The shops **were** already closed **when** Mary and Di arrived.*
   ***When** Mary and Di arrived, the shops **were** already closed.*

3. Die skare **sing** met vreugde, **wanneer** die Bokke 'n drie druk.
   Wanneer die Bokke 'n drie druk, **sing** die skare met vreugde.

   *The crowd **sings** with joy **when** the Boks score a try.*
   ***When** the Boks score a try, the crowd **sings** with joy.*

4. Hulle **het** gisteraand die wedstryd gespeel, **alhoewel** dit hard gereën het.
   Alhoewel dit hard gereën het, **het** hulle gisteraand die wedstryd gespeel.

   *They **played** the match last night, **although** it rained hard.*
   ***Although** it rained hard, they **played** the match last night.*

5. Jy **sal** nie 'n bespreking kry nie, **tensy** jy vandag bespreek.
   Tensy jy vandag bespreek, **sal** jy nie 'n bespreking kry nie.

   *You **will** not get a booking **unless** you book today.*
   ***Unless** you book today, you **will** not get a booking.*

Note
- When the clause begins the sentence, there is always a comma separating it from the main clause.
- There is always a comma between verbs in Afrikaans.

Exercise 7

Join the following sentences using the conjunctions in brackets.

Example:

Die Springbokke sal nooit wen nie. Hulle bereid is om te oefen.
(**tensy**) → Die Springbokke sal nooit wen nie, tensy hulle
bereid is om te oefen.

1 Die lugdiens het hulle laat weet. Die vlug is gister gekanselleer.
(**waarom**)
2 Die lugdiens het hulle laat weet. Die vlug is gister gekanselleer.
(**voordat**)
3 Die lugdiens moes hulle laat weet. Die vlug is gekanselleer.
(**omdat**)
4 Die werkgewers het hulle werkers 'n vakansiedag gegee.
Hulle het almal dié jaar hard gewerk. (**aangesien**)
5 Die skool bring hulle leerlinge Suid-Afrika toe. Die
somervakansie begin Juliemaand. (**sodra**)

Exercise 8

Using the complex sentences you made in Exercise 7, invert each
sentence by beginning with the conjunction clause.

Example:

Die Springbokke sal nooit wen nie. Hulle nie bereid is om te
oefen nie. (**tensy**) → Die Springbokke sal nooit wen nie,
tensy **hulle bereid is om te oefen.** → *Tensy* **hulle bereid is
om te oefen,** sal die Springbokke nooit wen nie.

11

SOS

SOS

In this unit you will learn
- about prepositions
- prepositional verbs
- what to do in an emergency
- about herbs that heal
- how to cope with illness

ℹ️ Emergencies

Wherever you are in the world, whether at home or abroad, you may face an emergency. Such emergencies may be as simple as a flat tyre or as complex as suddenly falling ill.

The general emergency number in South Africa is 10111 which will put you in contact with the police who will link you to other emergency services. There are emergency telephones along all the major toll roads and highways, but not along the others. It is common for travellers to carry mobile phones with them on long trips. The AA (Automobile Association) is the most common emergency motor vehicle service, but there are others.

▶️ Exercise 1

Read the following piece while you listen to the recording, then translate it into English using the vocabulary box below to help you.

Verskoon my, meneer. Kan u ons help? Ons huurmotor het 'n papband en daar is geen domkrag in die kattebak nie. Ons moet ook die spaarband oppomp want dit is ook pap.

nooddienstes	*emergency services*	**battery**	*battery*
noodgevalle	*emergencies*	**remme**	*brakes*
hospitaal	*hospital*	**enjin**	*engine*
ambulans	*ambulance*	**flikkerlig**	*indicator*
brandweer	*fire brigade*	**ratkas**	*gearbox*
polisie	*police*	**registrasienommer**	*licence plate*
reddingsdiens	*rescue service*	**vergasser**	*accelerator*
werktuigkundige	*mechanic*	**verkoeler**	*radiator*
insleep	*tow*	**windskerm**	*windscreen*
huurmotor	*hire car*	**vonkprop**	*spark plug*
papband	*flat tyre*	**kattebak**	*boot*
domkrag	*jack*	**enjinkap**	*bonnet*
spaarwiel	*spare wheel*	**sitplekgordel**	*seatbelt*
pap	*flat*	**oppomp**	*inflate*
paneelklopper	*panel beater*	**rybewys, lisensie**	*licence*

Language patterns

Prepositions

Prepositions are (usually) small words that combine with nouns to give a sense of direction. As in English they are generally used to combine a verb (action) with a noun which usually, but not always, follows it. Prepositions thus function in Afrikaans as they do in English.

Die boek is **op** die tafel.	*The book is **on** the table.*
Sy het die boek **op** die tafel gesit.	*She put the book **on** the table.*
Xai het **nader aan** die bok geloop.	*Xai walked **closer to** the buck.*
Die renoster vryf homself/ haarself **teen** die boom.	*The rhino is rubbing itself **against** the tree.*
Ons het die domkrag **onder** die motor vasgemaak.	*We attached the jack **under** the car.*
Teen die bult het ons 'n leeu gesien.	***Against** the hill we saw a lion.*
Op die bed lê Baba Beer.	***On** the bed lay Baby Bear.*
Die son sak **in** die weste.	*The sun sinks **in** the west.*

Prepositions frequently imply a sense of place, direction or motion.

In our mother tongues, we usually know instinctively which prepositions go with which verbs. When we are learning a foreign language like Afrikaans, we have to learn the verb–preposition combinations. A list of the most common prepositions and idiomatic prepositional phrases in Afrikaans follows. The list is rather long but don't be daunted. Look them up as you need them. You will learn them by using them.

 Prepositions and prepositional phrases

Preposition	Prepositional phrase	
aan	die prent hang **aan** die muur	*the picture hangs **on** the wall*
	hand **aan** hand	*hand **in** hand*
	skryf **aan** Sannie	*write **to** Sannie*
	dink **aan** jou	*think **of** you*
	ly **aan** malaria	*suffer **from** malaria*
anderkant	**anderkant** die straat	*on the **other side** of the street*

binne	**binne** twee uur	*within* two hours
	binne die tent	*inside* the tent
binnekant	**binnekant** is dit koel	it is cool *inside*
bo	**bo** agtien	*over* eighteen
bo-op	sit dit **bo-op** die yskas	put it *on top* of the fridge
	staan **bo-op** die stoel	stand *on* the chair
buite	speel **buite**	play *outside*
	buite my bereik	*beyond* my ability
	buite my rekening	*outside* my reckoning
buitekant	**buitekant** is dit warm	it is hot *outside*
by	ontmoet **by**	meet *at*
	hardloop **by** my verby	runs *by* past me
	by voorbaat dank	thanking you *in* anticipation
	by die venster uit	*out of* the window
	by die venster in	*in at* the window
	by die deur uit	*out of* the door
deur	loop **deur** die tuin	walk *through* the garden
	deur middel van	*by* means of
	werk **deur** die nag	work *through* the night
duskant	**duskant** die straat	*this side of* the street
gedurende	**gedurende** die vakansies	*during* the holidays
in	**in** die huis	*in* the house
	klim **in** die berg	climbing *in* the mountains
	in jou koffie	*in* your coffee
	in vergelyking met	*in* comparison with
	loop **in** die straat **af** (in ... af)	walk *down* the street
langs	**langs** die pad	*along/next to* the road
	loop **langs** die rivier af/op	walk *along* the river
	sit **langs**	sit *next to*
met	praat **met**	talk *to*
	met vakansie	*on* holiday
	groet **met** die hand	shake hands
	kom saam **met** my	come *with* me
na	stap **na** die winkel	walk *to* the shop
	kyk **na** die diere	look *at* the animals
	verlang **na** die huis	long *for* home (homesick)
	aard **na** haar ma	takes *after* her mother
namens	**namens** jou vriende	*on behalf of* your friends
om	hardloop **om** die hoek	run *round* the corner

	vra **om** hulp	ask **for** help
	om die gebou	**around** the building
	om sewe-uur	**at** seven o'clock
	om die beurt	**in** turn
onder	**onder** die tafel	**under** the table
	onder die skoot	**under** fire
	onder gesprek	**under** discussion
	onder die gesprek	**during** the discussion
	onder hulle	**amongst** them
oor	reis **oor** die land	travel **across** the country
	gaan **oor** Durban en Kaapstad	goes **via** Durban and Cape Town
	vlieg **oor** die land	flies **over** the country
	vyf minute **oor** sewe	five **past** seven
	stap **oor** die berge	walk **on** the mountains
	bekommerd **oor**	worried **about**
oorkant	**oorkant** die straat	**across** the street
op	sit **op**	sit **on**
	op skool	**at** school
	skiet **op** die bok	shoot **at** the buck
	op die ou end	**in** the end
	jaloers **op**	jealous **of**
	op aanklag van	charged **with**
per	**per** fiets, motor, trein, vliegtuig	**by** bicycle, car, train, plane
rondom	**rondom** die kamp	**around** the camp
te	**te** voet, perd	**on** foot, horseback
teen	staan **teen** die muur	stands **against** the wall
	teen die begin van die week	**at** the beginning of the week
	klim **teen** die berg op	climb **up** the mountain
teenoor	vriendelik **teenoor**	friendly **towards**
ten	**ten** gunste van	**in** favour of
tot	werk **tot** vyfuur	work **until** five
	tot my spyt	**to** my regret
tussen	**tussen** die honderde motors	**amongst** the hundreds of cars
	tussen die twee boeke	**between** the two books
uit	klim **uit** die bad	get **out of** the bath
	vertaal **uit**	translate **from**
	loop **uit** die huis uit	walk **out of** the house
van	ontvang **van**	receive **from**
	spring **van** die rots af	jump **from** the rock

	voorsien **van**	*supply **with***
	verskil **van**	*differs **from***
	van honger dood	*died **of** hunger*
	venster **van** die motor	*window **of** the car*
	Ek hou **van** roomys	*I **like** ice cream*
	van vandag af	***from** today*
verby	loop **verby**	*walk **past***
	die vakansie is **verby**	*the holiday is **over***
vir	wag **vir**	*wait **for***
	lief **vir** hom	*love **him***
	kwaad **vir**	*angry **with***
voor	**voor** die tent	***in front of** the tent*
	vyf **voor** ses	*five **to** six*
	voor in die motor	*in the **front** of the car*
	voor die motor	***in front of** the car*

Exercise 2

Translate the phrases which have been left in English (italics) into Afrikaans. Use the table above to help you.

1 *During* die Kersfeesvakansie gaan ons Engeland toe.
2 Ek wil almal *thank you in anticipation* vir al die harde werk.
3 Ek sal *think of you* terwyl ek weg is.
4 Ons vlug vertrek *at three o'clock*.
5 Ons *walked through* die slangpark.
6 Sy *is always homesick* as sy toer.
7 *In comparison to* Nieu Seeland is Suid-Afrika groot.
8 Ek sal môre *speak to* die hotelbestuurder.

Exercise 3

The following sentences describe images in a painting. The Afrikaans sentences are accompanied by their English translations. Use the translations to help you fill in the correct Afrikaans pronouns.

1 Die wolke dryf _____ die lug.   *The clouds drift across the sky.*
2 Die voëls vlieg _____ die lug.   *The birds fly in the sky.*
3 Blomme groei _____ die boom.   *Flowers grow under the tree.*
4 Die kat sit _____ die boom.   *The cat is sitting in the tree.*
5 'n Meisie lê _____ die boom.   *A girl is lying under the tree.*

6 Die boom staan _____ die rivier.

The tree is next to the river.

7 Die hond loop _____ die rivier.

The dog is walking to the river.

8 'n Huis staan _____ die rivier.

A house stands across the river.

ℹ️ Emergency help in the veld

Aloes are a major South African export because of the healing properties of aloe juice. They are, however, not the only South African plants which are known to have healing properties. The **sangomas** (*traditional healers*) use a wide range of plants found in the veld and forest in their practice. Some of these, however, despite their healing properties, are also poisonous when used in excess and should, like all herbs, be used with care. The table below illustrates some common ailments and the herbs that may be used to alleviate them.

▶ Kruie wat gesond maak (*Herbs that heal*)

Kwaal (*Complaint*)	Krui (*Herb*)	Raat (*Remedy*)
vratte *warts*	alwynsap *aloe juice*	vryf op vratte *rub on warts*
naels byt *nail biting*	alwynsap *aloe juice*	vryf op vingerpunte *rub on finger tips*
seer keel *sore throat*	kappertjie *nasturtium*	kou 'n blaar *chew a leaf*
geel tande *yellow teeth*	aarbeie *strawberries*	vryf op tande *rub on teeth*
bloublasiesteek *bluebottle stings*	vygie *mesembryan-themum*	vryf op steek *rub on sting*

(Adapted from N. Faarsen, M. van Heerden & H. Venter, 1996. *Afrikaans vir elke dag 2*. Pietermaritzburg: Shuter & Shooter.)

kwale	conditions, complaints	vratte	warts
hoof	main, major	vingernaels	finger nails
uitvoer	export	seer	sore
uitvoerproduk	export product	keel	throat
alwyn	aloe	geel	yellow
sap	juice, sap	bloublasies	bluebottles
genees	heal	steek	sting
gesond maak	heal	slangbyt	snake bite
eienskappe	properties	byt	bite
bos	forest	kou	chew
giftig	poisonous	kappertjie	nasturtium
versigtig	carefully	aarbeie	strawberries
alledaagse	everyday, common	vryf	rub

Language patterns
▶ Prepositional verbs

English examples of prepositional verbs include *pick up, put down, come across, throw down,* and so on. Similar verbs which occur in Afrikaans are written as compounds: **optel, neersit, teekom, neergooi,** respectively. In English, the parts of such verbs may be separated from one another – *pick the book up* – or used together – *pick up the book*. In Afrikaans, the parts are only separated from one another when the compound verb occurs in the present tense.

1. optel *pick up*

Jan **tel** die boek **op**.	*Jan **picks up** the book.*	Present
Jan het die boek **opgetel**.	*Jan **picked up** the book.*	Past
Jan sal die boek **optel**.	*Jan **will pick up** the book.*	Future

2. neergooi *throw down*

Piet **gooi** die akkedis **neer**.	*Piet **throws down** the lizard.*	Present
Piet het die akkedis **neergegooi**.	*Piet **threw down** the lizard.*	Past
Piet sal die akkedis **neergooi**.	*Piet **will throw down** the lizard.*	Future

3. weghardloop *run away*

Die bok **hardloop** van die leeu **weg**.	*The buck **runs away** from the lion.*	Present

Die bok het van die leeu **weg**ge**hardloop**.	*The buck **ran away** from the lion.*	Past
Die bok sal van die leeu **weghardloop**.	*The buck **will run away** from the lion.*	Future

4. afhaal   *take off*

Ek **haal** my hoed **af**.	*I **take off** my hat.*	Present
Ek het my hoed **afgehaal**.	*I **took off** my hat.*	Past
Ek sal my hoed **afhaal**.	*I **will take off** my hat.*	Future

Note

In the past tense, when the **ge-** past-tense marker is added, it usually comes between the prepositional part of the verb and the rest:

Xai het die boek **opgetel**.	*Xai picked up the book.*
Piet het die akkedis **neergegooi**.	*Piet threw down the lizard.*
Die bok het van die leeu **weggehardloop**.	*The buck ran away from the lion.*
Ek **het** my hoed **afgehaal**.	*I took off my hat.*

Exercise 4

Give the correct form of the verb in brackets and put it in the correct place.

Example:

Piet (neergooi) die akkedis. → Piet **gooi** die akkedis **neer**.
(*Piet **throws down** the lizard.*)

1 Die maatskappy het (afkap) al die bome.
2 Die maatskappy sal (afkap) al die bome.
3 Die maatskap (afkap) al die bome.
4 Die leeus (wegjaag) die bokkies.
5 Die leeus sal (wegjaag) die bokkies.
6 Die leeus het (wegjaag) die bokkies.
7 Die hondjie is (omry) deur die bus.
8 Die hondjie word (omry) deur die bus.
9 Die hondjie sal (omry) word deur die bus.
10 Die passasiers het (opklim) by die bushalte.
11 Die passasiers (opklim) by die bushalte.
12 Die passasiers sal (opklim) by die bushalte.

Exercise 5

Choose the correct preposition in each sentence.

Example:

Vanoggend het ek (na/by) die werk gehardloop. →
Vanoggend het ek **na** die werk gehardloop.

1 Moenie (agter/na) my aanloop nie.
2 Ons sal vanaand (by/na) die konsert toe gaan.
3 Die president het (na/agter) die biskop gepraat.
4 Piet ontmoet Xai (na/by) die watergat.
5 Die wenners sal lank (na/by) die wenpaal vir die ander lopers moet wag.
6 (Na/Agter) die konsert, gaan hulle koffie drink.
7 Die Lachmans sal (na/by) die Naidoos 'n besoek aflê.
8 Die motor staan (na/agter) die huis.

Exercise 6

Fill in the correct prepositions.

Dié boek is ___1___ Engels geskryf. Dele daarvan is ___2___ Afrikaans ___3___ Engels vertaal. Die boek is geskryf ___4___ mense te help ___5___ Afrikaans te leer, sodat as hulle Suid-Afrika ___6___ kom, hulle ___7___ Afrikaners kan praat. Daar is baie oefeninge wat besoekers sal help ___8___ hulle besoek ___9___ Suid-Afrika te geniet. Dié oefeninge gaan ___10___ die winkels, hotelle, die diere, die stede en die natuur-reservate ___11___ Suid-Afrika en vertel ___12___ Suid-Afrika se mense.

i Falling ill

One may fall ill anywhere, so it is important to know what to do when you become ill far from home. South Africa generally has a good health-care service, but has nothing like the British National Health Service. In South Africa there are both private and public hospitals. The former are expensive, while the latter, run by the Department of Health, are cheap, as they are funded by the state. A nominal charge is made for services. In the private hospitals, you generally have to pay up front or prove that you can pay the bill.

Private doctors (i.e. not doctors based at public clinics or hospitals) expect the same! Private doctors also normally expect you to book an appointment. They seldom make house calls. You can get a prescription for medicine from the doctor and can have it dispensed at a chemist. There are emergency chemists in the major cities which are open out of normal business hours. Country doctors frequently dispense medicine themselves.

There are clinics throughout the countryside and even 'health' trains which travel around the country providing dental, eye and ear care to far-flung remote rural villages.

All the major cities have 24-hour trauma hospitals which are on a par with the best in the world. Ambulances can be called on the 10111 number.

pasiënt	*patient*
siek word	*get sick*
hospitaal	*hospital*
gesondheidsdienste	*health services*
verpleegster	*nurse*
privaat	*private*
gelde	*fees*
oogkundige	*optician*
vooruit	*in advance*
kliniek	*clinic*
ongeluk	*accident*
ernstig	*serious*
ongevalle	*casualty*
tandversorging	*dental care*
oëversorging	*eye care*
oorversorging	*ear care*
pyn	*pain*
tandpyn	*toothache*
tandarts	*dentist*
oorpyn	*earache*
hoofpyn	*headache*
plate	*X-ray*
medisyne	*medicine*
oogdruppels	*eyedrops*
oordruppels	*eardrops*
pynstiller	*painkiller*
hoestroop	*cough syrup*
pille	*tablets*
maagpyn	*stomach ache*
verband	*bandage*
ontsmettingsmiddel	*disinfectant*
salf	*ointment*
inspuiting	*injection*
polsslag	*pulse*
bloeddruk	*blood pressure*
ondersoek	*examine*

hartaanval	*heart attack*
sooibrand	*heartburn*
sonbrand	*sunburn*
voorskrif	*prescription*
aansteeklike siekte	*infectious disease*
vigs	*HIV-Aids*
griep	*flu*
sny	*cut*
brandwond	*burn*
chirurg	*surgeon*
besering	*injury*
wond	*wound*
dwelmmiddels	*drugs*
omgekrapte maag	*enteritis*
pampoentjies	*mumps*
masels	*measles*
Duitse masels	*rubella, German measles*
mangelontsteking	*tonsillitis*
hoenderpokkies	*chicken pox*
harsingskudding	*concussion*
kieme	*germs*
uitslag	*rash*
inwendig	*internal*
maagsweer	*stomach ulcer*

Exercise 7

There has been a talk show on local radio about medical issues. Some of the speakers were English and others Afrikaans. You have to prepare the web-page text. Write the following text out entirely in Afrikaans and then in English.

Die Minister van Gesondheid wil nie hê dokters moet medisyne aan voorsien nie. *Yes, but doctors say poorer patients will suffer, as they do not have the money to travel to chemists.* Die Minister sê dat dokters dan 'n lisensie moet kry om medisyne te voorsien. *Doctors are rejecting the Minister's position and say they will continue to supply medicines to the sick.*

12

so maak mens

this is what people do

In this unit you will learn
- about auxiliary and modal verbs
- about participles
- how to form imperatives in Afrikaans
- about some South African wonders
- some common exclamations

ℹ️ Natural wonders

From this unit on, you will be visiting some of the famous South African places. You will also visit great natural wonders like the Cango (Kango) Caves and the Cape Floral kingdom.

South Africa is a country of stunning natural wonders, but it also has many man-made wonders. None, perhaps, reflects the determination (and greed) of those seeking to make their fortune more than the 'Big Hole' at Kimberley.

The 'Big Hole' is the biggest man-made hole in the world – it was dug by pick and shovel and emptied out with buckets hauled out on ropes. Its creation saw many deaths and many fortunes made. In the twentieth century, the hole was barricaded, as it had become such a popular suicide site. Today, Kimberley is a quiet little city, even though it is the capital of the Northern Cape. The 'old' Kimberley around the Big Hole has been preserved as a museum village containing many original mining village artefacts.

Deep in the Great Karoo, the high central plateau of South Africa, lies the tiny village of Sutherland, and in Sutherland there is a great observatory. Known for measuring the coldest mean temperatures in South Africa, Sutherland's crisp clear skies have made it a prime site for astronomy and astrophysics in South Africa. The observatory is linked to similar observatories worldwide. When there is an astronomical happening the village bursts at the seams, as scientists invade the village.

▶

wonderwerk	*wonder*	**bekend**	*famous*
kunsmatig	*man-made*	**selfmoord**	*suicide*
mens (die)	*humankind*	**behou**	*preserve*
vasberadenheid	*determined*	**bewaar**	*protect*
gulsig	*greedy*	**oorspronklik**	*original*
gulsigheid	*greed*	**kunsproduk**	*artefact*
soek	*seek*	**sterrewag**	*observatory*
geluk	*fortune*	**meet**	*measure*
eeu	*century*	**gemiddeld**	*mean, average*
pik en skopgraaf	*pick and shovel*	**fris**	*crisp*
emmer	*bucket*	**lug**	*sky, air*
toue	*ropes*	**helder**	*clear*
uittrek	*haul out*	**sterrekunde**	*astronomy*
afkamp	*barricade*	**sterrekundige**	*astronomer*
toekamp	*enclose*	**astrofisies**	*astrophysics*

Exercise 1

Translate the following news report into English,

Grootgat gee weer diamante!

'n Engelse Toeris lag lekker vanaand. Na amper tagtig jaar het die Groot Gat weer van sy skatte opgelewer.

Die toeris het langs die afkamping gestaan waar so baie al selfmoord gepleeg het. Toe sy wil wegloop, het sy haar toon teen iets gestamp and toe sy kyk wat dit is, sien sy wat sy gedink het, is 'n ronde stuk glas. Toe sy dit uittrek uit die grond, sien sy dit is nie glas nie, maar 'n blink klip. By die ontvangskantoor het die beamptes bevestig dat haar stuk glas 'n diamant is.

Beamptes sê die maatskappy sal wel vir die toeris 'n deel van die waarde van die diamant gee, nadat die waarde daarvan bepaal is.

Language patterns

Auxiliary verbs

You already know that a sentence is composed of at least a subject ('doer') and a verb ('action') and that a sentence cannot exist without these two parts. In a very real sense the verb is the 'heart' of a sentence, because it names an action or state (condition). As actions or states can occur in the past, present or future (or in combinations thereof), the 'key' verb sometimes needs help to complete the sense of a particular time. Such 'key' verbs are known as roots/stems and may add endings, like *-ed* in English, or **ge-** in Afrikaans, to form the regular past tenses. Both languages, however, also employ 'helping' (auxiliary) verbs to complete verb time meaning. Such auxiliary verbs are all forms of the verb *to be* (in English: *be, am, is, are, was, has, have, had* ...) which although they can occur alone as main (full) verbs, function as auxiliary verbs when they are used in conjunction with verb roots/stems.

In English, for example:

Xai *is* a San.   *is* functions as a
                                    main verb

Xai *is teaching* Piet about the San.	*is* functions as an auxiliary verb; *teach* is the verb stem; and *is teaching* is the main (full) verb
The doctor *has* a clinic.	*has* functions as a main verb
The doctor *has given* Di medicine.	*has* functions as an auxiliary verb; *given* is the verb stem; and *has given* is the main (full) verb
Ambulances *were fetching* the victims.	*were* functions as an auxiliary verb; *fetch* is the verb stem; and *were fetching* is the main (full) verb
The flowers *were* beautiful.	*were* functions as a main verb

Look at some of the forms of the Afrikaans verb *to be* that we looked at first in Unit 2 and their English equivalents.

Tense	om te wees	to be
Present	is	*am, is, are*
Past	was	*was, were*
Future	sal wees	*will/shall be*

Afrikaans uses auxiliaries to form the past and future tenses. For example:

Past tense

Xai **het** Piet van die San **vertel**.	*Xai **told** Piet about the San.*
Die Minister **het** al die dokters kwaad **gemaak**.	*The Minister **made** all the doctors angry.*
Sutherland **het** die sterrewag **oopgestel**.	*Sutherland **opened** the observatory.*

The **het**s in all three of the above sentences are auxiliary verbs. The verb stems are **vertel**, **maak** and **oopstel**. The **ge-** is the past-tense particle. The full/main verbs are **het vertel**, **het gemaak** and **het oopgestel**.

Future tense

Xai **sal** Piet van die San vertel.	*Xai **will** tell Piet about the San.*
Die Minister **sal** al die dokters kwaad **maak**.	*The Minister **will** make all the doctors angry.*
Sutherland **sal** die sterrewag oopstel.	*Sutherland **will** open the observatory.*

The **sal**s in all three of the above sentences are auxiliary verbs. The verb stems are **vertel**, **maak** and **oopstel**. The full/main verbs are: **sal vertel**, **sal maak** and **sal oopstel**.

Exercise 2
Write the following sentences in Afrikaans.

1 Sutherland will be cold this weekend.
2 The tourist will receive part of the value of the diamond.
3 The Big Hole was a treasure of diamonds.
4 The observatory was open for the week.
5 The astronomers found a new star.
6 The police arrested the drunkard.
7 The hump will damage your car.
8 After the rains the roads will be full of potholes.

Note
In the English examples above, you will notice some English forms made up of a combination of an auxiliary word and a verb stem ending in -*ing*:

Xai *is teaching* Piet about the San.
Ambulances *were fetching* the victims.

These forms are called the progressive or continuous tenses.

Language patterns

Translating the English -*ing* (progressive/continuous) tenses into Afrikaans

The English continuous tenses are often problematic for second language English speakers, because so few other languages still have these forms. As you are learning Afrikaans (and because you already know English), you will be spared the complexity of learning such tenses, because Afrikaans has no progressive (continuous) tenses, only three simple tenses: present, past and future. Look at the following examples:

Die toeris kry 'n diamant.	*The tourist finds a diamond.*
	Present tense

| Die toeris het 'n diamant gekry. | *The tourist found a diamond.* Past tense |
| Die toeris sal 'n diamant kry. | *The tourist will find a diamond.* Future tense |

English has six alternatives: simple present, past, future, and continuous present, past and future:

Tense	Simple	Continuous/Progressive
Present	The tourist gets a diamond.	The tourist *is* get*ting* a diamond.
Past	The tourist got a diamond.	The tourist *was* get*ting* a diamond.
Future	The tourist will get a diamond.	The tourist *will be* get*ting* a diamond.

From the above table note that the English progressive/continuous tenses use the auxiliaries *am, is, are, was, were, will be ...* in conjunction with *-ing* forms. There is a clear distinction in meaning between the 'usual' (known as the 'simple tenses') present, past and future tenses and the progressive forms of the same tenses. The simple present, past and future tenses imply an action which a subject does, did or will do, but which is/was/will not be immediate, i.e. at that moment. The progressive tenses, as the name implies, describe a continuing action – one that is happening at a particular time (whether present, past or future). The following examples will make the matter clearer:

Present	*I am writing.*	Something that the subject (I) is 'busy' doing now.
	I write.	Something that the subject does regularly, frequently on occasions.
Past	*I was writing.*	Somethinig that the subject was 'busy' doing at a particular stage.
	I wrote.	Something that the subject did and completed on an occasion.
Future	I will be writing.	Something that the subject will be 'busy' doing in the future.
	I will write.	Something that the subject will do and complete on an occasion in the future.

In Afrikaans, each of the pairs of sentences above would be translated by the same Afrikaans sentence, as the following table shows.

	Afrikaans	English
Present	Ek skryf.	I am writing. I write.
Past	Ek het geskryf.	I was writing. I wrote.
Future	Ek sal skryf.	I will be writing. I will write.

In Afrikaans, the only way to make the distinction available in English through the Progressive Tense would be by qualifying the action in the ways similar to those suggested in the following table.

	English	Afrikaans
Present	I *am writing* [a novel]. I *write* [for a living].	Ek skryf ['n roman]. Ek skryf [vir 'n lewe].
Past	I *was writing* [a novel]. I *wrote* [for a living].	Ek het ['n roman] geskryf. Ek het [vir 'n lewe] geskryf.
Future	I *will be* writing [a novel]. I *will write* [for a living].	Ek sal ['n roman] skryf. Ek sal [vir 'n lewe] skryf.

Look at it another way. In Afrikaans, **Ek skryf** can be the answer both to the question **Wat maak jy?** and to **Wat doen jy?** (*What are you doing?* and *What do you do?*, respectively). In English, each of the questions requires its own tense format – *I am writing* and *I write*, respectively. In English, you would not say *I write a novel*, and *I am writing for a living* sounds decidedly odd. Therefore, you need to be careful when you translate the Afrikaans tenses into English. English into Afrikaans is of course much simpler, because there are fewer choices. Try your hand in the following exercise.

Exercise 3
Translate the following sentences into English.

Example:

| Sewe dokters behandel die beseerdes. | *Seven doctors* are dealing *with the wounded.* |

1 Die verpleegsters is besig met die pasiënte.
2 Sarel lees terwyl Petro 'n koek bak.
3 Die leeus jaag die bokkies, omdat hulle honger is.
4 Dit reën so hard dat die strate met water loop.
5 Ek kan dit self doen, as jy my net wys hoe.
6 Ons speel vandag krieket teen die Wes Indies.

Language patterns

Modals

In English, we speak of 'modal verbs'. Such verbs mark the 'mood' of an action – whether the verb in a sentence is expressing, for example, a statement of fact (indicative mood) or a command (imperative mood) or a wish or possibility (subjunctive mood). Modal verbs in English include *shall/will*, *may/might*, *can/could*, *shall/should*, *will/would*, *must*. Look at the following English examples:

Statement of fact – indicative mood

I will go tomorrow.
The nurse gave her an injection.
The kids are running wild.

Commands – imperative mood

Stop! = You *must* stop!
Turn the music down. = You *must* turn the music down.
Change gear. = You *must* change gear.
Drivers *must* not brake sharply on rough roads.

Wishes or possibilities – subjunctive mood

Could you please help?
They can help, if they want.
They could have helped, if they had wanted to.
The patient should not have gone home.
The diamond would not have belonged to the tourist.
If the children wished, they could have gone on holiday.

In Afrikaans, such words are included among auxiliary verbs and are sometimes called 'modal auxiliary verbs', but they function in the same way they do in English.

The following table shows the Afrikaans modal auxiliaries and their English equivalents.

sal	shall/will	kon	could, could have, was able
wil	want to	moes	should have
kan	can, be able	het	had
moet	must	sou wou	would have wanted to
sou	would	sou kon	would have been able to
wou	wanted to	sou moes	would have had to

Note

Look at how the forms change when the tenses change.

Present	Past
Ek **sal** dit doen. *I will do it.*	Ek **sou** dit doen. *I would do it.*
Ek **wil** dit doen. *I want to do it.*	Ek **wou** dit doen. *I wanted to do it.*
Ek **kan** dit doen. *I can do it.*	Ek **kon** dit doen. *I could do it.*
Ek **moet** dit doen. *I must do it.*	Ek **moes** dit doen. *I had to do it.*

Exercise 4

Rewrite the following sentences in the past tense. (Don't forget to change any adverbials of time (e.g. **vandag** becomes **gister**) which you may come across!)

Example:

Ons kan vandag na die krieketwedstryd tussen Suid-Afrika en die Wes Indies gaan. → Ons **kon** gister na die krieketwedstryd tussen Suid-Afrika en die Wes Indies gaan.

1 Piet en Sannie doen hulle huiswerk sodat hullle netnou TV kan kyk.
2 Die motoriste moet almal versigtig ry, want na die stormreën is daar in dié omgewing sinkplaatpaaie.
3 As hy genoeg geld het, sal hy ook Suid-Afrika toe wil kom.
4 Di en Mary wil graag dié naweek hulle hare laat sny terwyl Dick 'n motor gaan huur.
5 Die bokkies kan nie van die leeus wegkom nie.
6 Ons sal eers Durban toe wil gaan en dan na die Kaap.
7 As sy nie vandag die kompetisie wen nie, sal sy self moet betaal vir die toer.
8 Die polisie sal die toeskouers by die voetbalwedstryd onder beheer moet hou.

ℹ Oudtshoorn is a small town in what is known as the Little Karoo. The Little Karoo is sandwiched between the coastal-belt mountains of the famous Garden Route and the great mountain ranges that give rise to the plateau and the Great Karoo.

Oudtshoorn was, at the beginning of the twentieth century, the heart of the ostrich feather trade and many enormous, verandaed homes in the town remain as reminders of the great wealth acquired during the ostrich feather boom. Today ostrich farming is enjoying a revival, but more for ostrich meat and hide than for feathers.

Oudtshoorn also has a great natural wonder, the Cango Caves. The Cango Caves stretch for miles into the mountainside and some areas are yet to be explored. There are San paintings which indicate that the San used the front caves in earlier times. The caves were 're-discovered' in 1780 by a herdsman and the first expedition was led by a farmer, van Zyl. The group was enchanted by the wonderland of stalactites, stalagmites and helictites (like stalactites, but spiralling) with which the first enormous cavern is festooned. Today tour parties are conducted through only a third portion of the known caves. Music concerts are held in the great cavern, named the 'Great Hall', and the acoustical effect is awe-inspiring.

There is little sign nowadays of the dusty veld which hid the opening to these magical caves. The caves are served by a huge complex which offers accommodation, meals and curios – including ostrich products.

kusstreek	*coastal belt*
volstruis	*ostrich*
veer	*feather*
handel	*commerce, trade*
boerdery	*farming*
huid	*hide (skin)*
bedryf	*industry*
stoep	*veranda, stoop*
opgaar	*collect, gather*
herinnering	*memory*
natuurwonder	*natural wonder*
grotte	*caves*
berghang	*mountainside*
ontdek	*discover*
verlore	*lost*
betower	*enchant*
towerland	*wonderland*

sprokiesland	*fairyland*
stalagmiet, staandruipsteen	*stalagmites*
stalaktiet, hangdruipsteen	*stalactites*
heliktiet, penningsteen	*helictites (spiralled stalactites)*
yslike	*enormous*
spelonke	*caverns*
festoeneer	*festoon*
stowwerig	*dusty*
compleks	*complex*
feesroete	*festival route*
gebeurtenis	*happening*
bars	*burst*
soom	*seam*
wederkoms	*return*
lei	*lead, guide*

Exercise 5

Using the vocabulary box above, translate the following guidebook entry into English.

Oudtshoorn: Klein Karoo dorpie, bekend vir volstruise en die Kango Grotte. Boerdery met volstruise, hoofsaaklik vir vleis en huide. Mees bekend vir die Kango Grotte met hulle San skilderye en stalaktiete, stalagmiete en heliktiete. Toere beskikbaar. Musiek konserte gereeld gehou. Kaartjies by ingang beskikbaar.

Language patterns

Present and past participles

All participles are formed from verbs. Special endings are added to verbs to form each of the participles. In English, present participles end in *-ing* and past participles in *-ed* or *-en*. For example:

Present	**Past**
rott*ing*	rott*ed*
crowd*ing*	crowd*ed*
labour*ing*	labour*ed*

Such words either form part of the full (finite) verb together with an auxiliary verb, or they function as adjectives. For example:

The tomatoes were rotting on the vine. auxiliary verb (*were*) + present participle (*rotting*) = full verb
The rotting tomatoes stank. present participle (*rotting*) describing noun (*tomatoes*)
The rotten tomatoes stank. past participle (*rotten*) describing noun (*tomatoes*)

Their fans will be crowding the stands. auxiliary verb (*will be*) + present participle (*crowding*) = full verb
The crowding fans caused the panic. present participle (*rotting*) describing noun (*tomatoes*)
The crowded stands will be noisy. past participle (*crowded*) describing noun (*stands*)

The labouring workers were hot. present participle (*labouring*) describing noun (*workers*)
Her breath is laboured. past participle (*laboured*) describing noun (*breath*)
The workers have been labouring in the fields. auxiliary verbs (*have been*) + present particple (*labouring*) = full verb

▶ Afrikaans present participles

The Afrikaans present participle is recognized by its **-end** ending. Afrikaans present participles are used almost exclusively as describing words – that is, as adjectives. Like normal adjectives, present participles are used attributively (see Unit 6) and thus they take a final -e just as adjectives do when they are used attributively:

Verb	Afrikaans	English
loop	lop**ende** water	*runn**ing** water*
hang	hang**ende** plante	*hang**ing** plants*
klop	klopp**ende** gaste	*knock**ing** guests*
skreeu	skreeu**ende** skare	*scream**ing** crowds*
sing	sing**ende** voëls	*sing**ing** birds*
kook	kok**ende** water	*boil**ing** water*
jaag	jag**ende** motors	*speed**ing** motor cars*
tel	tell**ende** beamptes	*count**ing** officials*
juig	juig**ende** ondersteuners	*cheer**ing** supporters*
slaap	slap**ende** kinders	*sleep**ing** children*
lag	lag**gende** gehoor	*laugh**ing** audience*

In Afrikaans, the present participle is never used as a part of the full verb, precisely because Afrikaas has no continuous tense, as you learnt earlier. Whereas in English you can rephrase present participle + noun phrases as present continuous sentences, in Afrikaans you cannot do this. Only the simple present tense is available.

Afrikaans	English
lopende water + Die water **loop**.	*running water + The water **is running**.*
hangende plante + Die plante **hang**.	*hanging plants + The plants **are hanging**.*
kloppende gaste + Die gaste **klop**.	*knocking guests + The guests **are knocking**.*
skreeuende skare + Die skare **skreeu**.	*screaming crowds + The crowds **are screaming**.*
singende voëls + Die voëls **sing**.	*singing birds + The birds **are singing**.*
kokende water + Die water **kook**.	*boiling water + The water **is boiling**.*
jagende motors + Die motors **jaag**.	*speeding motor cars + The motor cars **are speeding**.*
tellende beamptes + Die beamptes **tel**.	*counting officials + The officials **are counting**.*
juigende ondersteuners + Die ondersteuners **juig**.	*cheering fans + The fans **are cheering**.*
slapende kinders + Die kinders **slaap**.	*sleeping children + The children **are sleeping**.*
laggende gehoor + Die gehoor **lag**.	*laughing audience + The audience **is laughing**.*

Note

The same spelling rules apply as for plurals and degrees of comparison (Units 3 and 6, respectively). Where words have 'twin' vowels (**ee, aa, oo, uu**) + a single consonant, the twin vowel becomes a single vowel when an ending is added:

loop → lop + ende   slaap → slap + ende   kook → kok + ende

When words have a single vowel (**a, e, o, u**) + a single consonant, the single consonant is doubled up when an ending is added:

lag → lagg + ende   klop → klopp + ende   tel → tell + ende

Exercise 6

Fill in the correct present participle forms of the verbs in brackets in the following sentences.

Example:

Die gids sal die toeriste op die (kronkelend) paadjie lei. → Die gids sal die toeriste op die **kronkelende** paadjie lei.

*(The guide will lead the tourists along the (wind) path. → The guide will lead the tourists along the **winding** path.)*

1 Die (hang) stalaktiete blink in die grot.
2 Die (staan) stalagmiete groei boontoe.
3 Die (soek) skaapwagter het die Kango Grotte gevind.
4 Die (besoek) toeriste het al die diere gesien.
5 Die skeidsregter het die (loop) geveg stop gesit.
6 Julle moet oppas vir (storm) renosters.
7 Daardie voël se bynaam is '(lag) duif'.
8 Die (skop) speler het die bal oor die pale gekry.

Afrikaans past participles

Like English past participles, Afrikaans past participles combine with auxiliary verbs to complete verbs in the past tense. The past participle in Afrikaans is marked by the particle **ge-** which is added to a verb when required.

> het gepraat *have spoken*   sou gebel het *would have phoned*
> was gebreek *was broken*   het gegaan *did go*

Afrikaans past participles can, like present participles, be used as adjectives and, thus, also attributively. To form attributive past participles either -te or -de is added to the verb stem. Which you use will depend on the last letter of the stem. Stems ending on 'soft' sounds like -s or -k, usually take -te. The rest take -de. For example:

gesteel**de** motors	*stolen cars*
gebars**te** borrel	*burst bubble*
gebreek**te** koppies	*broken cups*
gebak**te** aartappel	*baked potato*
gedruk**te** materiaal	*printed material*
gebuig**de** paal	*bent pole*
geteken**de** tjek	*signed cheque*
gevleg**de** hare	*plaited hair*

But, while most verbs have only one past participle form in Afrikaans, some have two past participle forms (both beginning with **ge-**). One, the usual, standard, form (like all those above), can be used as part of a full verb or as an adjective:

Standard form as part of verb

het **ge**bind	*have tied*	is **ge**buig	*was bent*
was **ge**breek	*was broken*	sal oor**ge**trek word	*will be covered*

Standard form functioning as an adjective (ge ... de/te)

gebinde gordel   *tied belt*   **gebuig**te draad   *bent wire*
gebreekte koppies *broken cups* oor**getrek**te boek *covered book*

The other, 'idiosyncratic' form, is an alternate form used when the past participle functions as an adjective, but figuratively, not literally:

gebonde lewe *restricted life*   **geboë** hoof   *bowed head*
gebroke hart *broken heart*   **oortrokke**   *overdrawn*
                                     rekening   *account*

Sometimes both forms can function as adjectives (and have the **-de/-te** ending), but only the standard form can be used as part of a main/full verb (without **-de/-te** ending).

When a past participle is used in Afrikaans as part of the verb or to describe literally, there is usually little difficulty with the spelling. The particle **ge-** is merely added to a verb stem. The alternate form, however, reflects idiosyncratic spelling and it is this idiosyncratic spelling that cues the figurative usage. There is no easy rule for the idiosyncratic forms and you will have to learn them as you go along.

▶ The following table lists some of the more common and useful standard and alternate forms of the past participle in Afrikaans.

Standard Afrikaans	English	Alternate Afrikaans	English
aangeneem(de)	*taken on*	aangenome kinders	*adopted children*
beskryf(de)	*described*	beskrewe wette	*written laws*
betrek	*involved*	betrokke lug	*overcast sky*
gebind	*tied*	gebonde lewe	*restricted life*
begin	*began*	begonne taak	*begun task*
gebreek(te)	*broken*	gebroke hart	*broken heart*
gebuig(te)	*bent*	geboë hoof	*bowed head*
gedoen	*done*	gedane saak	*done deed*
gedwing	*forced*	gedwonge rus	*forced rest*
oorgetrek(te)	*covered*	oortrokke rekening	*overdrawn account*
geskryf	*written*	geskrewe teks	*written text*
gesterf	*died*	die gestorwe	*the deceased*
verbied	*forbade*	verbode toegang	*no admission*
verdink	*suspected*	verdagte dief	*suspected thief*
gevries	*frozen*	bevrore vleis	*frozen meat*
verbind	*bandaged*	verbonde wond	*bandaged wound*

Note

Verbs beginning with **be-** (**beskryf, begin** ...) and **ver-** (**verbied, verdink** ...) do not have **ge-** at the beginning. If you try to say any of these words with the **ge-** you will realize that they sound clumsy. Verbs which themselves begin with **ge-** or those beginning with **-ont** or **pro-** also do not take the past tense marker **ge-**.

Exercise 7

Give the correct form of the word in brackets.

Example:

Die kinders drink die (loop) water. → Die kinders drink die **lopende** water.

The children are drinking the (run) water → *The children are drinking the **running** water.*

1 Die mense het die (dood) hond (begrawe).
2 Die (bederf) kinders was baie stout.
3 Die (insit) in die taxi het lekker (lag) en (gesels).
4 Die (gebraai) tjops was heerlik.
5 Die woestyn is 'n baie (verlaat) plek.
6 Die (verdink) man het in die hof (verskyn).
7 Die (afkap) bome word (gebruik) vir telefoonpale.

Exercise 8

Choose the correct form from the two in brackets.

Example:

Die arme man is (verslaafd/verslaaf) aan dwelms. → Die arme man is **verslaaf** aan dwelms. (*The poor man is addicted to drugs.*)

1 Die professor lyk baie (geleer/geleerd).
2 Die kraanvoël word (beskermd/beskerm).
3 Die werk is baie (vermoeiend/vermoeid).
4 Dit is nou 'n (gedoen/gedane) saak.
5 Ek is (verbaasde/verbaas) om jou in Suid-Afrika te sien.
6 Die verpleegster het die (verbande/verbinde) wond ondersoek.
7 Die dokter is (bekommerd/bekommer) oor sy pasiënt.
8 Die (sterwende/gestorwe) man is vanoggend begrawe.

Language patterns

Commands

All languages have ways of giving commands. Formally, commands are called imperatives and are formed by using a verb on its own without a subject. Many commands are one word: *Run! Stop! Stand! Sit!* Commands can be expressed in various ways, some abruptly and others as apparent requests. Look at the following English imperatives and their Afrikaans equivalents.

Hou op!	*Stop it!*	Hou asseblief op.	*Please stop it.*
Loop!	*Get out!*	Loop asseblief.	*Please get out.*
Staan op!	*Stand up!*	Staan asseblief op.	*Kindly stand up.*

Beantwoord die volgende vrae. *Answer the following questions.*
Op julle merke. Reg! Loop! *On your marks. Get ready! Go!*

In all the above examples, a subject, *you* (either singular or plural), is understood to be there. All commands are, in fact, full sentences made up of at least a subject and a verb. It is just that the subject is generally not articulated, although it is understood to be there. Thus, *Run!* is really, *You run!* and *Stand up!* is really, *You stand up!*

Commands are often seemingly expressed as requests, but, in fact, the person being addressed does not really have a choice about whether to obey or not. A minister or priest would not say, 'Pray!' but would say, 'Let us pray.' The congregation really has no choice in the matter and so prays!

Commands are often (especially in their 'abrupt' form) expressed as exclamations and end with an exclamation mark rather than a full stop.

Exercise 9
Write the following imperatives in Afrikaans.

Example:

Command someone politely to close the gate. → **Maak die hek asseblief toe.**

1 Command someone politely to phone you.
2 Command someone to sit down.
3 Command someone to keep quiet.
4 Command someone politely to close the door.
5 Command someone politely to turn the music down.
6 Command someone to put down the book.

▶ Exclamations

All languages have exclamations, many of which are common (idiomatic) expressions. The following are some in Afrikaans. These you should learn off by heart.

Afrikaans	English
ag nee!	*oh no!* (irritation, frustration)
ag tog!	*oh please!* (irritation)
aitsa!	*oops!*
rêrig?/!	*really?* (doubtful) *really!* (irritation)
eina!	*ouch!*
nee!	*no!* (in shock or surprise)
ja nee!	*mmmm!* (not really translatable – a 'what do you expect' reaction)
en toe?	*and so?* (often on greeting someone)
nee wat!	*no 'man'* (rejection of proposition or rejection of behaviour)
sies!	*yuck!* (expression of disgust)
sies tog!	*shame!* (colloquial SA expression used randomly as response to issues)
sjoe!	*ouch!/it's hot!* emotional reaction/literal response to weather
sterkte!	*good luck!* literally 'strength to you'

13

het dit! (2)
got it! (2)

In this unit you will test your understanding of
- adverbs (and revise adjectives)
- questions and answers
- conjunctions
- negatives
- prepositions
- auxiliary and modal verbs
- participles
- imperatives

These exercises should be used to test your grasp of the work covered so far. Every question you get right should be seen as an achievement, and you should look at your mistakes as learning opportunities.

You should use the glossary at the end of the book to look up any words you might have forgotten.

Exercise 1 Degrees of comparison, adverbs and adjectives (Units 6 and 8)
Fill in the degrees of comparison.

Example:

Positive	Comparative	Superlative
klein	kleiner	kleinste

Positive	Comparative	Superlative
groot		
seer		
lelik		
baie		
moeg		
dun		
leeg		
mooi		
dood		
goedkoop		

Exercise 2 Adverbs and adjectives (Units 8 and 6, respectively)

1 Pick out four adverbs and six adjectives in the following paragraph.
2 Label the adverbs as time, place or manner.

Suid-Afrika is 'n baie groot land. Dit strek vanaf die Atlantiese Oseaan tot by die Indiese Oseaan. Die Weskus is veel koeler as die Ooskus waar die see lekker warm is. Op die Weskus is die natuur woestynagtig, maar op die Ooskus is dit tropies. Snags is dit koud in die woestyn.

strek	*stretches*	**woestynagtig**	*desert-like*
tropies	*tropical*	**oseaan**	*ocean*

Exercise 3 Statements into questions (Unit 3)

Turn the following statements into questions so that the phrase in bold would be the answer to your question.

Example:

Sannie is vandag siek. → Wie is vandag siek?

1 **Sarel** is die man met wie ek gaan toer.
2 **In November** hou die Hindus Diwali.
3 By die juwelier kan jy **mooi diamante** kry.
4 Sosaties en wors kan ons **by die slaghuis** koop.
5 Dick moes na die uitruster gaan **want hy het sy baadjie verloor**.
6 **Die dokter** het Di 'n inspuiting gegee.

Exercise 4 Interrogative word questions revisited (Unit 3)

Translate the following questions into Afrikaans.

1 Where do you come from?
2 What is your name?
3 Where are you staying?
4 When did you arrive?
5 What time is breakfast?

Exercise 5 Yes–no questions; negatives (Units 8 and 9, respectively)

1 Translate the following questions into English.
2 Answer the questions in Afrikaans, using full sentences, but in the negative only.

Example:

Gaan jy swem? → *Are you going to swim?* → Nee, ek gaan nie swem nie.

a Kan jy my sê waar die stasie is?
b Is dit die bus na die kasteel?
c Sal die dokter my nou kan sien?
d Het die bloublasie jou gesteek?
e Moet ons brood, melk en vrugte koop vir ontbyt?

Exercise 6 Word order (Unit 10)

Begin each sentence with the word in bold.

Example:

Jy moet bel **as** jy moeg word. → **As** jy moeg word, moet jy bel.

1 Ons het ons kaartjies weggegee, **omdat** Di siek is.

2 Ongevalle was baie besig **na** die groot brand.

3 Piet sal huistoe skryf **sodra** hy en Xai weer in die dorp is.

4 Die ambulans sal onmiddellik vertrek **wanneer** die pasient ingelaai is.

5 Die brandweer het die vuur geblus, **nadat** hulle vir twaalf ure gesukkel het.

besig	*busy*	**inlaai**	*load in*
brand, 'n	*fire, a*	**blus (vuur)**	*put out (fire)*
vertrek	*depart, leave*	**sukkel**	*struggle*

Exercise 7 Conjunctions (Unit 10)

Join the sentences by using the Afrikaans equivalent of the English conjunction suggested in brackets.

Example:

Die strate is stil. Dit is 'n vakansiedag. (*because*) → Die strate is stil **want** dit is 'n vakansiedag. / Die strate is stil **omdat** dit 'n vakansiedag is.

1 Die boom is baie groot. Die boom is 'n kremetartboom. (*which*)

2 Dit is die rots. Ons het op die rots gestaan. (*on which*)

3 Xai is die San seun. Piet het by die San seun gaan kuier. (*with whom*)

4 Dit is die noodnommer. Jy moet die noodnommer skakel. (*which*)

5 Hulle wil weet waar hy gaan toer. Hy volgende week aankom. (*when*)

6 Ons sal die straatteater gaan kyk. Ons sal shebeen toe gaan. (*then*)

Exercise 8 Negatives (Unit 9)

Rewrite the following sentences in the negative.

Example:

Het jy Mandela ooit ontmoet? → Het jy Mandela nooit ontmoet nie?

1 Iemand sal jou help met die toets.

2 Óf Di óf Mary sal die inkopies gaan doen.

3 Die klein jakkals het al 'n bokkie gevang.

4 Jy moet die medisyne alles in een dag opdrink.

5 Daar is êrens op dié pad 'n piekniekplek.

6 Dié teerpad het baie slaggate.

Exercise 9 Prepositions (Unit 11)

Fill in the correct prepositions in the following sentences.

Example:

Die kaart hang _____ die muur. → Die kaart hang **aan** die muur.

1 _____ behulp van die polisie, het ons ons motor gevind.
2 Dit is _____ danke _____ mev. Ntuli dat ons die taxi gekry het.
3 Die verkeer het _____ 'n stilstand gekom na die ongeluk.
4 Die vuurwerke het hoog die lug _____ geskiet.
5 Ons het _____ die rivier visgevang en _____ gebraai.
6 Die toeriste wens Suid-Afrika geluk _____ sy tiende verjaarsdag.
7 Mary verlang _____ haar kinders in Engeland.

Exercise 10 Prepositional verbs (Unit 11)

Rewrite the following sentences by placing the correct form of the verb in brackets in the correct position in the sentence.

Example:

Die koppie het (afval) van die tafel. → Die koppie het van die tafel **afgeval**.

1 Di het (agterbly) want sy is siek.
2 Die bokkies (weghardloop) van die leeus.
3 In die warm weer sal ons (opbruik) baie koeldrank.
4 Die gaste moet (afskakel) hulle kamerligte as hulle vertrek.
5 Omdat hulle 'n papwiel gehad het, het hulle (afhaal) dit.

Exercise 11 Auxiliary and modal verbs (Unit 12)

Write the following sentences in Afrikaans.

Example:

The bus will leave for Cape Town at three o'clock this afternoon. → Die bus sal om drie-uur vanmiddag na Kaapstad vertrek.

1 When will you be coming to South Africa?
2 The tourists are going to Kimberley on Monday.
3 The San are now living in villages.
4 A music concert was held in the Cango Caves last Saturday.
5 Because there has been no rain, Arbor Day will now be on 20 November.
6 All the children enjoyed the fireworks.
7 The family all went to Grandmother's birthday lunch.
8 The road will be open again at 19h00.

Exercise 12 Participles (Unit 12)

In each of the following sentences, fill in the correct form of the participle in brackets.

Example:

Die (huil) kind het tandpyn. → Die **huilende** kind het tandpyn.

*The (cry) child has toothache. → The **crying** child has toothache.*

1 Die (glinster) water was baie mooi.
2 Die werk was vir hom (vermoei).
3 Die wedstryd is (eerskom) Saterdag.
4 Sjoe! Die hitte is (uitput).
5 Pak die (vries) groente in die yskas.
6 Ons het die vars vis (vries).
7 Het julle die (gestryk) klere alles (wegpak)?

Exercise 13 Imperatives (Unit 12)

1 Translate the following sentences into English.

Example:

Bel my, asseblief → *Phone me, please.*

a Kom asseblief binne.
b Sit u koffers hier neer.
c Ontmoet passasiers in die Aankomssaal.
d Skakel die ligte af voor u vertrek.
e Selfone mag nie in die bank gebruik word nie.

2 Translate the following commands into Afrikaans.

Example:

Command someone politely to come to you. → **Kom asseblief hier.**

a Command someone politely (ask) to follow you.
b Command someone to turn the music down.
c Command someone to keep quiet.
d Command someone politely (ask) to help you.
e Command the kids to get into the bath.

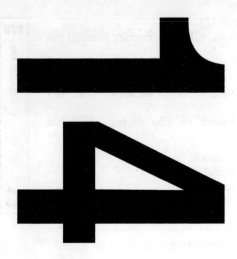

14

volg jou maag

follow your stomach

In this unit you will learn
- how to use and form the passive voice in Afrikaans
- about South African Malay gastronomic delights
- some rhythm and rhyme idiomatic expressions

i The populating of South Africa over four centuries has led not only to the birth of Afrikaans as the newest language in the world, but also to world-renowned wine, wool, mohair, furniture, jewellery and grass-craft. The skills and talents of the European settlers and of the slaves and indentured labourers imported mainly from the East combined to produce a productive nation. Into the great South African melting pot has gone also a wide range of gastronomic cultural practices. Today, we have 'traditional' South African cuisine which is as culturally mixed as it is delicious.

The Malays, in particular, have had an enormous influence on South African food, and especially on regional Cape cookery. Foods such as **sosaties**, **bobotie** and **smoorsnoek** were all originally Malay foods, but are all now considered to be typically South African. The names of these foods are all accepted Afrikaans terms and **sosatie** and **bobotie** (among others) are also accepted South African English words!

The early European settlers, in their contact with other peoples, learned to make and eat South African regional dishes. It is hardly surprising that the Europeans should mimic the eating habits of the indigenous peoples – Europe was far away and the vegetables and meats common to Europe were not available. On their treks into the hinterland or when living on remote farms, meat had to be preserved, vegetables were in short supply and bread had to be made without ovens being available. These factors gave rise to **biltong**, **waterblommetjiebredie**, **roosterkoek/-brood** and **vetkoek**, respectively.

bevolk	*populate*	**sosaties**	*kebabs*
eeue	*centuries*	**bobotie**	*curried mince pie*
wol	*wool*	**smoorsnoek**	*braised snoek*
sybokhaar	*mohair*	**waterblommetjiebredie**	*waterlily stew*
ingevoer	*import*	**roosterkoek/-brood**	*barbecue-grid bread*
smeltpot	*melting pot*	**vetkoek**	*deep-fried dough*
kookkuns	*cuisine*	**biltong**	*jerky, dried meat*
eetgewoontes	*eating habits*	**afgeleë**	*remote, lonely*
talente	*talents*	**oonde**	*ovens*
vaardighede	*skills*	**behoeftes**	*needs*
kontrakarbeider	*indentured labourer*	**grashandwerk/-kuns**	*grass-crafts*

Exercise 1

Use the vocabulary box above and the glossary at the back of the book to make a list in Afrikaans of South African foods and South African industries.

▶ Dialogue 1

You are on a walking tour through Cape Town's Malay Quarter in the Bo-Kaap. Your guide Aziz is telling you about Malay food.

Die kos wat my mense eet, staan bekend as Maleise kos. **Bredies, gebraaide vleis en gekookte groente word baie geëet.** Daar is baie peper en kruie in die kos. **Groot frikkadelle word saam met geelrys en beetslaai geëet. Saam met kerriekos word suurmelk en lemoenskyfies geëet.** Maleise kos, waarvan baie Suid-Afrikaners hou, en **wat nou as tradisionele Suid-Afrikaanse kos beskou word**, is sosaties en bobotie.

Alle vleis word by 'n Moslem slagter gekoop wat dit op 'n spesiale manier bewerk – baie soos **die manier waarop die vleis wat Jode eet bewerk word.** Moslems, ook soos die Jode, eet nie varkvleis nie. Moslems drink ook nie sterk drank nie.

(Adapted from N. Farsen, M. van Heerden & H. Venter, 1996. *Afrikaans vir elke dag 2*. Pietermaritzburg: Shuter & Shooter.)

staan bekend as	*is known as*
manier	*way, manner*
gekookte	*cooked, boiled*
bewerk	*prepare*
frikkadelle	*rissoles, meatballs*
Jode	*Jews*
geelrys	*saffron (yellow) rice*
beetslaai	*beetroot salad*
kerriekos	*curried food*
suurmelk	*sour milk*
lemoenskyfies	*orange slices/wedges*

Language patterns

The passive voice

Look at the emboldened sections in Aziz's talk above. You willl notice that each contains the word **word**. Each of the emboldened pieces has been written in what is called the passive voice.

Generally, when we are saying something, we speak first of the doer of an action doing something to someone/something – there is a subject, verb and object in direct interaction. For example:

*The **ant** [doer – subject] **nipped** [doing something – verb] the **elephant** [to something – object] on the trunk.*

Such sentences are said to be in the active voice – literally, the actor (doer) and action are the focus of the sentence.

On some occasions we might choose to move the focus of the sentence from the doer of an action to the object of the action by moving the object to the beginning of the sentence. For example:

*The **elephant was nipped** on the trunk by the **ant**.*

Note

- The emphasis is now on the elephant and not on the ant, because *elephant* is at the beginning of the sentence.
- The elephant is now the subject of the sentence.
- The verb form has changed from *nipped* to *was nipped*.
- The preposition *by* has been added to the phrase *the ant*.
- There is no longer an object.

Such sentences are said to be in the passive voice – literally the actor (doer) is passive.

The passive voice is used less in English than in Afrikaans. As its use is common in Afrikaans, it is an important grammatical structure to learn. Generally, the passive in Afrikaans employs the same principles as it does in English.

1 The object of the active sentence becomes the subject of the passive sentence.
2 The subject of the active sentence becomes part of a prepositional phrase using *by* in the passive sentence.
3 There is change in the verb pattern.

Look again at the 'mighty ant' example – this time in Afrikaans:

Active: Die mier [S] het [V1] die olifant [O] op die been gehap [V2].

Passive: Die olifant [S] is [V1] op die been **deur** die mier gehap [V2].

The changes from active to passive voice are:

1 The object [O] (**die olifant**) of the active sentence has become the subject [S] of the passive sentence.
2 The subject [S] (**die mier**) of the active sentence has become part of a prepositional phrase using **deur** in the passive sentence.
3 There is a change in the verb pattern – **het gehap** has become *is* **gehap**.

Look again at the emboldened examples from Aziz's talk:

1 Bredies, gebraaide vleis en gekookte groente word baie geëet. (*Stews, grilled meat and cooked/boiled vegetables are eaten a lot.*)
2 Groot frikkadelle word saam met geelrys en beetslaai geëet. (*Large meatballs/rissoles are eaten with yellow rice and beetroot salad.*)
3 Saam met kerriekos word suurmelk en lemoenskyfies geëet. (*Together with curries, sour milk and orange slices are eaten.*)
4 [Maleise kos] ... wat nou as tradisionele Suid-Afrikaanse kos beskou word. (*[Malay food] ... which is now considered to be traditional South African food.*)
5 Alle vleis word by 'n Moslem slagter gekoop. (*All meat is bought at a Muslim butcher.*)
6 ... die manier waarop die vleis wat Jode eet bewerk word. (*... the way in which the meat that Jews eat is processed.*)

These examples are derived from the following active forms, respectively:

1 [Mense] eet baie bredies, gebraaide vleis en gekookte groente. (*[People] eat a lot of stews, grilled meat and boiled/cooked vegetables.*)
2 [Mense] eet groot frikkadelle met geelrys en beetslaai. (*[People] eat large rissoles/meatballs with yellow rice and beetroot salad.*)
3 [Mense] eet suurmelk en lemoenskyfies met kerriekos. (*[People] eat sour milk and orange slices with curries.*)
4 [Mense] beskou nou Maleise kos as tradisionele Suid-Afrikaanse kos. (*[People] now consider Malay food to be traditional South African food.*)
5 [Mense] koop alle vleis by 'n Moslem slagter. (*[People] buy all meat from a Muslim butcher.*)

6 ... die manier waarop [mense] die vleis voorberei wat Jode eet. (*... the way in which [people] prepare the meat that Jews eat.*)

Tenses and the passive voice

Just as the active voice can be used in all three tenses, present, past and future, so too can the passive.

Present passive

All of our examples of the passive from Aziz's talk were in the present tense. The following observations can be made about all of them:

- Each sentence contains the word **word**. This is the auxiliary marker (Unit 12) of the present tense passive in Afrikaans.
- The stem verb forms nearly all have **ge-** attached to them (*geëet, geëet, geëet, ge*koop), only **beskou** and **bewerk** do not, and you will remember that these (like other verbs beginning with **be-**) do not take **ge-**. (Look back at the Note in the section on past participles in Unit 12, if you have forgotten.)

Let us look now at past and future passive.

Past passive

Using the 'mighty ant' example:

Active: Die mier **het** die olifant op die been **gehap**. (*The ant nipped the elephant on the leg.*)

Passive: Die olifant **is** op die been *deur* die mier gehap. (*The elephant **was nipped** on the leg by the ant.*)

Both the active and passive sentences are in the past tense. Notice the following things about the passive sentence:

- The auxiliary marker in the passive sentence is **is**.
- The stem verb has **ge-** attached to it.
- The **deur** phrase has not been left out.

Here are some more examples of sentences in the past passive:

1 Die toeriste is deur die gids gelei. (*The tourists were led by the guide.*)
2 Die Groot Gat is deur diamant-soekers gemaak. (*The Big Hole was made by diamond-seekers.*)
3 Die pasiënte is deur die verpleegsters versorg. (*The patients were cared for by the nurses.*)
4 Die bome is deur die werkers geplant. (*The trees were planted by the workers.*)
5 Di en Mary is deur die taxi opgetel. (*Di and Mary were picked up by the taxi.*)

Future passive

Let us now look at the same sentences in the future passive. Once again, let's start with the 'mighty ant' example:

Die mier **sal** op die been *deur* die mier **ge**hap **word**. (*The elephant **will be** nipped on the leg by the ant.*)

We notice the following:

- The usual future tense marker **sal** is present (Unit 2).
- **ge**- is attached to the verb stem.
- The **ge**- verb is followed by **word**.
- **deur** is present.

Let us test these observations against our other examples, now written in the future passive.

1 Die toeriste sal deur die gids gelei word. (*The tourists will be led by the guide.*)
2 Die Groot Gat sal deur diamant-soekers gemaak word. (*The Big Hole will be made by diamond-seekers.*)
3 Die pasiënte sal deur die verpleegsters versorg word. (*The patients will be cared for by the nurses.*)
4 Die bome sal deur die werkers geplant word. (*The trees will be planted by the workers.*)
5 Di en Mary sal deur die taxi opgetel word. (*Di and Mary will be picked up by the taxi.*)

We can now summarize the rules for the passive in Afrikaans:

- In all tenses the main verb takes **ge**- (unless it begins with **be**-, **ont**-, **ver**-... – Unit 12).
- The present tense passive marker is **word**.
- The past tense passive marker is **is**.
- The future tense passive marker is **sal** + **word**.
- If the doer is present in the sentence it is always preceded by **deur**.

Exercise 2

You are sending a round robin letter home. Translate Aziz's talk into English.

▶ Exercise 3

Rewrite the following sentences in the passive voice.

Example:

Die toergids het die slang doodgeslaan. → Die slang is deur die toergids doodgeslaan.

The tour guide beat the snake to death. → *The snake was beaten to death by the tour guide.*

1 Die vlieënier vertel die passasiers van Johannesburg.
2 Asha en haar dogters het baie kerse vir Diwali opgesteek.
3 Sal die sekretaris voël die slang vang?
4 Jan het die sprinkane oor die kole gebraai.
5 Die Maleiers maak bobotie van oorskot vleis, eiers, brood en melk.
6 Die toergids sal die toeriste deur die Bo-Kaap lei om die Groot Moskee te gaan besoek.
7 Het die maatskappy die bome vir Boomplantdag bestel?
8 Die wet beskerm sommige voëls, anders roei mense hulle uit.
9 Toe die son ondergegaan het, het ons die vuur gemaak.
10 Die jagter sal die luiperd wat beseer is moet skiet.

vlieënier	*pilot*	**skied**	*shoot*
opsteek	*to light*	**sonsondergaan**	*sunset*
sekretarisvoël	*secretary bird*	**sommige**	*some*
kole	*coals*	**uitroei**	*eradicate*
oorskot	*leftovers*	**luiperd**	*leopard*

Exercise 4
Rewrite the following sentences in English.

1 Word die vliegtuig vroeg verwag?
2 Wanneer julle klaar geëet het, moet die tafel afgedek word.
3 Nadat die perskes gepluk is, is hulle verpak vir uitvoer.
4 Die mielielande sal deur die sprinkane opgevreet word.
5 Gedurende die griep-epidemie is al die toeriste medisyne gegee.
6 Die teepot word eers warm gemaak voordat die tee gemaak word.

Exercise 5
Rewrite the following sentences into the English active voice.

Example:

Die borde moet gewas word. → *[Someone] must wash the plates.*

1 Word die vliegtuig vroeg verwag?
2 Wanneer julle klaar geëet het, moet die tafel afgedek word.
3 Nadat die perskes gepluk is, is hulle verpak vir uitvoer.
4 Die mielielande sal deur die sprinkane opgevreet word.
5 Gedurende die griep-epidemie is al die toeriste medisyne gegee.
6 Die teepot word eers warm gemaak voordat die tee gemaak word.

Exercise 6
Translate the following sentences into Afrikaans.

1 The class cut up frogs.
2 The fire was made by Mr Smit.
3 The marathon will be run to Durban this year.
4 The employees were given a holiday by the business.
5 New Year's Day falls on a Tuesday next year.
6 Hotdogs were eaten by all the children.
7 Mr and Mrs Smit will drink wine with their meal.
8 Milkshakes will be ordered for Piet and Sannie.

Language patterns

▶ Rhythm and rhyme

All languages have idiomatic expressions – i.e. common fixed ways of saying things. Proverbs such as 'Like father like son' and 'Between the devil and the deep blue sea' are such examples. Rhythm and rhyme is another. Among the common English ones are 'here, there, everywhere', 'thick and thin' and 'high and low'.

Rhythm and rhyme phrases have a particular musical quality about them and as such are easy to remember and, thus, are also used often. A list of common Afrikaans rhythmic phrases (and their English meanings) follows. You might like to learn and use these. Notice how many of them have comparable English rhythmic expressions.

Afrikaans	English	Afrikaans	English
af en toe	now and then	min of meer	more or less
bont en blou	black and blue	nou en dan	now and then
bed en beddegoed	lock, stock and barrel	pens en pootjies	prostrate
bak en brou	mess around	rep en roer	rumpus
van bakboord na stuurboord	from pillar to post	ruk en pluk	nag/fiddle with
dubbel en dwars	through and through	rus en vrede	peace and quiet
dik en dun	thick and thin	kop tot toon	head to toe
dit en dat	this and that	die liefde en die leed	love and sorrow
doen en late	comings and goings	land en sand	excessive
fyn en flenters	bits and pieces	lus en lewe	meat and drink
geheel en al	totally	lieg en bedrieg	deceive, lie to
hot en haar	here, there and everywhere	lewe en dood	life and death
hart en siel	heart and soul	murg en been	to the marrow
hoog en laag	high and low	swart op wit	black on white
heinde en ver	far and wide	sak en pak	bag and baggage
hemel en aarde	heaven and earth	(tot) tyd en wyl	(until) such time
hiet en gebied	order about	vuur en vlam	burning with eagerness
hier en daar	here and there	vroeër of later	sooner or later
elke Jan Rap en sy maat	every Tom, Dick and Harry	wil en dank	willy-nilly
kant en klaar	done and dusted	kop of stert	neither head nor tail
kruis of munt	heads or tails	stampe en stote	fits and starts

15

voed jou siel
feed your soul

In this unit you will learn
- about direct and indirect speech in Afrikaans
- the basic Afrikaans punctuation rules
- about letter writing in Afrikaans
- about South African cultural festivals

▶ Dialogue 1

The following dialogue takes place on a morning TV programme.

Vuyo Hartlik welkom, Suné. Vertel ons bietjie van die voorbereidings vir die KKNK-fees – die Klein-Karoo Nasionale Kunstefees – wat Maartmaand in Oudtshoorn plaasvind.

Suné Môre, Vuyo. Baie dankie vir die uitnodiging. Soos u sê, word die fees hierdie jaar in Maartmaand gehou. Ons hou die fees altyd gedurende die Paasvakansie sodat ouers en hulle kinders dit saam kan bywoon.

Vuyo Wat is daar vir die gesinslede om te sien en doen? Sal jy almal kan tevrede stel?

Suné Ja, ek dink so. Aan die een kant, is daar die meer ernstige klassieke musiek, dramas en beeldende kunste, en aan die ander, is daar poporkeste, straatteater, graffiti-uitstallings ensomeer. Daar is natuurlik ook baie om te eet en drink, en wonderlike klere om te koop.

Vuyo Hoe het die KKNK tot stand gekom?

Suné Die veertigjaarige sukses van die Nasionale Kunstefees in Grahamstad wat die 1820 Britse Setlaars herdenk, het daartoe gelei dat van ons groot Afrikaanse kunstenaars aangemoedig is om 'n soortgelyke fees wat Afrikaner kultuur sou feesvier, te organiseer. Nou lok die KKNK selfs opvoerings wat ook by die Grahamstadfees opgevoer word. Almal wat trots is op Afrikaans as taal en kultuur kom fees toe om te sing, om op te voer, om te eet – om saam te span.

Vuyo Is daar nie kompetisie tussen die twee feeste nie?

Suné Nee, daar is nie, want, alhoewel sommige van die opvoerings en uitstallings beide feeste bywoon, en alhoewel daar 'n oorvleueling is van generiese kunstipes, is daar nie 'n oorvleueling van kulturele fokus nie. Beide feeste is 'n wonderlike platform vir nuwe talent en albei feeste bied veeltalige opvoerings aan.

Vuyo Dankie, Suné, dat jy ons kom inlig het. Ek hoop die KKNK is 'n wonderlike sukses. Sterkte!

voorbereidings	*preparations*
ensomeer	*and so on*
plaasvind	*takes place*
kunsfees	*arts festival*
uitnodiging	*invitation*

kunstenaars	*performers*
gedurende	*during*
aangemoedig	*encouraged*
Paasvakansie	*Easter holidays*
soortgelyke	*similar*
gesinslede	*family members*
lok	*attract*
tevredestel	*satisfy*
opvoerings	*productions*
ernstig	*serious*
oorvleueling	*overlap*
generiese	*generic*
poporkes/te	*pop band/s*
kunstipes	*art types*
straatteater	*street theatre*
veeltalige	*multilingual*
uitstallings	*exhibitions*
inlig	*inform*

Exercise 1

You have been asked by your tour group, which is considering going to the KKNK, to interpret the dialogue. Rewrite the dialogue in English in dialogue form.

Language patterns

Direct speech

Throughout this book you have encountered dialogues of various kinds. Dialogues, like the scripts of films or plays, are written in the format we have used for the dialogues – the name of a person and the words that they speak. Direct speech is very similar to dialogue in that in direct speech we also use the exact words that someone speaks. The difference is that in direct speech we also say the name of the person before we say his/her exact words, whereas in dialogue form only the person's spoken words are said. For example, the following piece of dialogue:

Vuyo   Hartlik welkom, Suné. Vertel ons bietjie van die voorbereidings vir die KKNK-fees – die Klein-Karoo Nasionale Kunstefees – wat Maartmaand in Oudtshoorn plaasvind.

Suné   Môre, Vuyo. Baie dankie vir die uitnodiging. Soos u sê, word die fees hierdie jaar in Maartmaand gehou. Ons hou die fees altyd gedurende die Paasvakansie sodat ouers en hulle kinders dit saam kan bywoon.

would be written in direct speech as follows:

▶ Vuyo sê: "Hartlik welkom, Suné. Vertel ons bietjie van die voorbereidings vir die KKNK-fees – die Klein-Karoo Nasionale Kunstefees – wat Maartmaand in Oudtshoorn plaasvind." Suné groet Vuyo, "Môre, Vuyo. Baie dankie vir die uitnodiging. Soos u sê, word die fees hierdie jaar in Maartmaand gehou. Ons hou die fees altyd gedurende die Paasvakansie sodat ouers en hulle kinders dit saam kan bywoon."

Direct speech generally occurs in written forms like novels and short stories or in formal records like reports. When journalists want to quote someone, they, too, use direct speech. A court reporter, however, would use the dialogue format, because the record has to be a word-for-word account and direct speech, as we saw above, requires 'cue' words. As these words are chosen by the person repeating another's words, they would be inadmissible in a legal record.

Punctuation
You will already have noticed above, that using direct speech entails knowing something more about Afrikaans punctuation than just commas and full stops. You need to learn the following punctuation conventions that apply when writing indirect speech.

- Afrikaans uses double inverted commas.
    Vuso groet Suné: "Hartlik welkom ..."
- The first word of a quotation begins with a capital letter:
    Vuso groet Suné: "Hartlik welkom ..."
- A colon follows the 'speech' verbs (**vra, sê, verduidelik** ...) when these occur at the beginning of a sentence:
    Vuyo sê: ... .; Suné vra: ...; Suné **verduidelik**: ...
- If the quotation comes before the 'speech' verb or is wrapped around it, a comma is used before and after the 'speech' verb phrase, unless the quotation is a question, when it will end with a question mark:
    "Wat," **vra** Vuyo, 'is daar vir die gesinslede om te doen?'
    "Wat is daar vir die gesinslede om te doen?" **vra** Vuyo.
- General punctuation (commas, full stops, question marks, exclamation marks) fall within the inverted commas:
    "Hartlik welkom!" and "Wat is daar ... om te doen?"

- If the quotation is wrapped around the 'speech' verb phrase, the first portion of the quotation is in inverted commas, the 'speech' verb follows and then the speaker, and then a comma, after which inverted commas are again opened and closed only at the end of the passage, however many sentences there are:

  "Wat", vra Vuyo, "is daar vir die gesinslede om te doen?"

  "Môre, Vuyo," groet Suné, "baie dankie vir die uitnodiging. Soos u sê, word die fees hierdie jaar in Maartmaand gehou. Ons hou die fees altyd gedurende die Paasvakansie sodat ouers en hulle kinders dit saam kan bywoon."

- When quotations are split and wrapped around 'speech' words, only the first word of a sentence begins with a capital letter. Quotations are often split mid-sentence. In such cases the words after the 'speech' phrases will not be capitalized. The subsequent full sentence will, as normal, begin with a capital.

  "Môre, Vuyo," groet Suné, "baie dankie vir die uitnodiging. Soos u sê, word die fees hierdie jaar in Maartmaand gehou. Ons hou die fees altyd gedurende die Paasvakansie sodat ouers en hulle kinders dit saam kan bywoon."

Exercise 2
Rewrite the rest of Vuyo and Suné's dialogue in Afrikaans direct speech.

Example:

Vuyo Wat is daar vir die gesinslede om te sien en doen? Sal jy almal kan tevrede stel? → Vuyo vra Suné: "Wat is daar vir die gesinslede om te sien en doen?"

Suné Ja, ek dink so. Aan die een kant, is daar die meer ernstige klassieke musiek, dramas en beeldende kunste, en aan die ander, is daar poporkeste, straatteater, graffiti-uitstallings ensomeer. Daar is natuurlik ook baie om te eet en drink, en wonderlike klere om te koop.

Vuyo Hoe het die KKNK tot stand gekom?

Suné Die veertigjaarige sukses van die Nasionale Kunstefees in Grahamstad wat die 1820 Britse Setlaars herdenk, het daartoe gelei dat van ons groot Afrikaanse kunstenaars aangemoedig is om 'n soortgelyke fees wat Afrikaner kultuur sou feesvier, te organiseer. Nou lok die KKNK self opvoerings wat ook by die Grahamstadfees opgevoer word. Almal wat trots is op Afrikaans as taal en kultuur kom fees toe om te sing, om op te voer, om te eet – om saam te span.

Vuyo Is daar nie kompetisie tussen die twee feeste nie?

Suné Nee, daar is nie, want, alhoewel sommige van die opvoerings en uitstallings beide feeste bywoon, en alhoewel daar 'n oorvleueling is van generiese kunstipes, is daar nie 'n oorvleueling van kulturele fokus nie. Beide feeste is 'n wonderlike platform vir nuwe talent en albei feeste bied veeltalige opvoerings aan.

Vuyo Dankie, Suné, dat jy ons kom inlig het. Ek hoop die KKNK is 'n wonderlike sukses. Sterkte!

Exercise 3

Punctuate the following passage.

Example:

Suné verduidelik die KKNK begin op 3 maart en sluit op 10 maart Vuyo vra waar kan mense hulle besprekings maak Suné antwoord deur *Computicket* → Suné verduidelik: "Die KKNK begin op 3 Maart en sluit op 10 Maart." Vuyo vra: "Waar kan mense hulle besprekings maak?" Suné antwoord: "Deur *Computicket*."

Vuso vra sal daar beide klassieke en popmusiek konserte by die KKNK wees ja antwoord Suné daar is musiek vir almal en nie net bekende orkeste nie maar ook nuwe orkeste uit al die verskillende kulture Vuyo sê dit is die wonder van musiek dit kruis oor alle tale en kulture Suné vertel baie van die nuwe orkeste kry besprekings vir na die fees, sodat die fees gereeld die begin van nuwe loopbane is.

ℹ️ In the dialogue, mention was made of the National Arts Festival in Grahamstown. This is held annually over ten days in the period at the end of June and the beginning of July. The small city of Grahamstown, known for its churches, schools and Rhodes University, sees up to 10,000 visitors flood in. Every nook and cranny is booked for accommodation or as a performance venue. Every conceivable type of artistic endeavour is accommodated, from all cultural communities and not only South African – arts and crafts, music, theatre, food and clothing from all over Africa and the rest of the world finds a place at this most famous of the South African festivals.

Other festivals take place at different times across the country. The Knysna Oyster festival draws the oyster-loving crowds from across the country. The North Sea Jazz Festival takes place in Cape Town.

Cape Town, Johannesburg and Durban all hold world-class film festivals. Durban hosts, through the University of KwaZulu-Natal, poetry and fiction festivals which draw participants from all over the world and audiences from across the southern African region.

Many small towns and districts hold festivals to celebrate their produce. Thus, you may attend cheese festivals, cherry festivals, olive festivals and the like. The spirit at these festivals is reminiscent of the harvest festivals of old and these are essentially celebrations of successful harvests.

Unique, and in celebration of a natural wonder, is the Hermanus Whale Festival which takes place in August when most Southern Right whales give birth in sheltered bays like that at Hermanus. Seeing such an event is a never-to-be-forgotten sight.

jaarliks	*annual*	**van vroeër**	*of old*
kerk/e	*church/es*	**kersie**	*cherry*
hoekies en gaatjies	*nooks and crannies*	**olyf**	*olive*
akkommodasie	*accommodation*	**oesfees**	*harvest festival*
plek	*venue, place*	**uniek**	*unique*
denkbaar	*conceivable*	**walvis/se**	*whale/s*
oester	*oyster*	**geboorte gee**	*give birth*
filmfees/te	*film festival/s*	**beskutte**	*sheltered*
digkuns	*poetry*	**onvergeetlik**	*unforgettable*
verhaalkuns	*fiction*	**gesig**	*sight*
deelnemers	*participants*		
vier	*celebrate*		

Language patterns

Punctuating addresses and writing letters

Afrikaans has conventions different from the English ones for writing addresses. Look at the following examples.

Writing your own address in a letter

> *Oxfordstraat, 45,*
> *Londen.*
> *SW1.*
> *3 Februarie 2004.*

Addressing an envelope to someone

> *mnr. en mev. P. Smit,*
> *Hoofstraat, 17,*
> *Sandton,*
> *Johannesburg.*
> *2001.*

Note

- Street numbers come after the name of the street and between commas.
- The words **straat** (*street*), **weg** (*road*), **laan** (*avenue*), **rylaan** (*drive*) and **singel** (*crescent*) are attached to the street name.
- The name of the suburb follows on the next line and is followed by a comma.
- The city or town comes on the following line and ends with a full stop.
- The postal (Zip) code appears on the last line and ends with a full stop.
- If a country's name is to be included, it comes after the postal code and on its own line.
- A PO box number is written as **Posbus 1234,** and is followed by a comma, then the city/town on the next line (followed by a full stop as usual). The postal code comes on the next line and ends with a full stop.
- Dates end with a full stop.

Informal letter to friends, family and acquaintances all begin with the salutation **Beste X,** *(Dear X,)* and end **Vriendelike groete,** X. or just, **Groete,** X. (*Yours sincerely, X.* or *Regards, X.*). When closing the letter, the person's name comes on the line following the closing greeting, as it does in English.

Business letters are particularly formal in Afrikaans and there is no distinction, as there is in English, between a semi-formal and a formal letter business – you will always use the following format.

your address
the date

your addressee's business title
your addressee's address
Geagte mnr./mev. X,

Die Uwe,
Your signature
Your name in block capitals

Exercise 4

Your local sixth form college is planning a festival tour to South Africa. The principal has received the following letter from Suid-Afrika Beste which you have been asked to translate.

SUID-AFRIKA BESTE

Posbus 1760,
Kaapstad.
7000.
Tel. +27 (0) 21 12345
Faks +27 (0) 21 12378
e-pos beste@co.za*

3 Februarie 2004.

Die Hoof,
Chelsea Sixth Form College,
Westvillerylaan, 177,
Chelsea
Londen
SW1.

Geagte mnr. Windsor,

Dankie vir u brief. Daar word die hele jaar feeste gehou oor die hele land, maar die meeste val gedurende die skoolvakansies.

Die twee groot kunsfeeste word in Oudtshoorn en Grahamstad gehou in Maart/April en Junie/Julie, respektiewelik. Musiekfeeste word in April, Junie en Oktober, in Kaapstad, Pretoria en Bloemfontein, respektiewelik, gehou. Seëfeeste vind in Durban, Port Elizabeth, Kaapstad, Ooslonden, Knysna, Plettenbergbaai, Mosselbaai en Hermanus gehou in die somermaande – vanaf laat Augustus tot die einde April.

Akkommodasie is in al die dorpe en stede beskikbaar en besprekings kan gewoonlik direk deur die feesorganisasies gemaak word. U kan kies watter feeste om by te woon deur te kyk op die Suid-Afrika Beste webbladsy: <www.suid-afrikabeste.co.za>* waar u ook besprekings kan maak.

As ons u verder kan help, kan u ons per telefoon, faks of e-pos kontak.

Die Uwe,

L.E. McDermott

L.E. MCDERMOTT.

* not real Internet addresses!

Language patterns

Indirect speech

Generally, in normal life, we do not quote the words of others. We usually report others' speech. For example, instead of saying,

Vuyo asked Suné, 'Is the festival well attended?'

we would be more likely to say,

Vuyo asked Suné whether the festival was well attended.

In English, we call the latter type of structure either reported speech or indirect speech. The same type of reported speech structure occurs in Afrikaans. In both English and Afrikaans indirect speech, the words of others are thus indirectly reported – which means that a speaker's words are accurately reported, but not as spoken speech. Hence, the use of the inverted commas falls away, but 'speech' words are retained.

In indirect speech in Afrikaans, the speech words like **vra, sê** and **verduidelik** are followed by words like **dat** and **of**. Look at the following examples:

Vuyo **vra**: "Woon baie mense die fees by?" → Vuyo **vra of** baie mense die fees bywoon.

*Vuyo **asks**, 'Do many people attend the festival?' → Vuyo **asks whether** many people attend the festival.*

Suné **antwoord**: "Ja, duisende mense woon die fees by, veral oor die naweke." → Suné **antwoord dat** duisende mense die fees bywoon, veral oor die naweke.

*Suné **replies**, 'Yes, thousands of people attend the festival, particularly over the weekends.' → Suné **replies that** thousands of people attend the festival, particularly over the weekends.*

Note

- The inclusion of the words **of** and **dat** between the 'speech' verbs and the actual quote results in a change in the word order of the sentence following the words **dat** and **of**. The verbs all move to the end of the sentence. This is because **dat** and **of** both function here as conjunctions of the Group 3 type. (Look back at Unit 10 to remind yourself about the different kinds of conjunctions and the word order groups to which they belong.)

Look at the following extract from the Vuyo–Suné interview:

Vuyo Is daar nie kompetisie tussen die twee feeste nie?
Suné Nee, daar is nie, want, alhoewel sommige van die opvoerings en uitstallings beide feeste bywoon, en alhoewel daar 'n oorvleueling is van generiese kunstipes, is daar nie 'n oorvleueling van kulturele fokus nie. Beide feeste is 'n wonderlike platform vir nuwe talent en albei feeste bied aan veeltalige opvoerings.
Vuyo Dankie, Suné, dat jy ons kom inlig het. Ek hoop die KKNK is 'n wonderlike sukses. Sterkte!

We would 'report' the above as follows:

Vuyo **vra of** daar nie kompetisie tussen die twee feeste is nie. Suné **antwoord dat** daar **nie** is **nie**, want, alhoewel sommige van die opvoerings en uitstallings beide feeste bywoon, en alhoewel daar 'n oorvleueling is van generiese kunstipes, daar nie 'n oorvleueling van kulturele fokus **is** nie **en sê dat** beide feeste 'n wonderlike platform **is** vir nuwe talent en **dat** albei feeste veeltalige opvoerings **aanbied**. Vuyo **bedank** Suné **omdat** sy hulle kom **inlig het** en *sê dat* hy hoop die KKNK **is** 'n wonderlik sukses. Hy **wens** almal sterkte toe.

When a quotation is composed of more than one sentence, in indirect speech the sentences are joined into one – usually using **en** (*and*). You may choose to retain separate sentences but then you will have to repeat the speaker's name or use an appropriate pronoun (*he*, *she*, *they* ...) with an appropriate speech word in each sentence. You will also often have to add a word such as **verder** (*further*) or **ook** (*also*). You can also use a combination of the two forms and thus have a mix of joined sentences and separate ones. (The mixed form sounds more natural in both English and Afrikaans.) The following piece of dialogue,

Vuyo Dankie, Suné, dat jy ons kom inlig het. Ek hoop die KKNK is 'n wonderlike sukses. Sterkte!

Vuyo *Thank you, Suné, for coming to inform us. I hope the KKNK is a wonderful success. All the best!*

and its direct speech version,

Vuyo sê: "Dankie, Suné, dat jy ons kom inlig het. Ek hoop die KKNK is 'n wonderlike sukses. Sterkte!"

Vuyo says, 'Thank you, Suné, for coming to inform us. I hope the KKNK is a wonderful success. All the best!'

could be reported, put into indirect speech, as,

Vuyo bedank Suné dat sy hulle kom inlig het. **Hy sê ook dat** hy hoop die KKNK is 'n wonderlike sukses. **Hy wens** hulle sterkte toe.

*Vuyo thanks Suné for coming to inform them. **He also says that** he hopes the KKNK will be a wonderful success. **He wishes** them all the best.*

or

Vuyo bedank Suné dat sy hulle kom inlig het **en** hy sê ook dat hy hoop die KKNK is 'n wonderlik sukses **en** hy wens hulle sterkte toe.

*Vuyo thanks Suné for coming to inform them **and** he also says that he hopes the KKNK will be a wonderful success **and** he wishes them all the best.*

or

Vuyo bedank Suné dat sy hulle kom inlig het en hy sL ook dat hy hoop die KKNK is 'n wonderlik sukses. **Hy wens** hulle sterkte toe.

*Vuyo thanks Suné for coming to inform them **and** he also says that he hopes the KKNK will be a wonderful success. **He wishes** them all the best.*

- both direct and indirect speech can be written in all three tenses. Our examples, thus far, have all been in the present tense. Look at the above examples again in the past and future tense forms:

Past tense

Vuyo **het** Suné **bedank** dat sy hulle kom inlig het en hy **het** ook **gesê** dat hy hoop die KKNK **sal** 'n wonderlik sukses wees. Hy **het** hulle sterkte toe **gewens**.

*Vuyo **thanked** Suné for coming to inform them and he also **said** that he **hoped** the KKNK **would** be a wonderful success. He **wished** them all the best.*

Future tense

Vuyo **sal** Suné **bedank** dat sy hulle kom inlig het en hy **sal** ook **sê** dat hy hoop die KKNK 'n wonderlik sukses **wees**. Hy **sal** hulle sterkte toe wens.

*Vuyo **will thank** Suné for coming to inform them and he **will** also **say** that he hopes the KKNK will be a wonderful success. He **will wish** them all the best.*

- Pronoun changes occur when we switch from direct speech or dialogue to indirect speech:

jy/u *you* (singular)	→	sy/hy *he/she*
julle/u *you* (plural)	→	hulle *they*
ons *we*	→	hulle *they*
ek *I*	→	hy/sy/hulle *he/she/they*

For example:

Vuyo sê: "Dankie, Suné, dat **jy ons** kom inlig het. **Ek** hoop die KKNK is 'n wonderlike sukses. Sterkte!"

*Vuyo says, 'Thank **you**, Suné, for coming to inform **us**. I hope the KKNK is a wonderful success. All the best!'*

Vuyo bedank Suné dat **sy hulle** kom inlig het en hy sê ook dat **hy** hoop die KKNK is 'n wonderlike sukses. Hy wens **hulle** sterkte toe.

*Vuyo thanks Suné for coming to inform **them** and **he** also says that **he** hopes the KKNK will be a wonderful success. He wishes **them** all the best.*

- Changes also occur in time words when indirect speech is rewritten in the past or future tense:

vandag *today*	→ daardie dag *that day*
gister *yesterday*	→ die vorige dag *the previous day*

môre *the following day* → die volgende dag *the following day*

For example:

Sannie **het gevra:** "Kom hulle **vandag** Suid-Afrika toe?"
→ Sannie **het gevra** of hulle **daardie dag** Suid-Afrika toe kom.

Sannie asked, 'Are they coming to South Africa today?'
→ *Sannie asked whether they were coming to South Africa that day.*

Sannie **sal vra:** "Kom hulle **vandag** Suid-Afrika toe?"
→ Sannie **sal vra** of hulle **daardie dag** Suid-Afrika toe kom.

Sannie will ask, 'Are they coming to South Africa today?'
→ *Sannie will ask whether they would be coming to South Africa that day.*

Exercise 5

Rewrite the following extract from the Vuyo–Suné dialogue in indirect speech in the present tense.

Example:

Vuyo Hartlik welkom, Suné. Vertel ons 'n bietjie van die voorbereidings vir die KKNK-fees – die Klein-Karoo Nasionale Kunstefees – wat Maartmaand in Oudtshoorn plaasvind. → Vuyo **heet** Suné hartlik welkom **en vra haar** om **hulle** 'n bietjie van die KKNK-fees – die Klein-Karoo Nasionale Kunstefees – wat Maartmaand in Oudtshoorn plaasvind, **te vertel**.

Vuyo *Welcome, Suné. Tell us a little about the preparations for the KKNK festival – the Klein-Karoo National Arts Festival – which takes place in March.* → *Vuyo **welcomes** Suné **and asks her** to tell **them** a little about the preparations for the KKNK festival – the Klein-Karoo National Arts Festival – which takes place in March.*

Suné Môre, Vuyo. Baie dankie vir die uitnodiging. Soos u sê, word die fees hierdie jaar in Maartmaand gehou. Ons hou die fees altyd gedurende die Paasvakansie sodat ouers en hulle kinders dit saam kan bywoon.

Vuyo Wat is daar vir die gesinslede om te sien en doen? Sal jy almal kan tevrede stel?

Suné Ja, ek dink so. Aan die een kant, is daar die meer ernstige klassieke musiek, dramas en beeldende kunste, en aan die ander, is daar poporkeste, straatteater, graffiti-uitstallings ensomeer. Daar is natuurlik ook baie om te eet en drink, en wonderlike klere om te koop.

Exercise 6

Rewrite the following extract from the Vuyo–Suné dialogue in indirect speech in the past tense.

Example:

Vuyo Hartlik welkom, Suné. Vertel ons 'n bietjie van die voorbereidings vir die KKNK-fees – die Klein-Karoo Nasionale Kunstefees – wat Maartmaand in Oudtshoorn plaasvind. → Vuyo **het** Suné hartlik welkom **geheet en haar gevra** om **hulle** 'n bietjie van die KKNK-fees – die Klein-Karoo Nasionale Kunstefees – wat Maartmaand in Oudtshoorn plaasvind, **te vertel**.

Vuyo *Welcome, Suné. Tell us a little about the preparations for the KKNK festival – the Klein-Karoo National Arts Festival – which takes place in March. → Vuyo **welcomed** Suné **and asked her** to tell **them** a little about the preparations for the KKNK festival – the Klein-Karoo National Arts Festival – which takes place in March.*

Vuyo Hoe het die KKNK tot stand gekom?

Suné Die veertigjaarige sukses van die Nasionale Kunstefees in Grahamstad wat die 1820 Britse Setlaars herdenk, het daartoe gelei dat van ons groot Afrikaanse kunstenaars aangemoedig is om 'n soortgelyke fees wat Afrikaner kultuur sou feesvier, te organiseer. Nou lok die KKNK selfs opvoerings wat ook by die Grahamstadfees opgevoer word. Almal wat trots is op Afrikaans as taal en kultuur kom fees toe om te sing, om op te voer, om te eet – om saam te span.

16

veld toe
to the veld

In this unit you will learn
- about Afrikaans compound verbs and compound nouns
- how to form diminutives in Afrikaans
- about some of the wonders of the South African bush

Much of this unit has to do with vocabulary and spelling. We will be revisiting compounding as one of the basic ways of word formation and we will be learning the ways in which Afrikaans forms diminutives.

Language patterns

Compound verbs

In Unit 11 we studied prepositional verbs. In this section we are returning to verbs, but to those that are compounds in the truest sense in that they are made up of two or even three words to form a new word which does not necessarily have a meaning related to the sum of its parts. Such verbs include the verbs **ondersoek** (*investigate*), **goedkeur** (*approve*) and **waarsku** (*warn*).

When such words are used in the past tense, they may take one of three forms:

- Words, the parts of which are separable and which take the **ge-** particle between the parts.

  Die komitee **het** die plan goed**ge**keur. *The committee approved the plan.*

  Die KKNK **het** April plaas**ge**vind. *The KKNK took place in April.*

  Mevrou Ntuli **het** voorgestel dat hulle 'n taxi huur. *Mrs Ntuli suggested that they hire a taxi.*

- Words, the parts of which are inseparable and which never take the past tense **ge-** particle.

  Hy **het** die ongeluk **ondersoek**. *He investigated the accident.*

  Hulle **het** in Kaapstad **oornag**. *They overnighted in Cape Town.*

  Die skrywer **het** haar boek **voltooi**. *The writer has finished her book.*

- Words, the parts of which are inseparable, but which take the particle **ge-** at the beginning of the word.

  Die polisie **het** die man **ge**waarsku. *The police warned the man.*

  Die toeriste **het** die toergids **ge**raadpleeg. *The tourists consulted the tour guide.*

  Die Lachmans het Diwali **ge**seëvier. *The Lachmans celebrated Diwali.*

The following table lists the more common compound verbs. You should learn particularly Groups 2 and 3, as the Group 1 verbs are less exceptional. This means that if you come across a compound verb and you don't know it, you can fairly safely assume that it takes the **ge-** between the parts.

Group 1 – separable & ge-
aflewer – afgelewer (*deliver – delivered*)
deelneem – deelgeneem (*take part – **took** part*)
weghardloop – weggehardloop (*run away – **ran** away*)
gelukwens – gelukgewens (*congratulate – congratulated*)
goedkeur – goedgekeur (*approve – approved*)
liefhê – liefgehad (*love – loved*)
plaasvind – plaasgevind (*take place – **took** place*)
saamgaan – saamgegaan (*accompany – accompanied*)
stilhou – stilgehou (*stop – stopped*)
terugkeer – teruggekeer (*return – returned*)
toustaan – tougestaan (*queue – queued*)
visvang – visgevang (*fish – fished*)
voorskryf – voorgeskryf (*prescribe – prescribed*)
voorstel – voorgestel (*propose – proposed*)

Group 2 – inseparable & no ge-
aanvaar (*accept – accepted*)
onderhandel (*negotiate – negotiated*)
onderneem (*undertake – undertook*)
ondersoek (*investigate – investigated*)
oordink (*think over – **thought** over*)
oornag (*overnight – overnighted*)
oorwin (*win – **won***)
voltooi (*finish – finished*)

Group 3 – inseparable & ge-
glimlag – geglimlag (*smile – smiled*)
hardloop – gehardloop (*run – **ran***)
huisves – gehuisves (*accommodate – accommodated*)
openbaar – geopenbaar (*reveal – revealed*)
raadpleeg – geraadpleeg (*consult – consulted*)
regverdig – geregverdig (*justify – justified*)
seëvier – geseëvier (*celebrate – celebrated*)
waarborg – gewaarborg (*guarantee – guaranteed*)
waarsku – gewaarsku (*warn – warned*)

Exercise 1

Rewrite the following sentences using the correct form of the compound verb in brackets.

Example

> Hy (onderneem) om die boodskap te (aflewer). → Hy **onderneem** om die boodshap **af te lewer.**

1 Die toer sou (plaasvind) sodra die toergids het (terugkom).
2 Nadat hulle die papwiel (regmaak) het, is die toer (voortsit).
3 Mev. Ntuli het die hele toergroep (huisves).
4 As julle met die juwelier (onderhandel) het, sou hy 'n paar Rand het (aftrek).
5 Die bus het in Hermanus (stilhou) sodat almal die walvisse kon (dophou).
6 Kaptein Bruinders moes (oornag) vis om te genoeg (visvang) vir die mark.
7 Nadat die spelers hulle oorwinning (seëvier) het, het hulle (terugkeer) na die hotel.

Language patterns

Compound nouns

In the introduction and in Unit 4, we spoke about the propensity Afrikaans has for making up new words by compounding – joining words together to form new ones. Anglo-Saxon ('Old English') did the same! The effect of compounding is that Anglo-Saxon was, and Afrikaans is, a very picturesque language. The following table lists some of the more common and interesting Afrikaans compound nouns.

Note

Not all of the words are simply joined; some have idiosyncratic spellings and these have been marked for you on the table. You should learn them.

Afrikaans words	English equivalents	Afrikaans compound	English equivalent
aard + appel	*earth* + *apple*	aartappel	*potato*
aard + beweging	*earth* + *movement*	aardbewegings	*earthquakes*
aard + vark	*earth* + *pig*	**erd**vark	*aardvark*
bed + goed	*bed* + *thing*	bed**de**goed	*linen*
boer + beskuit	*farmer* + *biscuit*	boer**e**beskuit	*rusks*

boom + slang	*tree + snake*	boomslang	*boomslang*
broek + pyp	*pants + pipe*	broekspyp	*trouser leg*
by + korf	*bee + basket*	byekorf	*beehive*
dier + tuin	*animal + garden*	dieretuin	*zoo*
eet + tyd	*eating + time*	**etens**tyd	*mealtime*
fees + tyd	*feast + time*	feestyd	*festival*
god + diens	*god + service*	godsdiens	*religion*
honger + nood	*hunger + need*	hongersnood	*famine*
koning + ryk	*king + realm*	konin**k**ryk	*kingdom*
krimp + vark	*shrink + pig*	krimpvark	*hedgehog*
lam + wol	*lamb + wool*	lam**mer**wol	*lambs wool*
land + taal	*country + language*	land**s**taal	*national language*
lewe + werk	*life + work*	lewe**ns**werk	*life's work*
man + skoen	*man + shoe*	man**s**skoen	*man's shoe*
mens + kennis	*people + knowledge*	mens**e**kennis	*people-wise*
mode + winkel	*fashion + shop*	modewinkel	*boutique*
motor + huis	*car + house*	motorhuis	*garage*
oog + arts	*eye + doctor*	oogarts	*optician*
pan + koek	*pan + cake*	pan**ne**koek	*pancake*
plat + land	*flat + land*	plat**te**land	*countryside*
pot + bakker	*pot + baker*	pot**te**bakker	*potter*
reis + tas	*travel + bag*	reistas	*suitcase*
sak + roller	*pocket + roller*	sak**k**eroller	*pickpocket*
tand + arts	*tooth + doctor*	tandarts	*dentist*
vee + arts	*stock + doctor*	veearts	*vet*
vrugte + slaai	*fruit + salad*	vrugteslaai	*fruit salad*
wild + dief	*game + thief*	wilddief	*poacher*

i The Addo National Park is in the Eastern Cape. This park is of particular interest because its focus is the Addo elephant which is distinct from the elephants in the other South African – and African – reserves. The other main attraction at Addo is the dung beetle which is protected and has right of way throughout the reserve! The reserve is being doubled in size and the animals which used to roam the arid scrub are being reintroduced to the area.

Bird watching has become a popular pastime in South Africa, which is not surprising as South Africa has just over 900 species. These range from the largest flightless bird in the world, the ostrich, to the largest bustard in the world, the Kori bustard. While the bushveld and fynbos birds are not particularly colourful and are therefore very challenging to birders, the forest birds are stunning. In the summer, swallows, swifts, storks, waders and raptors from Europe fill the skies and the wetlands and estuaries in their millions.

Durban, Port Elizabeth and Cape Town have 'water worlds' and many other towns and cities have snake parks. The Paarl area (in the midst of the fruit and wine area of the Western cape) offers a particularly interesting smaller snake park (**Die Fonds** – '*The find*') near to which is Butterfly World. Both centres allow close viewing and have guides on hand all the time.

olifant	*elephant*	**kleurvol**	*colourful*
verskil van	*distinct from*	**uitdaging**	*challenge*
miskruier	*dung beetle*	**bosvoëls**	*forest birds*
reg van oorgang	*right of way*	**pragtig**	*stunning*
swerf	*roam*	**swaeltjie**	*swallows*
dorre	*arid*	**windswael**	*swift*
ruigtes	*scrubland*	**ooievaar**	*stork*
herinvoer	*reintroduce*	**watervoël**	*wader*
voëlkyk	*birding*	**roofvoël**	*raptor*
gewilde	*popular*	**vlei**	*wetland*
ontspanning	*pastime*	**riviermonding**	*estuary*
soorte	*species*	**dolfyne**	*dolphins*
nie-vliegende	*flightless*	**slangpark**	*snake park*
gompou	*bustard*	**skoenlapper**	*butterfly*
bosveld	*bushveld*	**natuurbewaring**	*nature conservation*

Exercise 2

Use the vocabulary lists to translate the following information pamphlet into English for your friends who are planning a safari to South Africa.

wildpark	*game park*	**Krugerwildtuin**	*Kruger Park*
wildreservaat	*game reserve*	**transnasionale**	*transnational*
naturreservaat	*nature reserve*	**onomheinde**	*unfenced*
tereg	*deservedly, rightly*	**grense**	*borders*
welbekend	*well known*	**oorsteek**	*cross*
Groot Vyf	*Big Five*	**trekroete**	*migration route*
park	*park*	**ongehindered**	*unhindered*

Safari in Suid-Afrika

Die Suid-Afrikaanse wild- en natuurreservate is tereg welbekend. Hulle is van die min in Afrika waar jy seker kan wees dat jy die "Groot Vyf" sal sien. Die kaart onder wys die nasionale reservate. Daar is ook baie klein parke, maar dié het nie altyd die "Groot Vyf" nie.

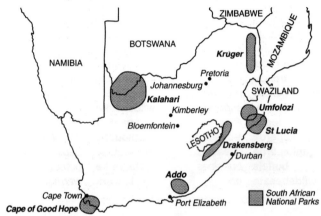

Die Krugerwildtuin is miskien die mees bekende Suid-Afrikaanse wildpark. Dit is die oudste reservaat en ook die grootste. In die laaste tyd, is transnasionale parke soos die Khalagadi gestig. Hulle laat diere toe om onomheinde nasionale grense oor te steek en laat hulle dus toe om hulle tradisionele trekroetes ongehinderd te gebruik.

▶ Exercise 3

You are about to go on safari in South Africa. The English introductory recording has been broken and your Griqua tour guide, Karel, speaks mainly Afrikaans.

Listen to the recording first and then use the text to help Karel by interpreting the information into English. (Use the two previous vocabulary boxes and the following one to help you.)

Natuurbewaring is baie belangrik in Suid-Afrika. Alhoewel daar nie soveel diere is as wat daar was voor die koloniale periode nie, is daar nog baie in Suid-Afrika. Dié land beskerm die laaste groot troppe wit en swart renosters in Afrika. Olifant troppe is aan die groei, wat problematies kan wees as die troppe groter word as wat die beskikbare grond kan onderhou.

Leeus, luiperde, jagluiperde, buffels, wildebeeste, seekoeie, kameelperde, sebras, jakkalse, hiënas is almal volop. Daar is 'n wye verskeidenheid wildsbokke en ook snaakse diere soos blouape, bobbejane, ystervarke en die vlakvark – seker die mooiste-lelike dier op aarde.

belangrik	*important*	**kameelperde**	*giraffes*
koloniale	*colonial*	**sebras**	*zebras*
beskerm	*protect*	**jakkalse**	*jackals*
aan die groei	*on the increase*	**hiënas**	*hyenas*
troppe	*herds*	**verskeidenheid**	*variety*
problematies	*problematic*	**seekoeie**	*hippopotamuses*
onderhou	*support*	**wildsbokke**	*buck*
leeus	*lions*	**snaakse**	*strange*
luiperde	*leopards*	**blouape**	*vervet monkeys*
jagluiperde	*cheetahs*	**bobbejane**	*baboons*
buffels	*buffaloes*	**ystervarke**	*porcupines*
wildebeeste	*gnu*	**vlakvark**	*warthog*

Language patterns

Diminutives

Mother-tongue speakers of Afrikaans have a particular liking for using diminutives – calling something the 'small' of itself – where in English we use *little* as in *little baby* (**babatjietjie**). Diminutives in Afrikaans have either an -ie or -kie sound ending. These sounds are often added to people's names (Pietie, Sannie, Saartjie, Marietjie) and the practice has even been adopted in South African English. Thus the cricketers Pollock, Makaya Ntini, Boucher and Paul Adams are called Polly, Makie, Bouchie and Paulie, respectively. The English term *lad* is routinely translated in South African English as **boytjie** (pronounced **boykie**).

The usual Afrikaans diminutive ending is either -ie or -tjie (pronounced -kie). Some words, however, have unique diminutive forms and these need to be learned. These are usually the 'small' of living things. There are far fewer than there are in English. Among the most common are:

Adult	'Small'	Adult	'Small'
mens (*person*)	baba (*baby*)	voël (*bird*)	kuiken (*chicken*)
bees (*cattle*)	kalf (*calf*)	skaap (*sheep*)	lam (*lamb*)
perd (*horse*)	vul (*foal*)		

These words, too, are frequently made into diminutives (*little* ...) merely by adding either **-ie** or **-tjie**:

baba → baba**tjie**   kuiken → kuiken**tjie**
kalf → kal**fie**   lam → lam**mertjie**
vul → vul**letjie**

You will notice from the above examples that some of the words, like **vul** and **lam**, have idiosyncratic spellings. The general spelling rules follow. Diminutives which have 'odd' spellings will have to be learned. Fortunately most of these conform to a rule which applies to their particular group.

▶ Forming diminutives
The same basic spelling rules apply as for plurals (Unit 3) and comparative formations (Units 6 and 9).

Spelling reminder note
- Words with short vowels followed by a single consonant double the final consonant before adding -ie – **bos** → **bos̲s̲ie**.
- Words with long 'twin' vowels followed by a single consonant drop the second of the pair of vowels before adding -ie – **skaap** → **sk̲a̲pie**.

1 Adding -ie

   This is the most usual diminutive form and is applied to words ending with **-s**, **-k**, **-p**, **-g** and **-f**. For example:

Afrikaans		English	Afrikaans		English
noun	dim.	noun	noun	dim.	noun
huis	huisie	*house*	vark	varkie	*pig*
bos	bossie	*bush*	tak	tak**k**ie	*branch*
gans	gansie	*goose*	stoep	stoepie	*veranda*
skaap	ska**p**ie	*sheep*	neef	ne**f**ie	*nephew*

Exceptions when adding -ie:

- words ending with -m add -pie

Afrikaans		English	Afrikaans		English
noun	**dim.**	**noun**	**noun**	**dim.**	**noun**
boom	boompie	*tree*	arm	armpie	*arm*
swerm	swermpie	*swarm*	besem	besempie	*broom*
oom	oompie	*uncle*	duim	duimpie	*thumb*

- most 'long' words ending with -ing drop the -g- and add -kie:

Afrikaans		English	Afrikaans		English
noun	**dim.**	**noun**	**noun**	**dim.**	**noun**
koning	koninkie	*king*	tekening	tekeninkie	*drawing*
varing	varinkie	*fern*	paling	palinkie	*eel*
woning	woninkie	*home*	rekening	rekeninkie	*account*

2 Adding -tjie (pronounced -kie)

This form is added to most of those words to which -ie is not added, with the exception of -d and -t. It is thus a very common form. The table gives some common examples.

Afrikaans		English	Afrikaans		English
noun	**dim.**	**noun**	**noun**	**dim.**	**noun**
soen	soentjie	*kiss*	lepel	lepeltjie	*spoon*
koei	koeitjie	*cow*	stoel	stoeltjie	*chair*
tuin	tuintjie	*garden*	uil	uiltjie	*owl*
appel	appeltjie	*apple*	blaar	blaartjie	*leaf*
leeu	leeutjie	*lion*	meisie	meisietjie	*girl*

-tjie is also added to words which end with the vowels i, o, or u, but get an apostrophe before the -tjie (as they do for plurals). These are often words borrowed from other languages:

Afrikaans		English	Afrikaans		English
noun	**dim.**	**noun**	**noun**	**dim.**	**noun**
impi	impi'tjie	*impi (Zulu regiment)*	okapi	okapi'tjie	*okapi*

3 Adding -jie (pronounced -kie)

This form is added to words which end with -d or -t. Some common examples are given in the table.

Afrikaans		English	Afrikaans		English
noun	dim.	noun	noun	dim.	noun
maat	maatjie	*friend*	rant	rantjie	*ridge*
mond	mondjie	*mouth*	rot	rotjie	*rat*
hoed	hoedjie	*hat*	woord	woordjie	*word*
rand	randjie	*edge*	lied	liedjie	*song*

Exceptions in the -jie group:

The following words double up their vowels before adding -jie:

Afrikaans		English	Afrikaans		English
noun	dim.	noun	noun	dim.	noun
blad	blaadjie	*newspaper*	vat	vaatjie	*barrel*
pad	paadjie	*mouth*	gat	gaatjie	*hole*

4 Adding -etjie (pronounced -ekie)

This form is usually for consonant–verb–consonant words which end with -b, -l, -m, -n or -r. Because of the short vowel, the consonant is doubled and then -etjie is added.

Afrikaans		English	Afrikaans		English
noun	dim.	noun	noun	dim.	noun
bal	balletjie	*ball*	pan	pannetjie	*pan*
dam	dammetjie	*dam*	ram	rammetjie	*ram*
kam	kammetjie	*comb*	son	sonnetjie	*sun*
kar	karretjie	*cart*	vul	vulletjie	*foal*
pen	pennetjie	*pen*	wal	walletjie	*bank/ path on ridge*

Exceptionally, the words **ring** and **slang** also take **-etjie**:

Afrikaans		English	Afrikaans		English
noun	**dim.**	**noun**	**noun**	**dim.**	**noun**
ring	ring**e**tjie	*ring*	slang	slang**e**tjie	*snake*

▶ **Exercise 4**

Fill in the diminutives for the following:

noun	English	dim.	noun	English	dim.
mier	*ant*		kers	*candle*	
deken	*bedspread*		blom	*flower*	
bal	*ball*		perd	*horse*	
sprinkaan	*locust*		speler	*player*	
slang	*snake*		maan	*moon*	
pampoen	*pumpkin*		bok	*buck*	
saad	*seed*		gat	*hole*	
ertjie	*pea*		saag	*saw*	
aartappel	*potato*		leeu	*lion*	
seun	*boy*		lam	*lamb*	
skoen	*shoe*		luiperd	*leopard*	
mandjie	*basket*		woning	*home*	
ronde	*round*		klip	*stone*	
boek	*book*		piesang	*banana*	
dam	*dam*		dogter	*girl*	
renoster	*rhinoceros*		toer	*tour*	
meisie	*girl*		boom	*tree*	
ketting	*chain*		lamp	*lamp*	
voël	*bird*		druiwe	*grapes*	
pad	*road*		wiel	*wheel*	

▶ Although the diminutive form usually marks the 'small' of something, in Afrikaans it is also used to express emotional responses like affection, sympathy, modesty, disdain, sarcasm, camaraderie and so on. Listen to, or read, the examples which follow.

"Dag, boytjie! Hoe gaan dit?"	*'Hi, Boy! How are you?'*	(affection)
"Ag, liefie. Ek is jammer."	*'Oh, lovie. I am sorry.'*	(sympathy)
Ek het 'n ou motortjie.	*I have a little old car.*	(modesty)
Dis sy bydraetjie.	*That's his (little) contribution.*	(sarcasm)

"Ja, basie, en wat het jy te sê?"	*'Yes, (little) boss, and what have you to say?'*	(disdain)
"Kom, outjies. Trek saam."	*'Come, (little) mates. Pull together.*	(camaraderie)

At first you will have to listen carefully to the tone used by the speaker in order to pick up the nuances. With practice, you will register the nuances almost immediately.

- When the word **klein** is used in close proximity to a noun, the noun is almost always used in its diminutive form:

  klein seun → klein seun**tjie** (*boy*) **klein** hond → **klein** hond**jie** (*dog*)
  klein boom → klein boom**pie** (*tree*) **klein** bok → **klein** bok**kie** (*buck*)

- The penchant Afrikaans has for diminutives means that it is not only nouns that are made into diminutives. We saw in the first paragraph of this section on diminutives how people's names are made into diminutives; and so are pronouns, adjectives, adverbs, and even verbs. Such forms occur almost exclusively in spoken Afrikaans, but often occur in friendly letters and notes. They are also very likely to occur in dramatic dialogue and in direct speech in novels and short stories.

Afrikaans		English
Words	**Diminutives**	**equivalent**
People's names		
Susanna	Susanna**tjie**	*Susie*
Piet	Piet**ie**	*Pete*
David	Daw**ie**	*Davie*
Adjectives		
moeg	moeg**ies**	*tired* (to children, usually)
warm	warm**pies**	*hot*
siek	siek**ies**	*ill* (to children, usually)
wit	wit**tetjies**	*(the) white ones*
rond	rond**etjies**	*(the) round ones*
Verbs		
soen	soen**tjies**	*kisses* (sentimental)
druk	druk**kies**	*hugs* (sentimental)
hardloop	hardl**opies**	*run* (persuasion)
kyk	kyk**ies**	*look* (persuasion)
Adverbs		
sag	sag**gies**	*softly*
stil	stil**letjies**	*quietly*

7 het dit! (3)

got it! (3)

In this unit you will test your knowledge of
- the passive voice
- direct and indirect speech
- punctuation
- compound verbs and nouns
- diminutives

These exercises should be used to test your grasp of the work covered in Units 14–16. Every single thing you get correct should be seen as an achievement. Learn from your mistakes and know that mistakes are in fact lessons.

You should use the glossary at the end of the book to look up any words you might have forgotten.

Exercise 1 Active and passive (Unit 14)

Rewrite the following sentences in the active voice.

Example:

Die slang **is** *deur* die toergids dood**ge**slaan. → Die toergids **het** die slang dood**ge**slaan.

The snake was beaten to death by the tour guide. → The tour guide beat the snake to death.

1 Die passasiers is deur die vlieënier van Johannesburg vertel.
2 Baie kerse is deur Asha en haar dogters vir Diwali opgesteek.
3 Sal die slang deur die sekretarisvoël gevang word?
4 Die sprinkane is oor die kole deur Xai gebraai.
5 Bobotie is van oorskot vleis, eiers, brood en melk deur die Maleiers gemaak.
6 Die toeriste sal deur die toergids deur die Bo-Kaap gelei word om die Groot Moskee te gaan besoek.
7 Is die bome vir Boomplantdag deur die maatskappy bestel?
8 Sommige voëls word deur die wet beskerm, anders roei mense hulle uit.
9 Toe die son ondergaan, is die vuur deur ons gemaak.
10 Die luiperd wat beseer is, sal deur die jagter geskiet moet word.

Exercise 2 Active and passive (Unit 14)

Translate the following sentences into English.

1 Die passasiers is deur die vlieënier van Johannesburg vertel.
2 Baie kerse is deur Asha en haar dogters vir Diwali opgesteek.
3 Sal die slang deur die sekretarisvoël gevang word?
4 Die sprinkane is oor die kole deur Xai gebraai.

5 Bobotie is van oorskot vleis, eiers, brood en melk deur die Maleiers gemaak.
6 Die toeriste sal deur die toergids deur die Bo-Kaap gelei word om die Groot Moskee te gaan besoek.
7 Is die bome vir Boomplantdag deur die maatskappy bestel?
8 Sommige voëls word deur die wet beskerm, anders roei mense hulle uit.
9 Toe die son ondergaan, is die vuur deur ons gemaak.
10 Die luiperd wat beseer is, sal deur die jagter geskiet moet word.

Exercise 3 Active and passive (Unit 14)

Rewrite the following sentences in the passive voice.

Example:

Die toergids het die toeriste die kameelperde gewys. → Die kameelperde **is deur** die toergids vir die toeriste **gewys**.

1 Die diere het by die watergat saamgekom.
2 Die Umfoloziwildreservaat het die wit renosters gered.
3 Die orkes sal al sy gewildste musiek by die fees speel.
4 Gedurende die winter en lente, sal die walvisse geboorte gee.
5 Die olifante breek baie takke van die bome af.
6 Die voëlkykers sal in die woestyn die gompou soek.
7 Die Nederburgmaatskappy hou in die Pêrel die wynfees.
8 Die krimpvarkie rol homself op soos 'n balletjie as hy bang is.
9 Ons kan die penne van ystervarke gebruik as ink-penne.
10 Aardvarke soek in die nag miere om te eet.

Exercise 4 Active and passive (Unit 14)

Translate the following sentences into Afrikaans.

1 The buck was eaten by the leopard up in a tree.
2 The black rhino pulls leaves off trees and shrubs.
3 Grass is eaten by white rhinos and zebras.
4 Hippos follow paths under the water.
5 Many elephants and rhinos have been killed by poachers.
6 Nature conservation has protected most raptors now for a long time.
7 The trees of the year are to be found on the web page.

8 Small animals are hunted by the aardwolf at night.
9 By the end of the winter, there had been 20,000 visitors to the Mkuze Game Reserve.
10 Wetlands are used by elephants, rhinos and warthogs as bathrooms!

Exercise 5 Direct speech (Unit 15)

Rewrite the following passage in direct speech.

Example:

Die toergigs het gesê dat daar 'n trop kameelperde staan. →
Die toergids het gesê: "Daar staan 'n trop kameelperde."

Die gids het aan die toeriste verduidelik dat wit renosters gras eet, maar dat swart renosters blare en takke eet. Hy het ook gesê dat hulle monde van mekaar dus verskil. Die wit renoster het 'n groot, wye bek en die swart renoster 'n lang, skerp bek. Wit renosters loop gewoonlik in familiegroepe in die oop veld saam, maar swart renosters loop alleen in die ruigtes. Die gids vra of enige iemand vrae het.

Exercise 6 Indirect speech (Unit 15)

Rewrite the following passage in indirect speech.

Example:

Die toergids het gesê: "Daar staan 'n trop kameelperde op die berg." → Die toergids het gesê dat daar 'n trop kameelperde op die berg staan.

"Kyk daar bo," sê Di. "Daar loop ses leeus!" verduidelik sy. "Waar? Waar?" skreeu die ander toeriste. "Daar! Daar by die groot rots!" wys Di. "Is hulle nie wonderlik nie," sê die seuntjie. "Ek wens ek kan aan hulle vat!" sug hy. Die gids waarsku hom, "Dit sou baie gevaarlik wees omdat hulle jou sou doodmaak!" "Ek weet," antwoord die seuntjie, "maar ek wens tog!"

Exercise 7 Compound verbs (Unit 16)

Rewrite the following sentences using the correct form of the compound verb in brackets.

Example:

Hy (onderneem) om die boodskap te (aflewer). → Hy **onderneem** om die boodskap **af** te **lewer**.

1 Die sebras (weghardloop) van die leeus wat hulle (agtervolg).

2 Sy het (glimlag) toe die blomme aan haar (aflewer) is.
3 Die hotel het nie die hele groep (huisves) nie en ses van hulle het (oornag) by 'n B en B.
4 As jy haar (raadpleeg) moet jy (aanvaar) wat sy sê.
5 Die skoolhoof het die wenners (gelukwens) toe hulle hulle oorwinning (seëvier) het.
6 Natuurbewaring het die renosters se dood (ondersoek) en (onderneem) om die wilddiewe te vang.
7 Die nuwe pad deur die reservaat is (goedkeur) nadat almal goed daaroor (oordink) het.
8 Toe sy hoor die fees (plaasvind), het sy gesê sy wil (saamgaan).

Exercise 8 Vocabulary: compound nouns (Unit 16)

Translate the following into Afrikaans.

1	rusks	10	festival
2	beehive	11	life's work
3	famine	12	mealtime
4	boutique	13	game park
5	potter	14	warthog
6	vet	15	garage
7	hedgehog	16	bushveld
8	countryside	17	dung beetle
9	estuary	18	family members

Exercise 9 Compound nouns (Unit 16)

Combine the following words into compound nouns.

Example

aart + appel → aartappel
aard + bewing → aardbewing
aard + vark → erdvark

1	bed + goed	10	pan + koek
2	sak + roller	11	mans + skoen
3	lam + wol	12	blou + aap
4	verhaal + kuns	13	god + diens
5	dier + tuin	14	water + voël
6	plat + land	15	pop + orkes
7	wild + bees	16	oog + arts
8	broek + pyp	17	pot + bakker
9	vrugte + slaai	18	koning + ryk

Exercise 10 Diminutives (Unit 16)

Give the diminutives of the following words. Where there is more than one possibility this has been indicated and you should give both.

Example

vark → vark**ie**
boom → boom**pie**
perd → perd**jie**/vul

1	sag	11	dam
2	lam	12	renoster
3	rond	13	bees (2)
4	maan	14	skaap (2)
5	baba	15	motor
6	tafel	16	mond
7	vul	17	bal
8	huis	18	mandjie
9	boek	19	ketting
10	besem	20	kat

Unit 1

Exercise 1: 1 Oupa **2** Ouma **3** Ma, moeder **4** Baba **5** Pa, vader **6** seun en broer **7** dogter en suster **6 & 7** kinders

Exercise 2: 1 se **2** haar **3** hy **4** u **5** u **6** jou **7** julle **8** ek **9** sy

Exercise 3: The words **meneer** and **mevrou** are abbreviated to **mnr.** and **mev.**; neither of them starts with a capital letter and each ends with a full stop.

Exercise 4: 2 Ek is Sannie. Sara is my suster. Ek is haar suster. **3** Ek is Piet. Dawid is my broer. Ek is sy broer.

Exercise 5: Môre Sannie, Môre Piet, Môre Jan. Ontbyt is amper reg.

Exercise 6: 1 a Dit gaan goed, dankie. En met u, Ma?/Goed dankie, Ma. En self?/Kan nie kla nie, ma. En self? **b** Hoe's dit?/Lekker! **c** Dit gaan goed, dankie. En met jou (, Susanne)?/Goed dankie (, Susanne). En self?/Kan nie kla nie (, Susanne). En self? **d** Dit gaan goed, dankie. En met jou (, Gert)?/Goed dankie (, Gert). En self?/Kan nie kla nie (, Gert). En self? **e** Dit gaan goed, dankie. En met jou (, Gert)?/Goed dankie (, Gert). En self?/Kan nie kla nie (, Gert). En self?/ Hoe's dit?/Lekker! **2** Hoe gaan dit met Ouma?

Exercise 7: Lekker dag!/Geniet die dag. (*Have a nice/good day*)/Sien jou vanaand. (*See you tonight*)/Lekker werk. (*Enjoy your work.*)/Jy ook. (*You too.*)

Unit 2

Exercise 2: 1 nege; **2** negentien; **3** nege-en-negentig; **4** nege honderd, nege-en-negentig; **5** nege duisend, nege honderd, nege-en-negentig; **6** twee-en-dertig; **7** twee duisend, een honderd, ses-en-tagtig; **8** twaalf duisend, drie honderd, vyf-en-veertig; **9** drie honderd en vyf-en-veertig duisend, ses honderd, agt-en-sewentig.

Exercise 3: 1 eenuur **2** halfvier **3** halfagt **4** halfdrie **5** sewe-uur **6** halfsewe **7** vieruur **8** twee-uur

Exercise 4: 1 sewe-uur vm **2** agtuur vm **3** halfnege vm **4** elfnuur vm **5** vyfuur nm **6** sesuur nm **7** tienuur nm **8** elfuur nm

Exercise 8: 1 Ek het die seun gesien. Ek sal die seun sien. **2** Pa het die boek gelees. Pa sal die boek lees. **3** Sannie en haar ma het die huis skoongemaak. Sannie en haar ma sal die huis skoonmaak. **4** Pa het vir Sannie en Piet 'n roomys gekoop. Pa sal vir Sannie en Piet 'n roomys koop. **5** Ouma en Oupa het by ons gekuier. Ouma en Oupa sal by ons kuier.

Exercise 9: Pain, apteek, Pain, aspirine, tandepasta, watte, salf, pleisters, drie-uur

Exercise 10: 2 a musician **b** tennis player **c** ship's captain **d** soldier **e** baker **f** dancer **g** doctor **h** teacher **i** singer **j** traffic policeman **k** nurse **l** fisherman **3 a** dokter **b** visserman **c** tennisspeler **d** verkeerskonstabel **e** sanger **f** danser **g** verplegster **h** onderwyser **i** bakker **j** soldaat **k** skeepskaptein **l** musikant

Unit 3

Exercise 1: kinders, seun, dogter, troeteldiere, kat, hond, voël, voëltjie, kat, hond, tone, voete, vingers, hande, mense, voete, kat, hond, pote, voëltjie, kloue, voël, vlerke

Exercise 2: 1 Piet **2** Sannie **3** Pa **4** Sannie **5** Pa en Ma

Exercise 3: Main bedroom, Piet's bedroom, Sannie's bedroom, dining room, lounge, kitchen, shower, bathroom, toilet

Exercise 4: 1 eetkamer **2** kombuis **3** sitkamer **4** een **5** oggend **6** toilet

Exercise 5: 1 stoof, yskas, tafel, kettel, stoele **2** tafel en stoele **3** bank, klavier, TV, huisplante, draadloos **4** dubbelbed, spieëltafel, draadloos **5** enkelbed, boekrak, lessenaar **6** enkelbed, pophuis, lessenaar

Exercise 6: 1 a to visit friends **b** five o'clock/5 p.m. **c** their mother's **d** salt & pepper **e** Piet **f** baking powder **2 a** waarheen **b** hoe laat **c** wie se **d** watter **e** wie **f** wat

Exercise 7: Breakfast – pap, sap, spek, wors, niertjies, eiers, tamaties, roosterbrood, konfyt; Lunch – brood, kaas, smeer, sap, konfyt, appels, perskes, vye, pruime, druiwe, piesangs, pere; Supper – beesvleis, skaapboud, varktjop, hoender, maalvleis, aartappels, ertjies, boontjies, kool, pampoen, wortels, kaas

Exercise 8: Koffie asseblief, dankie; Ek sal 'n stukkie koek neem, dankie; Dankie, ek sal. Kan ek die suiker kry, asseblief?; Dit was heerlik. Baie dankie.

Unit 4

Exercise 1: 1 Ben & Famieda 2 Zulu, Xhosa & Basotho 3 in die Kaap 4 KwaZulu-Natal, Gauteng & Ooskaap 5 Willem, Koos, Andries & Ben 6 San 7 Khoi

Exercise 2: 1 wat 2 waar 3 wat 4 watter 5 wie sie 6 waar 7 hoeveel 8 wie se 9 wat

Exercise 4: 1 om te [reis] 2 om te [braai] 3 om ['n koek] te [bak] 4 te [rook] 5 te [werk] 6 te [seil] 7 om te [groet] 8 te [kom]

Exercise 5: 1 Vol pret kom die kinders vroeg van die skool af. 2 Vroeg kom die kinders vol pret van die skool af. 3 Van die skool af kom die kinders vroeg vol pret. 4 In Engeland het die Smits verlede jaar ses weke lekker gekuier. 5 Lekker het die Smits verlede jaar ses weke in Engeland gekuier. 6 Verlede jaar het die Smits ses weke lekker in Engeland gekuier. 7 Per boot gaan ons Junie-maand rustig Suid-Afrika toe reis. 8 Rustig gaan ons Junie-maand per boot Suid-Afrika toe reis. 9 Junie-maand gaan ons per boot rustig Suid-Afrika toe reis.

Exercise 6: 1 Op Abram se plaas kuier ek lekker. 2 Al lank woon Xai se mense hier. 3 Xai vertel hoe vroeër sy oupa wilde diere gejag het. 4 Van die wortels van plante en tsammas het hulle water gekry. 5 Ek sal weer terug wees in Engeland een van die dae.

Exercise 7: 1 tafeldoek 2 telefoonboek 3 motorhuis 4 stofpan 5 besigheidsentrum 6 boekrak 7 speelgoed 8 verkeerskonstabel 9 poskantoor 10 bushalte

Unit 5

Exercise 1: 1 Should have **Verjaarsdag** on front; inside, must have either **Veels geluk** or **Beste wense met jou verjaarsdag;** your addressee – **Beste Tante X;** and your salutation – **met beste wense/baie geluk, veels geluk,** then if you like, **jou niggie** and your name or just give your name. 2 Should have **Verlowing** on front; inside, must have **Veels geluk met jou verlowing;** your addressee – **Beste Meneer XX** or **Mejuffrou XX;** and your salutation – **Groete,** and your full name

Exercise 2: 1 **a** Ek sal by Marie eet **b** Ek sal vuurwerke haal **c** Ek sal Robbeneiland toe gaan **d** Ek sal Xai by die apteek ontmoet **e** Ek sal na die CD luister 2 **a** die slagter **b** Op Woensdag, 10 Augustus, om agtuur/twee honderd uur **c** Om tienuur/tien honderd uur **d** Xai **e** Woensdag, 10 Augustus, om twee-uur/veertien honderd uur

Exercise 3: 1 the speaker's lover has been hanged **2** an aimless existence **3** a secret assignation **4** alcohol addiction

Exercise 4: gehou; ligte; vyf; kerse; simbool; seëvier; donkerte; ondermyn; voorspoed

Exercise 5: Onthou boomplantdag op 4 September! *or* Herinnering!! Boomplantdag. 4 September.

Exercise 6: 1 wat, **2** waarmee, **3** met wie, **4** wat, **5** aan wie, **6** waarin, **7** wie se, **8** wat, **9** van wie, **10** waarop

Exercise 7: 1 Sannie het 'n brief van Piet wat in die Kalahari is gekry. **2** Xai eet sprinkane waarvan Piet nie hou nie. **3** Dié boom is 'n Van Wykshout wat die boom van die jaar is. **4** Hier is die materiaal waarvan jy jou rok kan maak. **5** Daar is Xai se oupa aan wie die pyl en boog behoort. **6** Vanaand is die laaste aand van Diwali wat 'n Hindu fees is. **7** Greenpoint is die stadium waarin die Kaapse Klopse kompetisie gehou. **8** Tweede Nuwejaar is dié dag waarop die Kaapse Klopse gehou word.

Unit 6
Exercise 1: 1 Bokke geklop! **2** Fluitjie blaas op Bokke **3** Leeus bars deur **4** Pale te hoog vir Bokke **5** Leeus staan rotsvas **6** Bokke sweet; Leeus juig

Exercise 2: 1 juigende **2** juigend **3** verdowend **4** verdowende **5** blitsvinnige **6** blitsvinnig **7** maklik **8** maklike

Exercise 3: sterkste; sterker; moeg; lang; moegste; vêrste; meeste; beter; mees opgewonde

Exercise 4: The marathon stands as a symbol of humankind's capacity to overcome/conquer. That is what is meant by 'The Spirit of the Comrades'.

Exercise 5: wêreldberoemde; Comrades; Eerste; swaar; aaklige; duisende; albei; psigies; openbare; 34; een; volgende; omtrent; negentig; lank

Exercise 6: 1 propvol **2** so slim soos 'n jakkals **3** yskoud **4** spotgoedkoop **5** wêreldberoemd **6** so lig soos 'n veer **7** so siek soos 'n hond **8** skatryk *or* peperduur

Unit 7
Exercise 1: 1 hy **2** u/jy **3** se ... se **4** hulle **5** hom **6** s'n ... s'n **7** hom **8** sy **9** u **10** haar ... sy

Exercise 2: 1 is **2** sal ... wees **3** is **4** was **5** was

Exercise 3: 1 agtuur nm **2** halfsewe vm **3** twee-en-twintig minute na een nm **4** sewe minute oor nege vm **5** drie-uur vm.

Exercise 4: 1 Xai het vir Piet gewys dat die tsamma vol water is. Xai en Piet het die water gedrink en Piet het uitgevind dat die vloeistof wel soos water smaak. Terwyl hulle gesit het, het Xai vir Piet vertel van hoe sy Oupa gejag het en agter die springbokke aangetrek het. Xai het gesê dat die San nie meer mag jag nie en nou op een plek moet bly. Sy oupa se pyl en boog het nou teen die muur in hulle baksteen huisie gehang. Xai het baie treurig gevoel omdat die ou dae verby was. Piet het hom baie jammer gekry. **2** Mnr. en mev. Smit sal aan die Comrades deelneem. Hulle sal seker maak dat hulle die regte kos eet en sal elke dag tien kilometer vêr hardloop. Hulle sal piesangs, heuning, druiwe, wortels en heuning eet, omdat dié kossoorte almal vol vitamines is. Om hulle liggame op te bou en te verseker dat hulle energie het, sal hulle ook aartappels, rys en witbrood eet. Hulle sal ook baie melk drink. Die kinders sal saam met hulle ouers eet, want dit is alles gesonde kos.

Exercise 5: 1 a hemp/hemde **b** trui/e **c** kous/e **d** pak/ke **e** baadjie/s **f** jas/te **g** sambreel/s/sambrele **h** rok/ke **i** romp/e **j** steuwel/s **k** bloes/e **l** das/se **m** onderrok/ke **n** gordel/s **o** onderbroek/e **2** Umhlanga four-bedroomed home with two and a half bathrooms, dining room, lounge, family-/TV room. New kitchen with separate laundry. Double garage. Large garden with barbecue area and swimming pool. One million, two hundred thousand Rand.

Exercise 6: 1 Elke jaar vind Boomplantdag in September plaas. **2** Op die kantlyn gedurende die voetbalwedstryd is twee toeskouers ernstig beseer. **3** Met vernuf het Kallis vanoggend die bal sewe maal hoog oor die grens geslaan. **4** Adderleystraat af, beweeg die Kaapse Klopse parade elke jaar, Strandstraat in, die bult oor, tot by die Greenpoint stadium. **5** By die Diwali feesvierings is daar elke jaar smaaklike kos, baie kerse en vuurwerke te siene. **6** Voor 1996 was dit nie moontlik om te weet hoe vinnig 'n bouler boul nie. In daardie jaar is die handige "Speed Stick" deur 'n Suid-Afrikaanse maatskappy gevestig in Stellenbosch ontwerp en getoets.

Exercise 7: 1 Hoe is jou naam? **2** Hoe gaan dit met jou? **3** Wanneer gaan jy huis toe? **4** Hoe laat is dit? **5** Waar woon jy? **6** Van watter stad kom jy? **7** Die hoeveelste is dit vandag? **8** Wat lees jy?

Exercise 8: **1** die **2** die **3** 'n **4** die **5** 'n **6** 'n **7** Die **8** die

Exercise 9: **1 a** Gert is the man who won the race. **b** Marie is the woman whom Gert married. **c** It is Xai's grandfather whose bow and arrow it is. **d** The Khalagadi is the land which was called the Kalahari by the whites. **e** The coffee which they drank was very bitter. **f** The bed on which I am lying is too soft. **g** The room in which they watch TV is very hot/warm. **h** This is the pen with which I wrote the book. **2 a** Die Parkeraad voorsien die bome wat Boomplantdag geplant word. **b** Piet hou nie van die sprinkane wat Xai eet nie. **c** Dié boom is 'n Van Wykshout waarvan ek jou vertel het. **d** Hier is die graaf waarmee jy die gat kan maak. **e** Daar is Xai se pa aan wie die baksteenhuis behoort. **f** Vanaand is die Kaapse Klopse kompetisie wat die hele nag aanhou. **g** Greenpoint is die stadium waarin die Kaapse Klopse kompetisie gehou word. **h** Die Bokke se skoppe pale toe wat skeef was, het hulle die wedstryd laat verloor.

Exercise 10: honderde; grys; helderblou; grasgroene; vuurwarme; sneeuwitte; groot; stokarm/brandarm; doodbang; bloedrooi; aaklige; waarskuwende

Unit 8

Exercise 1: **1** Vlug BA 234 vanaf Londen en Vlug SAA 345 vanaf Durban **2** mnr. Smit **3** By bagasie-ontvangs B **4** Vlug SAA 598 **5** vanaf Kimberley **6** Hek Sewentien **7** Na die stad **8** In die verversingsarea

Exercise 2: **1** Hoe laat **2** kort-kort **3** meer gretig **4** vroeër **5** selde **6** waar **7** soggens **8** toe **9** laaste **10** betyds

Exercise 3: We hope you have enjoyed your breakfast. We will be landing at Johannesburg International at 10h20. Johannesburg (or *Egoli*, the city of gold, as it is known in isiZulu) is the largest city in South Africa and its business centre. It is a most cosmopolitan city and overseas visitors soon find themselves at home. It is also said to be the most 'treed' city in the world, so you will find shade under the African sun. Enjoy!

Exercise 4: **1** Die toeris sal môre-aand om agtuur (*or* om agtuur môre-aand) met sy koffer vol klere stasie toe stap om die trein te haal. **2** Die passasiers het onmiddellik hul bagasie gaan afhaal en toe lekker verversings gaan eet.

Exercise 5: **1** Is jy getroud? **2** Het jy kinders? **3** Hoeveel kinders het jy? **4** Het jy afhanklikes? **5** Is jou kinders skoolgangers. **6** Is jy 'n huiseienaar? **7** Watter werk doen jy? **8** Wie is jou werkgewer? **9** Is jy 'n pensioentrekker?

Exercise 6: 1 Ja, ek is getroud./Nee, ek is nie getroud nie. **2** Ja, ek het kinders./Nee, ek het nie kinders nie. **3** Ek het X kinders. **4** Ja, ek het afhanklikes./Nee, ek het nie afhanklikes nie. **5** Ja, my kinders is skoolgangers./Nee, my kinders is nie skoolgangers nie. **6** Ja, ek is 'n huiseienaar./Nee, ek is nie 'n huiseienaar nie. **7** Ek is 'n X. **8** My werkgewer is X. **9** Ja, ek is 'n pensioentrekker./Nee, ek is nie 'n pensioentrekker nie.

Exercise 7: Tourist: Excuse me, madam. How can I get into the city? Receptionist: The easiest would be for you to go and stand in the queue at that window which says 'Tickets' and to buy a ticket. Do you want to come back to the hotel? Tourist: Yes, please. Receptionist: Then you must ask for a return ticket to town. It will cost R5. Remember that the last bus leaves the bus stop in Market Square at 22h00. It is the same place at which you will get off. Tourist: That's a bit early! Receptionist: Then you should rather buy a single ticket and hire a taxi to come back. Here is the number of the taxi company which serves the hotel. Tourist: Thank you very much. I appreciate your help. Receptionist: You're welcome. Enjoy your day.

Exercise 8: 1 No, there are not only toll roads on the main routes/national roads. **2** The country roads are sometimes not tarred. **3** You can get petrol and something to eat along the road at the fuel stations. **4** You must not brake sharply on gravel/rough roads. **5** A hump can damage the underside of the motor car. **6** After rains there may be potholes, pools of water, corrugations, and the roads may be slippery. **7** The South African road safety campaign is called 'Arrive Alive'.

Unit 9

Exercise 1: Goeienaand; Welkom; Dankie. Hoe gaan dit met jou?; Goed, dankie en met jou?; waar julle kamers is. Petra jy is hier en Rachél jy is oorkant die gang; Baie, dankie; koffers; kom drink 'n bietjie koffie; Dit sal lekker wees. Dankie; Ons sal nou-nou daar wees.

Exercise 2: Suid-Afrika is **nie** 'n koue reënerige land **nie**. Dis **nie** 'n klein land wat **nog net** 'n honderd jaar vry is **nie**. Jy sal **nêrens** in die bos tiers teëkom **nie**. Suid-Afrika is **nie** 'n land van dodo's en paradysvoëls **nie**. **Nie** net Indiërs woon in Suid-Afrika **nie** en **nie** al hulle dorpe en stede is aan die kus **nie**. **Niemand** sal vir jou kan reël om in die woestyn te toer **nie**. Jy sal daar **nêrens** vervoer kan kry **nie**.

Exercise 3: MEMO – HUISORDE · **rook en sterk drank word nie in die kamers toegelaat nie** · **tydskrifte mag nie weggedra**

word nie · sleutels moet nie (moenie) in u deure gelos word nie · partytjies word nie in u kamers toegelaat nie · onderklere moet nie (moenie) in die kamers gewas word nie

Exercise 4: 1 Om 'n taxi te bestel. 2 Haar 'n luitjie gee. 3 Sy wil na Dick luister. 4 Die beheer-sentrum 5 Om hulle deur te skakel na hom.

Exercise 5: 1 alles 2 almal 3 al 4 alles 5 alle 6 alles 7 al 8 al 9 al 10 almal

Exercise 6: Inligting vir gaste · Skakel asseblief u ligte af wanneer u u kamer verlaat. · Neem asseblief u sleutels saam wanneer u u kamer verlaat. · Sluit asseblief u kamer deur. · Plaas asseblief jou ontbytbestelling teen 18h00 die vorige aand. · Tee en koffie is teen alle tye beskikbaar in die eetkamer · Televisie is beskikbaar in die sitkamer. Geniet dit!

Unit 10

Exercise 1: Sale 50% off all goods Gold and silver goods and diamonds at discount prices. Available to tourists GST/VAT free. Annual sale. Don't miss it!!

Exercise 2: 1 nadat 2 of 3 wanneer 4 toe 5 en

Exercise 3: 1 Jy moet skoene aantrek want daar is slange in die veld. 2 Die Hindus gebruik baie kerse gedurende Diwali omdat dit die "Fees van Ligte" is. 3 Piet het vroeg gekom aangesien hy sy padda graag wou opsny. 4 Die rugbywedstryd sal gespeel word alhoewel dit baie hard gereën het. 5 Jy sal nou moet ry as jy jou inkopies wil doen voordat die winkels sluit. 6 Die werkers sal eers gate maak; dan sal die bome geplant word. 7 Die maatskappy het die bome gekoop; toe het die werkers hulle geplant. 8 Hulle het gaan draf nadat hulle klaar die huis skoongemaak het.

Exercise 4: The easiest food to take with you is fruit, potatoes and meat. Drinks like fruit juice, coffee, tea and milk are also important. Ensure that you have water. For breakfast, either porridge or cereal are the easiest. Braai (barbecue) enough meat each evening to eat cold the next day for lunch. You can eat bread and hardboiled eggs and tomatoes with the cold braai (barbecue). Don't forget butter and salt or wood and matches!

Exercise 5: vrugte – *fruit*, aartappels – *potatoes*, vleis – *meat*, vrugtesap – *fruit juice*, koffie – *coffee*, tee – *tea*, melk – *milk*, water – *water*, pap – *porridge*, graankos – *cereal*, vleis – *meat*, brood – *bread*, eiers – *eggs*, tamaties – *tomatoes*, botter – *butter*, suiker – *sugar*, sout – *salt*, houd – *wood*, vuurhoutjies – *matches*

Exercise 6: Beste Sarie, Hoe gaan dit met jou? Ons geniet ons, maar dit is koud hier. Ek het dus my rooi trui en my swart jas nodig. Ek het ook kouse/sokkies en 'n sweetpak nodig. Stuur hulle asseblief vir my. Groete, Robin.

Exercise 7: 1 Die lugdiens het hulle nie laat weet waarom die vlug gister gekanselleer is nie. 2 Die lugdiens het hulle laat weet voordat die vlug gister gekanselleer is. 3 Die lugdiens moes hulle laat weet omdat die vlug gekanselleer is. 4 Die werkgewers het hulle werkers 'n vakansiedag gegee aangesien hulle almal dié jaar hard gewerk het. 5 Die skool bring hulle leerlinge Suid-Afrika toe sodra die somervakansie Juliemaand begin.

Exercise 8: 1 Waarom die vlug gister gekanselleer is, het die lugdiens hulle nie laat weet nie. 2 Voordat die vlug gister gekanselleer is, het die lugdiens hulle laat weet. 3 Omdat die vlug gekanselleer is, moes die lugdiens hulle laat weet. 4 Aangesien hulle almal dié jaar hard gewerk het, het die werkgewers hulle werkers 'n vakansiedag gegee. 5 Sodra die somervakansie Juliemaand begin, bring die skool hulle leerlinge Suid-Afrika toe.

Unit 11

Exercise 1: Excuse me, sir. Can you help us? Our hire car has a flat tyre and there is no jack in the boot. We also do not have a spare as it is also flat.

Exercise 2: 1 gedurende 2 u by voorbaad dank 3 aan jou dink 4 om drie-uur 5 deur geloop 6 verlang na die huis 7 in vergelyking met 8 praat met

Exercise 3: 1 oor 2 in 3 onder 4 in 5 teen 6 langs 7 na 8 oorkant

Exercise 4: 1 Die maatskappy het al die bome afgekap. 2 Die maatskappy sal al die bome afkap. 3 Die maatskap kap al die bome af. 4 Die leeus jaag die bokkies weg. 5 Die leeus sal die bokkies wegjaag. 6 Die leeus het die bokkies weggejaag. 7 Die hondjie is deur die bus omgery. 8 Die hondjie word deur die bus omgery. 9 Die hondjie sal deur die bus omgery word. 10 Die passasiers het by die bushalte opgeklim. 11 Die passasiers klim by die bushalte op. 12 Die passasiers sal by die bushalte opklim.

Exercise 5: 1 agter 2 na 3 na 4 by 5 by 6 na 7 by 8 agter

Exercise 6: 1 in 2 uit 3 in 4 om 5 om 6 toe 7 met 8 om 9 na 10 oor 11 van 12 van

Exercise 7: Die Minister van Gesondheid wil nie hê dokters moet medisyne aan pasiente voorsien nie. Ja, maar die dokters sê dat die arme pasiënt gaan lei, want hulle het nie geld om apteek toe te ry nie. Die Minister sê dat dokters dan 'n lisensie moet kry om medisyne te voorsien. Dokters verwerp die Minister se posisie en sê hulle sal aanhou om die siekes van medisyne te voorsien. *The Minister of Health does not want doctors to supply patients with medicine. Yes, but doctors say poorer patients will suffer, as they do not have the money to travel to chemists. The Minister says that doctors must get a licence to supply medicines. Doctors are rejecting the Minister's position and say they will continue to supply medicines to the sick.*

Unit 12

Exercise 1: Big Hole gives diamonds again. Tonight an English tourist is laughing. After nearly 80 years the Big Hole has again delivered its treasure. The tourist had been standing against the barricade where so many have committed suicide. When she turned to leave, she stubbed her toe against something. When she looked to see what it was, she saw what she thought was a round piece of glass. When she pulled it out of the ground, she saw that it was not glass but a shiny stone. At reception officials confirmed that it was a diamond. Officials say that the company will indeed give the tourist a portion of the value of the diamond once the value has been determined/established.

Exercise 2: 1 Sutherland sal dié naweek koud wees 2 Die toeris sal deel van die waarde van die diamant ontvang. 3 Die Groot Gat was 'n diamant skat. 4 Die sterrewag was vir 'n week oop. 5 Die sterrekundiges het 'n nuwe sterre gevind. 6 Die polisie het die dronklap gearresteer. 7 Die middelmannetjie sal jou motor beskadig. 8 Na die reën sal die paaie vol slaggate wees.

Exercise 3: 1 The nurses are busy with the patient. 2 Sarel is reading while Petro is baking a cake. 3 The lions are chasing the buck, because they are hungry. 4 It is raining so hard that the streets are running with water. 5 I can do it myself if you only show me how. 6 We are playing cricket today against the West Indies.

Exercise 4: 1 Piet en Sannie **het** hulle huiswerk **gedoen** sodat hulle **later** TV **kon** kyk. 2 Die motoriste **moes** almal versigtig ry, want na die stormreën **was** daar in **daardie** omgewing sinkplaatpaaie. 3 As hy genoeg geld **gehad** het, **sou** hy ook Suid-Afrika toe **wou** kom. 4 Di en Mary **wou** graag **daardie** naweek hulle hare laat sny terwyl Dick 'n motor gaan huur **het**. **5** Die bokkies **kon** nie van die leeus wegkom nie. **6** Ons **sou** eers Durban toe **wou** gaan en dan na die Kaap. **7** As sy nie **gister** die kompetisie **gewen het** nie, **sou** sy self **moes** betaal vir die toer. **8** Die polisie **sou** die toeskouers by die voetbalwedstryd onder beheer **moes** hou.

Exercise 5: Oudtshoorn: Little Karoo town, known for ostriches and the Cango Caves. Farming with ostriches mainly for meat and hides. Best known for Cango Caves with their San paintings and stalactites, stalagmites and helictites. Tours available. Regular music concerts held. Tickets at the entrance.

Exercise 6: 1 hangende **2** staande **3** soekende **4** besoekende **5** lopende **6** stormende **7** laggende **8** skoppende

Exercise 7: 1 dooie, begrawe **2** bedorwe **3** insittendes, gelag, gesels **4** gebraaide **5** verlate **6** verdagte, verskyn **7** afgekapte, gebruik

Exercise 8: 1 geleerd **2** beskerm **3** vermoeiend **4** gedane **5** verbaas **6** verbonde **7** bekommerd **8** gestorwe

Exercise 9: 1 Bel my, asseblief. **2** Sit! **3** Bly stil! **4** Maak asseblief die deur toe. **5** Draai asseblief die musiek sagter. **6** Sit die boek neer!

Unit 13

Exercise 1: groter, grootste; seerder, seerste; leliker, lelikste; meer, meeste; moeër, moegste; dunner, dunste; leeg, leeg; mooier, mooiste; dood, dood; goedkoper, goedkoopste

Exercise 2: adverbs: baie (*degree*), veel (*degree*), lekker (*manner*), snags (*time*); adjectives: groot, koeler, warm, woestynagtig, tropies, koud

Exercise 3: 1 Met wie gaan jy toer? **2** Wanneer hou die Indiërs Diwali? **3** Wat kan jy by die juwelier kry? **4** Waar kan jy sosaties en wors kry? **5** Hoekom moes Dick na die uitruster gaan? **6** Wie het Di die inspuiting gegee?

Exercise 4: 1 Waarvandaan kom jy? **2** Hoe is jou naam? **3** Waar bly jy? **4** Wanneer het jy (aan)gekom? **5** Hoe laat is ontbyt?

Exercise 5: a *Can you tell me where the station is?* Nee, ek kan jou nie sê waar die stasie is nie. **b** *Is this the bus to the Castle?* Nee, dit is nie die bus na die Kasteel toe nie. **c** *Will the doctor be able to see me now?* Nee, die dokter sal jou nie nou kan sien nie. **d** *Did the bluebottle sting you?* Nee, die bl001blasie het my nie gesteek nie. **e** *Must we buy bread, milk and fruit for breakfast?* Nee, julle moet nie (moenie) brood, melk en vrugte koop vir ontbyt nie.

Exercise 6: **1** Omdat Di siek was, het ons ons kaartjies weggegee. **2** Na die groot brand, was Ongevalle baie besig. **3** Sodra hy en Xai weer in die dorp is, sal Piet huis toe skryf. **4** Wanneer die pasiënt ingelaai is, sal die ambulans onmiddellik vertrek. **5** Nadat hulle vir twaalf ure gesukkel het, het die brandweer die vuur geblus.

Exercise 7: **1** Die boom **wat** baie groot is, is 'n kremetartboom. **2** Dit is die rots **waarop** ons gestaan het. **3** Xai is die San seun **by wie** Piet gaan kuier het. **4** Dit is die noodnommer **wat** jy moet bel. **5** Hulle wil weet waar hy gaan toer **wanneer** hy volgende week aankom. **6** Ons sal die straatteater gaan kyk; **dan** sal ons shebeen toe gaan.

Exercise 8: **1** Niemand sal jou help met die toets nie. **2** Nóg Di nóg Mary sal die inkopies gaan doen nie. **3** Die jakkals het nog nie 'n bokkie gevang nie. **4** Jy moet nie / moenie die medisyne alles op een dag opdrink nie. **5** Daar is nêrens op die pad 'n piekniekplek nie. **6** Die teerpad het nie baie slaggate nie.

Exercise 9: **1** met **2** te ... aan **3** tot **4** in(geskied) **5** langs, toe **6** met **7** na

Exercise 10: **1** Di het agtergebly want sy is siek. **2** Die bokkies hardloop van die leeus weg. **3** In die warm weer sal ons baie koeldrank opgebruik. **4** Die gaste moet hulle kamerligte afskakel as hulle vertrek. **5** Omdat hulle 'n papwiel gehad het, het hulle dit afgehaal.

Exercise 11: **1** Wanneer kom jy Suid-Afrika toe? **2** Die toeriste gaan Maandag Kimberley toe. **3** Die San woon nou in dorpies. **4** 'n Musiekkonsert is verlede Saterdag in die Kango Grotte gehou. **5** Omdat daar geen reën was nie, sal Boomplantdag nou op 20 November wees. **6** Al die kinders het die vuurwerke geniet. **7** Die familie het almal na Ouma se verjaarsdagmidagete gegaan. **8** Die pad sal weer om sewe-uur n.m. oop wees.

Exercise 12: **1** glinsterende **2** vermoeiend **3** eerskomende **4** uitputtend **5** bevrore **6** gevries **7** gestrykte, weggepak

Exercise 13: **1 a** Please come in. **b** Put your suitcases here. **c** Meet passengers in the Arrivals Hall. **d** Switch the lights off when you leave. **e** Mobile phones may not be used in the bank. **2 a** Volg my, asseblief. **b** Draai die musiek sagter. **c** Bly stil! **d** Help my, asseblief. **e** Klim in die bad!

Unit 14

Exercise 1: food: sosatie, bobotie, waterblommetjiebredie, roosterkoek/-brood, vetkoek, biltong; industries: wyn, wol, sybokhaar, meubels, juweliersware, graskuns/grashandwerk

Exercise 2: The food which my people eat is known as Malay food. Stews, grilled meat and boiled/cooked vegetables are eaten often. There is a lot of pepper and herbs in the food. Large rissoles/meatballs are eaten with yellow rice and beetroot salad. With curries, sour milk and orange slices/wedges are eaten. Malay foods, which many South Africans like and which are now considered to be traditional South African food, are sosaties and bobotie. All meat is bought from a Muslim butcher who prepares it in a special way – in much the same way as that in which the meat that Jews eat, is prepared. Muslims, also like the Jews, do not eat pork. Muslims also do not drink alcohol.

Exercise 3: 1 Die passasiers word deur die vlieënier van Johannesburg vertel. 2 Baie kerse is deur Asha en haar dogters opgesteek vir Diwali. 3 Sal die slang deur die sekretarisvoël gevang word? 4 Die sprinkane is deur Jan oor die kole gebraai. 5 Bobotie word deur die Maleiers van oorskot vleis, eiers, brood en melk gemaak. 6 Die toeriste sal deur die toergids deur die Bo-Kaap gelei word om die Groot Moskee te gaan besoek. 7 Is die bome vir Boomplantdag deur die maatskappy bestel? 8 Sommige voëls word deur die wet beskerm, anders roei mense hulle uit. 9 Toe die son ondergegaan het, is die vuur deur ons gemaak. 10 Die luiperd wat beseer is sal deur die jagter geskiet moet word.

Exercise 4: 1 Is the aircraft/aeroplane expected? 2 When you have finished eating, the table must be cleared. 3 After the peaches have been picked, they are packed for export. 4 The maize/mealie fields will be eaten by the locusts. 5 During the flu epidemic all the tourists were given medicine. 6 The teapot is warmed first before the tea is made.

Exercise 5: 1 Is [someone] expecting the aircraft/aeroplane? 2 When you have finished eating, you must clear the table. 3 After [someone] has picked the peaches, [someone] packs them for export. 4 The locusts will eat the maize/mealie fields. 5 During the flu epidemic, [someone] gives all the tourists medicine. 6 [Someone] warms the teapot first before making the tea.

Exercise 6: **1** Die klas het paddas opgesny. **2** Die vuur is deur mnr. Smit gemaak. **3** Die marathon sal hierdie jaar na Durban toe gehardloop word. **4** Die werkers is deur die besigheid 'n vakansie gegee. **5** Nuwejaarsdag val volgende jaar op 'n Dinsdag. **6** Worsrolletjies is deur al die kinders geëet. **7** Meneer and Mevrou Smit sal wyn drink saam met hulle kos. **8** Roomysmelk sal vir Piet en Sannie bestel word.

Unit 15

Exercise 1: Vuyo: Welcome, Suné. Tell us a bit about the preparations for the KKNK festival – Klein-Karoo National Festival – which takes place in March. Suné: Morning, Vuyo. Thank you very much for the invitation. As you say, this year the Festival is being held in March. We always have the Festival during the Easter holidays so that parents and their children can attend it together. Vuyo: What is there for family members to see and do? Can you satisfy everyone? Suné: Yes, I think so. On the one hand, there is serious classical music, dramas and fine arts, and, on the other, there are pop bands, street theatre, graffiti exhibitions, and so on. There is also lots to eat and drink, and wonderful clothes to buy. Vuyo: How did the KKNK come about? Suné: The 40-year success of the National Arts Festival in Grahamstown which celebrates the 1820 British Settlers led to a group of our big-name Afrikaans performers being encouraged to organize a similar festival which would celebrate Afrikaans culture. Now the KKNK even attracts productions that attend the Grahamstown Festival. Everyone who is proud of Afrikaans as a language and culture comes to the festival to sing, to produce, to eat – to get together. Vuyo: Is there no competition between the two festivals? Suné: No, there is not, because, although some of the productions and exhibitions attend both festivals, and although there is an overlap of generic art types, there is not an overlap of cultural focus. Both festivals are wonderful platforms for new talent and both festivals present multilingual productions. Vuyo: Thank you, Suné, for coming to enlighten/inform us. I hope the KKNK is a wonderful success. All the best!

Exercise 2: Suné antwoord: "Ja, ek dink so. Aan die een kant, is daar die meer ernstige klassieke musiek, dramas en beeldende kunste, en aan die ander, is daar poporkeste, straatteater, graffiti-uitstallings ensomeer. Daar is natuurlik ook baie om te eet en drink, en wonderlike klere om te koop." Vuyo vra: "Hoe het die KKNK tot stand gekom?" Suné vertel: "Die veertigjaarige sukses van die Nasionale Kunstefees in Grahamstad wat die

1820 Britse Setlaars herdenk, het daartoe gelei dat van ons groot Afrikaanse kunstenaars aangemoedig is om 'n soortgelyke fees wat Afrikaner kultuur sou feesvier, te organiseer. Nou lok die KKNK selfs opvoerings wat ook by die Grahamstadfees opgevoer word. Almal wat trots is op Afrikaans as taal en kultuur kom fees toe om te sing, om op te voer, om te eet – om saam te span." Vuyo sê: "Is daar nie kompetisie tussen die twee feeste nie?" Suné verduidelik: "Nee, daar is nie, want, alhoewel sommige van die opvoerings en uitstallings beide feeste bywoon, en alhoewel daar 'n oorvleueling is van generiese kunstipes, is daar nie 'n oorvleueling van kulturele fokus nie. Beide feeste is 'n wonderlike platform vir nuwe talent en albei feeste bied veeltalige opvoerings aan." Vuyo sê: "Dankie, Suné, dat jy ons kom inlig het. Ek hoop die KKNK is 'n wonderlike sukses. Sterkte!"

Exercise 3: Vuso vra: "Sal daar beide klassieke en popmusiek konserte by die KKNK wees?" "Ja," antwoord Suné. "Daar is musiek vir almal en nie net bekende orkeste nie, maar ook nuwe orkeste uit al die verskillende kulture." Vuyo sê: "Dit is die wonder van musiek. Dit kruis oor alle tale en kulture." Suné vertel: "Baie van die nuwe orkeste kry besprekings vir na die fees, sodat die fees gereeld die begin van nuwe loopbane is."

Exercise 4:

3 February 2004.

The Principal,
Chelsea Sixth Form College,
177 Westville Avenue,
Chelsea
London
SW1.

Dear Mr Windsor,

Thank you for your letter. Festivals are held throughout the year all over the country, but most fall during the school holidays.

The two big arts festivals are held in Oudtshoorn and Grahamstown in March/April and June/July, respectively. Music festivals are held in April, June and October in Cape Town, Pretoria and Bloemfontein, respectively. Sea fests take place in Durban, Port Elizabeth, Cape Town, East London, Knysna, Plettenberg Bay, Mossel Bay and Hermanus in the summer months – from late August to the end of April.

Accommodation is available in all the towns and cities and bookings can usually be made directly through the festival organizations.

You can choose the festivals you wish to attend by looking on the Suid-Afrika Beste web page: <www.suid-afrikabeste.co.za>, where you can also make bookings.

If we can assist you further, you can contact us by telephone, fax or e-mail.

Yours faithfully,

L.E. McDermott

Exercise 5: Suné sê môre vir Vuyo en bedank hom vir sy uitnodiging. Sy sê dat soos hy sê, die fees hierdie jaar in Maartmaand gehou word. Sy verduidelik verder dat hulle die fees altyd gedurende die Paasvakansie hou sodat ouers en hulle kinders dit saam kan bywoon. Vuyo vra wat daar is vir die gesinslede om te sien en doen en of hulle almal sal kan tevrede stel. Suné antwoord dat sy so dink, want, aan die een kant, is daar die meer ernstige klassieke musiek, dramas en beeldende kunste, en aan die ander, is daar poporkeste, straatteater, graffiti-uitstallings ensomeer. Sy sê ook dat daar natuurlik ook baie is om te eet en drink, en dat daar wonderlike klere is om te koop.

Exercise 6: Vuyo het gevra hoe die KKNK tot stand gekom het. Suné het verduidelik dat die veertigjaarige sukses van die Nasionale Kunstefees in Grahamstad wat die 1820 Britse Setlaars herdenk, daartoe gelei het dat van hulle groot Afrikaanse kunstenaars aangemoedig was om 'n soortgelyke fees wat Afrikaner kultuur sou feesvier, te organiseer. Sy het gesê dat die KKNK nou selfs opvoerings wat ook by die Grahamstadfees opgevoer word lok, en gesê dat almal wat trots is op Afrikaans as taal en kultuur fees toe kom om te sing, om op te voer, om te eet – om saam te span.

Unit 16
Exercise 1: 1 Die toer sou plaasvind sodra die toergids teruggekom het. 2 Nadat hulle die papwiel reggemaak het, is die toer voortgesit. 3 Mev. Ntuli het die hele toergroep gehuisves. 4 As julle met die juwelier onderhandel het, sou hy 'n paar Rand afgetrek het. 5 Die bus het in Hermanus stilgehou sodat almal die walvisse kon dophou. 6 Kaptein Bruinders moes oornag vis om genoeg vis te vang vir die mark. 7 Nadat die spelers hulle oorwinning geseëvier het, het hulle teruggekeer na die hotel.

Exercise 2: South Africa's game and nature reserves are deservedly well known. They are generally some of the few in Africa in which you are virtually guaranteed to see the sought-after 'Big Five'. The map below shows the national reserves. There are also many smaller private parks, but these do not always have the 'Big Five'.

The Kruger National Park is probably the best known of South Africa's game reserves. It is the oldest park in South Africa and the biggest. In recent years, transnational parks like the Kalagadi, have been set up. These allow animals to cross now-unfenced national borders and thus allow them to use their traditional migration routes unhindered.

Exercise 3: Nature conservation is very important in South Africa. Although there are not as many animals as there were before the colonial period, there are still many in South Africa. This country protects the last great herds of white and black rhinoceroses in Africa. Elephant herds are on the increase, which could become a problem if the the herds become bigger than the available land can support.

Lions, leopards, cheetahs, buffalo, gnus, hippopotamuses, giraffes, zebras, jackals, hyenas are all abundant. There is a wide variety of buck and also amusing animals like vervet monkeys, baboons, porcupines and the warthog – surely the most beautifully ugly animal on earth.

Exercise 4: miertjie, dekentjie, balletjie, sprinkaantjie, slangetjie, pampoentjie, saadjie, ertjietjie, aartappeltjie, seuntjie, skoentjie, mandjietjie, rondetjie, boekie, dammetjie, renostertjie, meisietjie, kettinkie, voëltjie, paadjie, kersie, blommetjie, perdjie, spelertjie, maantjie, bokkie, gaatjie, sagie, leeutjie, lammertjie, luiperdjie, woninkie, klippie, piesankie, dogtertjie, toertjie, boompie, lampie, druiwetjie, wieletjie

Unit 17

Exercise 1: 1 Die vlieënier het die passasiers van Johannesburg vertel. 2 Asha en haar dogters het baie kerse vir Diwali opgesteek. 3 Sal die slang deur die sekretarisvoël gevang word? 4 Xai het die sprinkane oor die kole gebraai. 5 Die Maleiers maak bobotie van oorskot vleis, eiers, brood en melk. 6 Die toergids sal die toeriste deur die Bo-Kaap lei om die Groot Moskee te gaan besoek. 7 Het die maatskappy die bome vir Boomplantdag bestel? 8 Die wet beskerm sommige voëls, anders roei mense hulle uit. 9 Toe die son ondergegaan het, het ons die vuur gemaak. 10 Die jagter sal die luiperd wat beseer is, moet skiet.

Exercise 2: 1 The passengers were told about Johannesburg by the pilot. 2 Many candles were lit by Asha and her daughters for Diwali. 3 Will the snake be caught by the secretary-bird? 4 The locusts were braaied (grilled) over the coals by Xai. 5 Bobotie is made of leftover meat, eggs, bread and milk by the Malays. 6 The tourists will be guided through the Bo-Kaap by the tour guide to visit the Great Mosque. 7 Were the trees for Arbor Day ordered by the company? 8 Some birds are protected under the law, otherwise people would eradicate them. 9 When the sun set, the fire was made by us. 10 The leopard that is injured will have to be shot by the hunter.

Exercise 3: 1 Daar is by die watergat deur die diere saamgekom. 2 Die wit renosters is deur die Umfoloziwildreservaat gered. 3 Al sy gewildste musiek sal deur die orkes by die fees gespeel word. 4 Gedurende die winter en lente sal daar deur die walvisse geboorte gegee word. 5 Baie takke word deur die olifante van die bome afgebreek. 6 Die gompou sal deur die voëlkykers in die woestyn gesoek word. 7 Die wynfees word deur die Nederburgmaatskappy in die Pêrel gehou. 8 Daar word deur die krimpvarkie soos 'n balletjie opgerol as hy bang is. 9 Die penne van ystervarke kan deur ons gebruik word as ink-penne. 10 Miere word in die nag deur aardvarke gesoek om te eet.

Exercise 4: 1 Die bok is deur die luiperd bo in 'n boom geëet. 2 Die swart renoster trek blare van bome en struike af. 3 Gras word deur wit renosters en sebras geëet. 4 Seekoeie volg paadjies onder die water. 5 Baie olifante en renosters is deur wilddiewe doodgemaak. 6 Natuurbewaring het nou al lank roofvoëls beskerm. 7 Die bome van die jaar is te vinde op die web-bladsy. 8 Klein diere word in die nag deur die aardwolf gejag. 9 Teen die einde van die winter was daar twintig duisend besoekers by Mkuzewildreservaat. 10 Vleie word deur olifante, renosters en vlakvarke as badkamers gebruik!

Exercise 5: Die gids verduidelik aan die toeriste: "Wit renosters eet gras, maar swart renosters eet blare en takke." Hy het ook gesê: "Hulle monde verskil dus van mekaar. Die wit renoster het 'n groot, wye bek en die swart renoster 'n lang, skerp bek. Wit renosters loop gewoonlik in familiegroepe in die oop veld saam, maar swart renosters loop alleen in die ruigtes." Die gids vra: "Het enige iemand 'n vraag?"

Exercise 6: Di sê hulle moet daar bo kyk. Sy verduidelik dat daar ses leeus loop! Die ander toeriste wat wou weet waar. Di het gewys waar – by die groot rots. Die seuntjie vra of hulle nie wonderlik is nie. Hy sê hy wens hy kan aan hulle vat! Die gids waarsku hom dat dit baie gevaarlik sou wees omdat hulle hom sou doodmaak! Die seuntjie antwoord dat hy dit weet, maar dat hy tog wens hy kan.

Exercise 7: 1 Die sebras hardloop weg van die leeus wat hulle agtervolg. 2 Sy het geglimlag toe die blomme aan haar afgelewer is. 3 Die hotel het nie die hele groep gehuisves nie en ses van hulle het oornag by 'n B en B. 4 As jy haar raadpleeg moet jy aanvaar wat sy sê. 5 Die skoolhoof het die wenners gelukgewens toe hulle hulle oorwinning geseëvier het. 6 Natuurbewaring het die renosters se dood ondersoek en onderneem om die wilddiewe te vang. 7 Die nuwe pad deur die reservaat is goedgekeur nadat almal goed oor die plan gedink het. 8 Toe sy hoor die fees vind plaas, het sy gesê sy wil saamgaan.

Exercise 8: 1 boerebeskuit 2 byekorf 3 hongersnood 4 modewinkel 5 pottebakker 6 veearts 7 krimpvarkie 8 platteland 9 riviermonding 10 feestyd 11 lewenswerk 12 maaltyd 13 wildtuin/wildpark 14 vlakvark 15 motorhuis 16 bosveld 17 miskruier 18 familielede

Exercise 9: 1 beddegoed 2 sakkeroller 3 lammerwol 4 verhaalkuns 5 dieretuin 6 platteland 7 wildebees 8 broekspyp 9 vrugteslaai 10 pannekoek 11 mansskoen 12 blouaap 13 godsdiens 14 watervoël 15 poporkes 16 oogarts 17 pottebakker 18 koninkryk

Exercise 10: 1 saggies 2 lammertjie 3 rondetjie 4 maantjie 5 babatjie 6 tafeltjie 7 vulletjie 8 huisie 9 boekie 10 besempie 11 dammetjie 12 renostertjie 13 besie/kalf 14 skapie/lam 15 motortjie 16 mondjie 17 balletjie 18 mandjietjie 19 kettinkie 20 katjie

taking it further

If you have enjoyed working your way through *Teach Yourself Afrikaans* and want to take your Afrikaans further, try the following for opportunities to build on your existing knowledge and improve your skills.

Real Afrikaans on-line:

http://www.rsg.co.za/ (radio)
http://www.mnet.co.za/kyknet/ (TV)

Other Internet resources

Afrikaans newspapers

www.newspaperdirect.com/delivery/viewer.aspx (subscription only)
http://www.news24.com/Beeld/Home/ (free on-line edition)
http://www.news24.com/Die_Burger/Home/ (free on-line edition)

Dictionaries

http://www.freelang.net/dictionary/afrikaans.html

Articles about Afrikaans

http://www.omniglot.com/writing/afrikaans.htm
www.encyclopedia.com/html/A/Afrikaan.asp
www.cyberserv.co.za/users/~jako/lang/afr.htm
www.strauss.za.com/afr/afrikaans.html

Useful links

http://africanlanguages.com/afrikaans/
http://babel.uoregon.edu/yamada/guides/afrikaans.html

Speak Afrikaans within minutes:

http://www.mieliestronk.com/phrase1.html

Courses

Outside South Africa, Afrikaans is taught as part of degree courses at the African Studies Center, UCLA:

http://www.isop.ucla.edu/africa/programs/

For a list of the South African universities, many of which teach Afrikaans as full-time degree courses and shorter, intensive courses of study, go to:

http://www.studysa.co.za/uni-tech.htm

Dictionaries

Bosman, D.B.; van der Merwe, I.W. and L. W. Hiemstra, *Tweetalige Woordeboek. Bilingual Dictionary* (eighth edition). Cape Town: Pharos. 1999

De Stadler. *Groot Tesourus van Afrikaans*. Halfway House, Johannesburg: Southern Books Pty Ltd. 1994

For the oft-mentioned Academy spelling rules, consult

Combrink, J, *Gids by die Afrikaanse Woordelys en Spelreëls*. Cape Town: Tafelberg Publishers. 1991

Diplomatic representation

South African High Commission, South Africa House, Trafalgar Square, London WC2N 5DP, UK; tel.: +44 (0) 20 7451 7299
http://www.southafricahouse.com/

Embassy of South Africa, 3051 Massachusetts Ave, NW, Washington, DC 20008, USA; tel. +1 (202) 232-4400; e-mail: info@saembassy.org

South African High Commission, Cnr Rhodes Place & State Circle, Yarralumla, Canberra, ACT 2600, Australia; tel. +61 (0)2 6273 2424
http://www.rsa.emb.gov.au/

appendix: useful information

▶ 1 Die maande van die jaar *The months of the year*

Januarie	January
Februarie	February
Maart	March
April	April
Mei	May
Junie	June
Julie	July
Augustus	August
September	September
Oktober	October
November	November
Desember	December

2 Die dae van die week *The days of the week*

Sondag	Sunday
Maandag	Monday
Dinsdag	Tuesday
Woensdag	Wednesday
Donderdag	Thursday
Vrydag	Friday
Saterdag	Saturday

3 Sekulêre openbare vakansiedae *Secular bank/ public holidays*

1 January	Nuwejaarsdag	New Year's Day
21 Maart	Menseregtedag	Human Rights Day
27 April	Vryheidsdag	Freedom Day
1 Mei	Werkersdag	Workers Day

16 Junie	Jeugdag	Youth Day
9 Augustus	Nasionale Vrouedag	National Women's Day
24 September	Erfenisdag	Heritage Day
16 Desember	Versoeningsdag	Day of Reconciliation

4 Tel en rangskik *Counting and ranking*

1	een	1st	eertse
2	twee	2nd	tweede
3	drie	3rd	derde
4	vier	4th	vierde
5	vyf	5th	vyfde
6	ses	6th	sesde
7	sewe	7th	sewende
8	agt	8th	agste
9	nege	9th	negende
10	tien	10th	tiende
11	elf	11th	elfde
12	twaalf	12th	twaalfde
13	dertien	13th	dertiende
14	veertien	14th	veertiende
15	vyftien	15th	vyftiende
16	sestien	16th	sestiende
17	sewentien	17th	sewentiende
18	agtien	18th	agtiende
19	negentien	19th	negentiende
20	twintig	20th	twintigste
21	een-en-twintig	21st	een-en-twintigste
22	twee-en-twintig	22nd	twee-en-twintigste
30	dertig	30th	dertigste
31	een-en-dertig	31st	een-en-dertigste
32	twee-en-dertig	32nd	twee-en-dertigste
40	veertig	40th	veertigste
50	vyftig	50th	vyftigste
60	sestig	60th	sestigste
70	sewentig	70th	sewentigste
80	tagtig	80th	tagtigste
90	negentig	90th	negentigste
100	honderd	100th	honderdste
101	een honderd-en-een	101st	een honderd-en-eenste
113	een honderd-en dertien	113th	een honderd-en-dertienste

140	een honderd-en-veertig	140th	een honderd-en-veertigste
126	een honderd, ses-en-twintig	126th	een honderd, ses-en-twintigste

1,000	duisend	1,000th	duisendste
10,000	tienduisend	10,000th	tienduisendste
100,000	honderdduisend	100,000th	honderdduisendste
1,000,000	miljoen	1,000,000th	miljoenste
1,000,000,000	miljard	1,000,000,000th	miljardste
1,000,000,000,000	biljoen	1,000,000,000,000th	biljoenste

5 Geld *Money*

Rand   *rand*
100 sent = 100 cents = 1 rand

banknote   *banknotes*
R10, R20, R50, R100, R200

muntstukke   *coins*
5c, 10c, 20c, 50c, R1, R2, R50

6 Nasionale hoofstede *National capitals*

Kaapstad — wetgewend	Cape Town – legislative
Pretoria – uitvoerende	Pretoria – executive/administrative
Bloemfontein – regterlike	Bloemfontien – judicial

7 Provinsies en hul hoofstede *Provinces and their capitals*

Province	**Capital**
Gauteng	Tswane (Pretoria)
KwaZulu-Natal	Pietermaritzburg (*still being contested*)
Mpumalanga	Nelspruit
Noordkaap *Northern Cape*	Kimberley
Noordprovinsie *Northern Province*	Polokwane
Noordweste *North-west Province*	Mafikeng
Ooskaap *Eastern Cape*	Bisho
Vrystaat *Freestate*	Bloemfontein
Weskaap *Western Cape*	Kaapstad (*Cape Town*)

Afrikaans–English glossary

aaklig *horrid*

aaklige *horrible*

aan die werk spring *get to work* (V)

aan te hou *hang on* (V)

aan wie *to whom*

aandag *attention*

aangee *pass* (V)

aangename kennis *pleased to meet you*

aangenome (kinders) *adopted children*

aanhou *continue* (V)

aankom *arrive* (V)

aankoms *arrival*

Aankomssaal *Arrivals Hall*

aankondig *announce* (V)

aanmoedig *encourage* (V)

aanneem *take on* (V)

aansteeklike *infectious*

aantrek *dress, move on* (V)

aarbei/e *strawberry/ies*

aardbeweging/s *earthquake/s*

aartappel/s *potato/es*

aartappelskyfie/s *crisp/s*

afdroog *dry off* (V)

afhang van *depends on* (V)

afgeleë *remote, lonely*

afhaal *fetch* (V)

afhandel *complete* (V)

afhanklike/s *dependant/s*

afkamp *barricade* (V)

afklim *alight* (V)

aflaai *off load* (V)

aflê *sit* (*the test*) (V)

afspreek *arrange* (V)

agent/e *agent/s*

agter *behind*

agtertoe *towards the back*

akkedis/se *lizard/s*

akkommodasie *accommodation*

al *already, all*

albei *both*

alhoewel *although*

alledaagse *everyday, common*

alleen *alone*

allerlei *miscellaneous*

alles *everything*

almal *everyone, all*

alreeds *already*

alternatiewe *alternative*

altyd *always*

alwyn/e *aloe/s*

ambulans/e *ambulance/s*

amper *nearly*

ander *other*

anker/s *anchor/s*

appel/s *apple/s*

appelkoos/kose *apricot/s*

apteek/teke *pharmacy/ies, chemist/s*

apteker/s *pharmacist/s, chemist/s*

Arabierse *Arabic*
Arabies *Arabic (language)*
arm/s *arm/s*
arm *poor*
as *ash*
as *if, when*
asof *as if*
aspersie/s *asparagus*
aspirine *aspirin/s*
asseblief *please/thank you*
astrofisies *astrophysics*
asvaal *ashen*
asyn *vinegar*
auto-teller/s *cashpoint machine*
automatiese-teller/s *cashpoint machine*

baadjie/s *jacket/s*
baaibroek/e *bathing costume/s (male)*
baaikostuum/tume *bathing costume/s (female)*
baba/s *baby/ies*
bad *bath* (V)
bad/dens *bath/s*
bagasie *baggage*
bagasie-ontvangs *baggage-reception*
baie *much, many, very*
bak *bake* (V)
bakker/s *baker/s*
bakpoeier *baking powder*
baksteen/stene *brick/s*
bal/balle *ball/s*
bank/e *couch/es*
bankbestuurder/s *bank manager/s*
bankmasjien/e *cashpoint machine/s*
bars *burst* (V)
battery/e *battery/ies*
bed/dens *bed/s*
bedags *daily*
beddegoed *bedding, linen*
bederf *spoil* (V)

bedien *serve* (V)
bedorwe (kinders) *spoilt children*
bedryf/drywe *industry/ies*
beeldskoon *beautiful*
been/bene *leg/s*
bees/te *cattle*
beesbredie *beef stew*
beesplaas/plase *cattle farm/s*
beesvleis *beef*
beet *beetroot*
beetslaai *beetroot salad*
begin *begin* (V)
begonne (taak) *task in hand*
begrawe *bury* (V)
behandel *process* (V)
beheer-sentrum/s *control centre/s*
behoefte/s *need/s*
behoort *should*
behoort aan *belongs to* (V)
behou *preserve* (V)
beide *both*
bek/ke *mouth/s, beak/s*
bekend *known, famous*
beker/s *mug/s*
bekommer *worry* (V)
Belgiese *Belgian*
belofte/s *promise/s*
belowe *promise* (V)
bemanning/s *crew/s*
benodig *need* (V)
berei *prepare* (V)
berghang/e *mountainside/s*
bergtop/pe *peak/s*
besem/s *broom/s*
besering/s *injury/ies*
besig *busy*
besigheid/hede *business/es*
besigheidsmense *business people*
besigheidspersoon/one *business person*
besigheidssentrum/s *business centre/s*
beskadig *damage*
beskeie *shy*

beskerm *protect* (V)
beskikbaar *available*
beskou *consider* (V)
beskrewe (wette) *written (laws)*
beskryf *describe* (V)
besluit *decide* (V)
besluit/e *decision/s*
besmet *litter* (V)
besoeker/s *visitor/s*
bespreek *reserve, book* (V)
bessie/s *berry/ies*
bestandeel/dele *ingredient/s*
bestel *order* (V)
bestelling/s *order/s*
bestuur *drive* (V)
bestuurder/s *driver/s*
betaal *pay* (V)
beter *better*
betower *enchant* (V)
betrek *involve* (V)
betrokke (lug) *overcast sky*
betyds *just in time*
beveel *command, order* (V)
bevel/velle *command/s, order/s*
bevind *find (oneself)* (V)
bevolk *populate* (V)
bevolking/s *population/s*
bevries *freeze* (V)
bevrore (vleis) *frozen (meat)*
bewaar *protect, conserve* (V)
bewerk *prepare* (V)
biefstuk/ke *steak/s*
bietjie *little*
bikini/'s *bikini/s*
biltong *jerky, dried meat*
bind *tie* (V)
binne *inside*
binnekort *shortly*
binneste *inner*
bitter *bitter*
bitterbessiebos/se *bitter-berry bush/es*
blaar/blare *leaf/ves*
blaarslaai *lettuce/s*

blaas *blow* (V)
blaaskansie/s *rest period/s*
blad/de *newspaper/s*
bleek *pale*
blind *blind*
blink *shiny*
blitsvinnig *lightning quick*
bloed *blood*
bloeddruk *blood pressure*
bloedig warm *blood hot*
bloedjonk *very young*
bloedrooi *blood red*
bloes/e *blouse/s*
blomkool *cauliflower/s*
blou *blue*
blouaap/ape *vervet monkey/s*
bloublasie/s *bluebottle/s*
blus (vuur) *put out (fire)* (V)
bly *happy*
bly *stay* (V)
bo *on top*
bo-aan *at the top*
bobbejaan/jane *baboon/s*
bobotie *curried mince pie*
boek/e *book/e*
boekrak/ke *bookcase/s*
boer/e *farmer/s*
boerdery *farming*
boerebeskuit *rusk/s*
boeretroos *coffee*
boerewors *farm sausage*
Boesman/s *Bushman/men*
bok/ke *buck*
Bo-Kaap *Upper Cape Town*
Bokke *Springboks* (rugby)
bokkefuif/fuiwe *stag party/ies*
boodskap/pe *message/s*
boog/boë *bow/s*
boom/bome *tree/s*
Boomplantdag *Arbor day*
boonste *top*
boontjie/s *bean/s*
boontoe *towards the top*
bos/se *bush/es, wood/s, forest/s*

bottelstoor/store *off-licence/s*
botter *butter*
bottermelk *buttermilk*
boud/e *rump/s*
bra/s *bra/s*
braai/s *barbecue/s*
brand/e *fire/s*
brand *burn* (V)
brandarm *very poor*
brandewyn *brandy*
brandmaer *as thin as a rake*
brandstof *petrol/fuel*
brandweer *fire brigade*
brandwond/e *burn/s*
breek *break* (V)
broek/e *pants, trousers, panty/ies*
broekiekouse *tights (US panty hose)*
broekspyp/e *trouser leg/s*
broer/s *brother/s*
brood/brode *bread*
broodrolletjie/s *bread roll/s*
brosbrood *shortbread*
bruid/e *bride/s*
bruidegom/s *bridegroom/s*
bruinman/ne *of mixed race*
buig *bend* (V)
buite *outside*
buite-verkope *off-licence*
bul/le *bull/s*
bus/se *bus/es*
busdienste/s *bus service/s*
bushalte/s *bus stop/s*
buurman/ne *neighbour/s (male)*
buurvrou/ens *neighbour/s (female)*
by *at*
by/e *bee/s*
byekorf/korwe *beehive/s*
byna *nearly*
bynaam/name *nickname/s*
byt *bite* (V)

chirurg/e *surgeon/s*

d.w.s. *i.e.*
daagliks *daily*
daar *there*
daardie *that*
daarmee *with it*
daarnatoe *there (motion)*
dadelik *immediately*
dag/dae *day/s*
dame/s *'lady/ies'*
dan *then (future)*
danser/s *dancer/s*
dapper *brave*
dapperheid *bravery, courage*
das/se *tie/s*
dat *that*
debietkaart/e *debit card/s*
deelneem *participate, take part* (V)
deelnemer/s *participant/s*
deesdae *nowadays*
deftig *smart*
dek *set* (V)
deken/s *bedspread/s*
denkbaar *conceivable*
deposito/'s *deposit/s*
deurskakel *patch through, connect* (V)
die *the*
die gestorwe *the deceased*
dié *the, that, this*
diens/tes *service/s*
diep *deep*
dier/e *animal/s*
dieretuin/e *zoo/s*
digkuns *poetry*
dikwels *often*
dink *think* (V)
dis *it's*
dit *it*
doek/e *(head) scarf/ves*
doen *do* (V)
dogter/s *daughter/s, girl/s*
dokter/s *doctor/s*
dolfyn/e *dolphin/s*

dolleeg *totally empty*
dom *silly, stupid, dumb*
dominee/s *clergyman/men*
domkrag/te *car jack/s*
donkerte *darkness*
dood *dead*
doodbang *dead scared*
doodgaan *die* (V)
doodmoeg *dead tired*
doodsbleek *as pale as a ghost*
doodseker *dead sure*
doodsiek *deadly ill*
doodskrik *scare to death* (V)
doof *deaf*
dooie *dead*
dophou *watch* (V)
doringboom/bome *thorn bush/es*
dorp/e *town/s*
dorpie/s *village/s*
dorre *arid*
dors *thirsty*
draadloos/lose *wireless/es*
draai *turn* (V)
draf *jog* (V)
drafskoen/e *running shoe/s*
drank *liquor*
dreun *rumble, drone* (V)
drie/ë (rugby) *try/tries (rugby)*
drie *three*
drink *drink* (V)
druiwe *grapes*
dubbelbed/dens *double bed/s*
duidelik *clearly*
duim/e *thumb/s*
duisend/e *thousand/s*
Duitse masels *rubella, German
  measles*
dus *thus, therefore*
duur *expensive*
dwarsskop/pe *crossfield-kick/s*
dwelmmiddel/s *drug/s*
dwing *force* (V)

een *one*
een-vir-een *one by one*

eens *once*
eerder *rather*
eers *first*
eerskomende *next (week,
  Monday ...)*
eerste *first*
eet *eat* (V)
eetgewoonte/s *eating habit/s*
eeu/e *century/ies*
eienskap/pe *property/ies*
eier/s *egg/s*
ek *I*
elke *every, each*
elkeen *each one*
emmer/s *bucket/s*
en *and*
energie *energy*
enjin/s *engine/s*
enjinkap/pe *bonnet/s*
enkelbed/dens *single bed/s*
enkelkaartjie/s *single ticket/s*
ensomeer *and so on*
erdvark/e *aardvark/s*
êrens *somewhere*
erfenis *heritage*
erg *serious*
ernstig *seriously, serious*
ertjie/s *pea/s*
esel/s *ass/es*
etenstyd/tye *mealtime/s*
ewig *equal*

fabriek/e *factory/ies*
fees/te *festival/s*
feesroete/s *festival route/s*
feesvier *celebrate* (V)
feesviering/s *celebration/s*
festoeneer *festoon* (V)
filmfees/te *film festival/s*
fisies *physical*
fla *custard*
flikkerlig/te *indicator/s*
flou *weak*
fluit *whistle* (V)
fluit-fluit *while whistling*

fluitjie/s *whistle/s*
fluks *industriously, industrious*
formele ete/s *formal dinner/s*
Franse *French*
frikkadel/le *rissole/s, meatball/s*
fris *crisp (air), well built (body)*
frokkie/s *vest/s*

gaan *go* (V)
gal *gall*
gang/e *passage/s*
gans/e *goose/geese*
gaping/s *gap/s*
garnaal/nale *mussel/s*
gas/te *guest/s*
gasheer/here *host/s*
gasvrou/ens *hostess/es*
gat/e *hole/s*
gebeurtenis/se *happening/s*
geboë (hoof) *bowed (head)*
gebonde (lewe) *restricted (life)*
geboomde *'treed', wooded*
geboorte gee *give birth* (V)
gebore *born* (V)
gebraaide *roasted*
gebroke (hart) *broken heart*
gebruik *use* (V)
gedane (saak) *done deed*
gedenkdag/dae *anniversary/ies*
gedurende *during*
gedwonge (rus) *forced (rest)*
geel *yellow*
geelrys *saffron (yellow) rice*
geelwortel/s *carrot/s*
geen *no, none*
geeneen *no one*
geheel *as a whole*
geitjie/s *gecko/s*
gekookte *cooked, boiled*
geld *money*
gelde *fees*
geleerd *learned*
geliefde *beloved*
geloof/lowe *religion/s, belief/s*

geluk *good fortune, luck*
gemiddeld *mean, average*
genees *heal* (V)
generiese *generic*
geniet *enjoy* (V)
genoeg *enough*
gereed *ready*
gereeld *regularly*
geriffeld *corrugated*
gerommel *rumble*
geroosterde *toasted*
gesels *speak* (V)
gesig/te *face/s, sight/s*
gesin/ne *family/ies*
gesinslid/lede *family member/s*
geskrewe (teks) *written text*
gesofistikeerd *sophisticated*
gesond maak *heal* (V)
gesonde *healthy*
gesondheidsdienste/s *health service/s*
gestremde/s *the handicapped*
geveg/te *fight/s, battle/s*
gevestig *situated*
gewilde *popular*
gewone *normal, usual*
gewoonlik *usually*
gids/e *guide/s*
giftig *poisonous*
gister *yesterday*
gisteraand *last night*
glad *slippery*
glimlag *smile* (V)
glimlag/te *smile/s*
glinster *glisten* (V)
glipperig *slippery*
god/e *god/s*
godin/e *goddess/es*
godsdiens/tes *religion/s*
goed *good*
goedkeur *approve* (V)
goedkoop *cheap*
gompou/e *bustard/s*
gooi *throw* (V)

gordel/s *belt/s*
gou *soon*
gou-gou *quickly*
goudgeel *golden-yellow*
goudstad *city of gold*
graaf/grawe *spade/s*
graag *with pleasure*
graankos *cereal*
gras/se *grass/es*
grassnysel/s *grass cutting/s*
grasgroen *grass green*
grashandwerk/-kuns *grass crafts*
grasmathutte *grass-mat huts*
grens/e *border/s*
Griekwa *Griqua*
griep *flu*
groei *grow* (V)
groen *green*
groenboon/bone *green bean/s*
groente *vegetable/s*
groet *to greet, to say 'goodbye'*
groete *greetings*
grondboontjie/s *peanut/s*
groot *large, great*
grootte *size*
grot/te *cave/s*
grys *grey*
gulsig *greedy*
gulsigheid *greed*

haan/hane *cock/s*
haar *her*
haar/hare *hair/s*
haas/hase *rabbit/s, hare/s*
hadeda/s *large, noisy birds* (ibis)
half *half*
halfhartig *halfheartedly*
hand/e *hand/s*
handdoek/e *towel/s*
handel *commerce*
handige *handy*
handskoen/e *glove/s*
hang *hang* (V)
hangdruipsteen/stene *stalactite/s*

hard *hard*
hardloop *run* (V)
hardloper/s *runner/s*
hare *hers*
harsingskudding *concussion*
hart/e *heart/s*
hartaanval/le *heart attack/s*
hartlik *sincerely, hearty*
hawe/ns *harbour/s*
hê *want* (V)
heeldag *all day*
heer/here *gentleman/men*
heerlik *delicious, pleasant*
hek/ke *gate/s*
helder *clear*
helderskoon *sparkling clean*
helfte *half*
heliktiet/e *helictite/s (spiralled stalactites)*
help *help* (V)
hemel/de *heaven/s*
hemp/de *shirt/s*
hen/ne *hen/s*
herfs *autumn, fall*
herinner *remind* (V)
herinnering/s/e *memory/ies*
herinvoer *reintroduce* (V)
het *have* (V)
heuning *honey*
heuningbier *honey beer*
hiëna/s *hyena/s*
hier *here*
hierdie *this*
hiernatoe *here (motion)*
hings/e *stallion/s*
hitte *heat*
hoe *how*
hoed/e *hat/s*
hoedat *how*
hoekom *why*
hoe laat *what time*
hoe lank *how long*
hoender/s *chicken/s*
hoenderlewertjie/s *chicken liver/s*

hoendermis *chicken manure*
hoesstroop/strope *cough syrup/s*
hoeveel *how many, how much*
hom *him*
hond/e *dog/s*
honderd/e *hundred/s*
honger *hungry, hunger*
hongersnood *famine*
hoof *main, major*
hoofgebou *main building*
hoofgereg *main course*
hoofpyn/e *headache/s*
hoofroete/s *main route/s*
hoog *high*
hoop *hope* (V)
hospitaal/tale *hospital/s*
huid/e *hide/s, skin/s*
huil *cry* (V)
huil-huil *while crying*
huis/e *house/s*
huiseienaar/s *home owner/s*
huisplant/e *house plant/s*
huistaal/tale *home language/s*
huiswerk *housework, homework*
hulle *they, their, them*
hulp *help*
huurmotor/s *taxi/s, hire car/s*
huwelik/e *wedding/s, marriage/s*
huwelikstaat *marital status*

iemand *someone*
iets *something*
inheemse *indigenous*
in *in*
ingooi *throw* (V)
inklim *get into* (V)
inlaai *load in* (V)
inlê *can, preserve* (V)
inligting *information*
innige *deepest*
insleep *tow in* (V) *(vehicle)*
inspuiting/s *injection/s*
instel *institute* (V)
interessant *interesting*

internasionale *international*
intrek *pull in* (V)
invoer *import* (V)
inwendig *internal*
is *is* (V)
isiZulu *Zulu language*
Italiaanse *Italian*

jaar/jare *year/s*
jag *hunt* (V)
jagluiperd/e *cheetah/s*
jagter/s *hunter/s*
jakkals/e *jackal/s*
jammer *sorry*
japon/ne *gown/s (hospital)*
jas/te *coat/s*
jeug *youth*
Jood/Jode *Jew/s*
joghurt *yoghurt*
juffrou/ens *miss(tress)/es*
juig *cheer* (V)

kaart/e *map/s*
kaartjie/s *ticket/s*
kaas *cheese/s*
kaasbord/e *cheese board/s*
kaassous *cheese sauce*
kafee/s *café/s*
kalbas/se *calabash/es*
kalf/kalwers *calf/ves*
kam/me *comb/s*
kamerjas/te *gown/s (home)*
kapokaartappels *mash potato*
kappertjie/s *nasturtium/s*
kar/re *cart/s*
kat/te *cat/s*
kattebak/ke *car boot/s, trunk/s*
keel/kele *throat/s*
kelkie/s *cocktail/s*
kerkmuis/e *church mouse/mice*
kerkverband *religious affiliation*
kerriekos/te *curried food/s*
kers/e *candle/s*
kersie/s *cherry/ies*

ketel/s *kettle/s*
ketting/s *chain/s*
keuse/s *choice/s*
kies *choose* (V)
kind/ers *child/ren, offspring*
kitskoffie *instant coffee*
klaar *finished, fully prepared*
klavier/s *piano/s*
kleinbordjie/s *side plate/s*
kleurling/e *'coloured/s'*
kleurvol *colourful*
kliniek/e *clinic/s*
klink *sound* (V)
kliphard *rock hard*
klok/ke *bell/s*
klokslag/te *chime/s*
klop *beat, knock* (V)
klou/e *claw/s*
knie/ë *knee/s*
knoffel *garlic*
koei/e *cow/s*
koejawel/s *guava/s*
koel *cool*
koeldrank/e *cold drink/s*
koerant/e *newspaper/s*
koffie *coffee*
kole *coals, embers*
koloniale *colonial*
kom *come* (V)
kombuis/e *kitchen/s*
kombuistee/s *bridal shower/s*
komkommer/s *cucumber/s*
kommentaar *comments*
kommentaar lewer *comment* (V)
kompleks *complex*
komposhoop/hope *compost
   heap/s*
koms *arrival*
konfyt *jam/s*
kontantkaart/e *cash card/s*
kontrakarbeider/s *indentured
   labourer/s*
konvensioneel *conventional*
kook *cook* (V)

kookkuns *cuisine*
kool *cabbage/s*
koop *buy* (V)
kop/pe *head/s*
koppie/s *cup/s*
koppies *crockery*
koring *wheat*
kort *short*
kort daarna *shortly thereafter*
kort-kort *again and again*
kortliks *briefly*
kos *food*
kosmopolitaanse *cosmopolitan*
kossoort/e *food type/s*
kou *chew* (V)
koud *cold*
kous/e *sock/s*
kraai/e *crow/s*
kraan/krane *tap/s*
kraanvoël/s *crane/s (bird/s)*
kredietkaart/e *credit card/s*
kriek/e *cricket/s*
krieket *cricket*
krimpvark/e *hedgehog/s*
Krugerwildtuin *Kruger Park*
kruip *crawl* (V)
kry *get* (V)
kuier *visit, holiday* (V)
kuif/kuiwe *fringe/s*
kuiken/s *chicken/s*
kunsfees/te *arts festival/s*
kunsmatig *man made*
kunsproduk/te *artefact/s*
kurkdroog *bone dry*
kus/te *coast/s*
kusstreek/streke *coastal belt/s*
kwaai *strict*
kwaal/kwale *condition/s,
   complaint/s*
kwartel/s *quail/s*
kwekery/e *nursery/ies (plants)*
kyk *look* (V)

laag *low*

laaste *last*
laat *late*
lag *laugh* (V)
lag-lag *while laughing*
laggend *laughingly*
laken/s *sheet/s*
lam/mers *lamb/s*
land *land* (V)
land/e *country/ies, farmland/s*
landswapen/s *national crest/s*
langsaan *adjoining*
lankal *long*
lappieshoed/e *cloth hat/s*
las/se *burden/s*
leeg *empty*
leegmaak *empty* (V)
leer *learn* (V)
lees *read* (V)
leeu/s *lion/s*
Leeus *Lions (rugby)*
lei *suffer, lead, guide* (V)
leiding *suffering*
lekker *enjoyable*
lekker/s *sweet/s*
lelik *ugly*
lemoen/e *orange/s*
lemoenskyfie/s *orange wedge/s*
lessenaar/s *desk/s*
lewe *live* (V)
lewe/ns *life/ves*
lewer *liver*
lied/ere *song/s, hymn/s*
liedjie/s *song/s, ditty/ies*
liefde *love*
lief hê *love* (V)
lig *light*
liggaam/ame *body/ies*
likeur/s *liqueur/s*
links *left*
lisensie/s *licence/s*
lood *lead*
loop *walk* (V)
loopbaan/bane *career/s*
loop voor *be ahead* (V)

Loslitdag *'Casual Day'*
lug *sky, air*
lugdiens/e *airline/s, aircarrier/s*
lugdig *hermetic*
lughawe/ns *airport/s*
lui *lazy*
lui *phone, ring up* (V)
luiperd/e *leopard/s*
luister *listen* (V)
luitjie/s *call/s (slang)*
lyk (soos) *look (like)* (V)
lynstaan/stane *line-out/s*
lynvis/se *line fish*

ma/'s *mother/s*
maag/mage *stomach/s*
maagpyn/e *stomachache/s*
maagsweer/swere *stomach ulcer/s*
maak seker *ensure*
maalvleis *mince*
maan/mane *moon/s*
maand/e *month/s*
maar *but*
maaskaas *cream cheese*
maatskappy/e *company/ies*
maer *thin*
mag *may* (V)
magistraat/strate *magistrate/s*
mak *tame*
makker/s *comrade/s, mate/s*
maklik *easy*
Maleier/s *Malay/s*
Maleikwartier *Malay Quarter*
man/ne *man/men*
man/s *husband/s*
man se *man's*
mandjie/s *basket/s*
mangelontsteking *tonsillitis*
manier *way, manner*
mansskoen/e *man's/men's shoe/s*
margarien *margarine*
mas/te *mast/s*
masels *measles*
medisyne *medicine/s*

meegevoel *condolences*
meer *more*
meeste *most*
meet *measure* (V)
meisie/s *girl/s*
mekaar *together*
melk *milk*
melkproduk/te *milk product/s*
Meneer *Sir*
meng *mix* (V)
mens (die) *humankind*
mens/e *person/s, people*
mensdom *humanity*
mensekennis *people-wise*
menslikheid *humanity*
merrie/s *mare/s*
met wie *with whom*
metrospoorsisteem *metro-rail
  system*
meubels *furniture*
middag/dae *afternoon/s*
middelmannetjie/s *hump/s*
mielies *maize*
mier/e *ant/s*
min *little, few*
minibustaxi/'s *minibus taxi/s*
minuut/nute *minute/s*
mis *manure*
miskruier/s *dung beetle/s*
modewinkel/s *boutique/s*
moeder/s *mother/s*
moeg raak *tire* (V)
moeilik *difficult*
moenie/moet nie *don't/do not,
  mustn't (must not)*
moer *grounds (coffee)*
moet *must*
mol/le *mole/s*
mond/e *mouth/s*
mooi *pretty, beautiful*
môre *tomorrow*
mossie/s *sparrow/s*
mostert *mustard*
motor/s *motor car/s, cars*

musikant/e *musician/s*
muur/mure *wall/s*

'n *a, an*
naam/name *name/s*
naartjie/s *tangerine/s*
naaste *nearest*
naby *close, near*
nagereg/te *dessert, pudding*
nagklere *night clothes, pyjamas*
nagrok/ke *nightdress/es*
nasionale skat/te *national
  treasure/s*
natuurbewaring *nature
  conservation*
natuurreservaat/vate *nature
  reserve/s*
natuurskoon *scenic*
natuurwonder/s *natural wonder/s*
navraag/vrae *inquiry/ies*
nederende *humbling*
nee *no*
neem *take* (V)
nek/ke *neck/s*
nêrens *nowhere*
net/nette *net/s*
net *only*
netnou *just now*
neus/e *nose/s*
neut/e *nut/s*
nie ... nie *not*
nie-vliegende *flightless*
niemand *no one*
nier/e *kidney/s*
niks *nothing*
nodig *necessary*
noem *name* (V)
nog *still*
nog nie *not yet*
nóg ... nóg *neither ... nor*
nooddienste/s *emergency service/s*
noodgeval/le *emergency/ies*
nooit *never*
noord *north/northern*

nou *now*
nou-nou *'now-now'*
nul *nil, nought, zero*
nuwe *new*
nywerheid/hede *industry/ies*

oefen *practise* (V)
oefening/e *practice/s, exercise/s*
oëversorging *eye care*
óf ... óf *either ... or*
oggend *morning*
olifant/e *elephant/s*
olyf/olywe *olive/s*
olyfolie *olive oil*
omdat *as, because*
omdraai *turn around* (V)
omgekrapte maag *enteritis*
omgewing/s *environment/s, area/s*
omhein *fence* (V)
omheinde *fenced*
omtrent *about, nearly*
onbesproke *unreserved*
onder *under*
onderaan *at the bottom*
onderbroek/e *underpants*
onderhandel *negotiate* (V)
onderhou *support* (V)
onderkant *underside*
ondermyn *undermine* (V)
onderneem *undertake* (V)
onderrok/ke *petticoat/s*
onderskeidelik *respectively*
ondersoek *examine* (V)
onderste *bottom*
ondersteun *support* (V)
ondertoe *towards the bottom*
onderwyser/s *teacher/s*
ongehinderd *unhindered*
ongeluk/ke *accident/s*
ongelukkig *unhappy, sad*
ongerief *inconvenience*
ongevalle *casualty*
onkunde *ignorance*
onlangs *recently*

onmiddellik *immediately*
onomheinde *unfenced*
onrus *unrest*
onstaan *beginning, origin*
ontbyt/e *breakfast/s*
ontdek *discover* (V)
ontdekking/s *dicovery/ies*
ontduik *dodge* (V)
ontevrede *dissatisfied*
onthou *remember* (V)
ontloop *outrun* (V)
ontsmettingsmiddel/s
  disinfectant/s
ontsnap *escape* (V)
ontsnapping/s *escape/s*
ontvangsdame/s *receptionist/s*
ontwerp *invent* (V)
ontwerp/e *design/s*
ontwerping/s *invention/s*
onvergeetlik *unforgettable*
oog/oë *eye/s*
oogdruppel/s *eyedrop/s*
oogkundige/s *optician/s*
ooi/e *ewe/s*
ooievaar/s *stork/s*
ooievaarspartytjie/s *baby
  shower/s*
ooit *ever*
ook *also*
oom/s *uncle/s*
oomblik *moment*
oond/e *oven/s*
oop *open*
oopmaak *open* (V)
oor *over*
oor/ore *ear/s*
oordink *consider, think about* (V)
oordruppel/s *eardrop/s*
oorkant *across the way*
oornag *over-night* (V)
oorpyn *earache*
oorsee *overseas*
oorskot *leftovers*
oorspronklik *original*

oorsteek *cross* (V)
oortrek *cover* (V)
oortrokke (rekening) *overdrawn (account)*
oorversorging *ear care*
oorvleueling/s *overlap/s*
oorwin *overcome* (V)
op *on*
opbou *build up* (V)
opdraand/e *slope/s, gradient/s*
opdroog *dry off* (V)
opehuis *open house*
openbaar *reveal, make public* (V)
openbaar *public*
openbare vakansie/s *public (bank) holiday/s*
openbare vervoer *public transport*
opgaar *collect, gather* (V)
opgewonde *excited*
opgewondenheid *excitement*
ophou *stop* (V)
opklim *board* (V)
oplaai *pick up* (V)
oppas *take care (of), look after* (V)
oppomp *inflate* (V)
opsny *cut up* (V)
opsteek *light* (V)
opvoering/s *performance/s, production/s*
ordentlik *decent*
os/se *ox/oxen*
oseaan/oseane *ocean/s*
ou *old*
oudste *eldest, oldest*
ouer/s *parent/s*
ouerskap *parental status*
ouma/s *grandmother/s*
oupa/s *grandfather/s*

pa/'s *father/s*
paal/pale *pole/s*
Paasvakansie *Easter holidays*
pad/paaie *road/s, path/s*

padda/s *frog/s*
padveiligheid *road safety*
pak/ke *suit/s*
pakkie/s *parcel/s*
pale (rugby) *goal/s (rugby)*
paling/s *eel/s*
pampoen/e *pumpkin/s*
pampoentjies *mumps*
pan/panne *pan/s*
paneelklopper/s *panel beater/s*
pannekoek/e *pancake/s*
pantoffel/s *slipper/s*
pap *flat; porridge*
papaja/s *paw-paw/s*
papband/e *flat tyre/s*
papdronk *dead drunk*
papnat *sopping wet*
park/e *park/s*
parkeer *park* (V)
partytjie/s *party/ies*
pasiënt/e *patient/s*
passasier/s *passenger/s*
patat/s *sweet potatoe/s*
peer/pere *pear/s*
pen/penne *pen/s*
penningsteen/stene *helictite/s (spiralled stalactites)*
pens/e *gut/s*
pensioentrekker/s *pensioner/s*
peperduur *expensive*
per boot *by boat*
perd/e *horse/s*
perdfris *fit as a fiddle*
Pêrel *Paarl*
perske/s *peach/es*
piesang/s *banana/s*
piesangbrood *banana loaf*
pietersielie *parsley*
pik *strike* (V) *(snake)*
pik/ke *pick/s*
pikdonker *pitch dark*
pikswart *pitch black*
pil/le *tablet/s, pill/s*
plaas/plase *farm/s*

plaas *place, put* (V)

plaasvind *take place*

plaat/plate *X-ray/s*

plakkie/e *sandal/s*

plankdun *as thin as a rake*

plant/e *plant/s*

platteland *countryside*

pleister/s *plaster/s*

plek/ke *place/s, venue/s*

plesier *pleasure*

poel/e *pool/s*

polisie *police*

polsslag *pulse*

pomelo/'s *grapefruit*

poot/pote *paw/s*

pophuis/e *doll's house/s*

poskantoor/ore *post office/s*

potlood/lode *pencil/s*

pottebakker/s *potter/s*

praat *speak* (V)

pragtig *beautiful, stunning*

prestasie/s *achievement/s*

pret *fun*

privaat *private*

probleem/leme *problem/s*

professioneel *professional*

propvol *full to overflowing*

pruim/e *plum/s*

psigies *psychological/ly*

puik *superb, superbly*

punt/e *point/s*

pyl/e *arrow/s*

pyn/e *pain/s*

pynappel/s *pineapple/s*

pynstiller/s *painkiller/s*

raadpleeg *consult* (V)

raap/rape *turnip/s*

radys/e *radishes*

ram/me *ram/s*

rampartytjie/s *stag party/ies*

rand/e *edge/s*

rant *ridge/s*

ratkas/te *gearbox/es*

rats *lithe*

reddingsdiens/tes *rescue service/s*

reël *arrange* (V)

reën *rain* (V)

reën *rain*

reënerig *rainy*

reënjas/te *raincoat/s*

reg/te *right/s*

reg van oorgang *right of way*

registrasienommer *licence plate*

regverdig *justify* (V)

reis *travel* (V)

reisigerstjek/s *traveller's cheque/s*

rem (trap) *brake* (V)

rem/me *brake/s*

renoster/s *rhinoceros/es*

resep/te *recipe/s*

resepteboek/e *recipe book/s*

respektiewelik *respectively*

retoerkaartjie/s *return ticket/s*

ring/e *ring/s*

rivier/e *river/s*

riviermonding/s *estuary/ies*

roete/s *route/s*

rok/ke *dress/es*

romp/e *skirt/s*

rond *round*

rooi *red*

roofvoël/s *raptor/s*

rook *smoke* (V)

rook *smoke*

rook-area *smoking area*

room *cream*

roomys/e *ice cream/s*

roomysmelk/e *milkshake/s*

roosterbrood *toast*

roosterkoek/-brood *barbecue-grid bread*

rot/rotte *rat/s*

rots/e *rock/s*

rotsvas *firm*

rou *raw*

rou *mourn* (V)

ruskamer/s *restroom/s*

rustig *restful*
ry *drive, leave, drive away*
rybewys/te *licence/s*
ryk *rich*
rykdom *wealth*
rys *rice*

saad *seed/s*
saag *saw* (V)
saag/sae *saw/s*
saam *together*
saamgaan *accompany* (V)
sag *soft, softly*
sak/ke *pocket/s*
sakkeroller/s *pickpocket/s*
sal *will/shall* (V)
salf *ointment/s*
sambreel/sambrele *umbrella/s*
sampioen/e *mushroom/s*
sanger/s *singer/s*
sap/pe *juice/s, sap*
sardientjie/s *sardine/s*
se -'s
sê *say* (V)
seep/sepe *soap/s*
seer *sore*
seerplek/ke *sore/s, wound/s*
seëvier *celebrate* (V)
seëvier oor *triumph over* (V)
seker *probably, surely*
sekretarisvoël/s *secretary bird/s*
selde *seldom*
selfbestuur *self-drive*
selfmoord *suicide*
selfoon/fone *mobile phone/s*
selfs *even*
serp/e *scarf/ves (neck)*
seun/s *boy/s, son/s*
siek *sick*
siek word *get sick* (V)
siekte *disease*
sien *see* (V)
sigaret/te *cigarette/s*
silwerskoon *sparkling clean*

simpatie *sympathy*
sing *sing* (V)
sing-sing *while singing*
sinkplaatpad/paaie *corrugated
(rutted) road/s*
sit *sit* (V)
sitplekgordel/s *seatbelt/s*
sjokoladekoek *chocolate cake/s*
skaap/skape *sheep*
skaapboud/e *leg/s of lamb*
skaaplvleis *lamb, mutton*
skaars *scarce*
skadu/s *shadow/s*
skaduwee *shade*
skaduwee/s *shadow/s*
skakel *phone* (V)
skare *crowd/s*
skat/te *treasure/s*
skatryk *filthy rich*
skeef *skew*
skeepskaptein/e *ship's captain/s*
skeepsruim/tes *ship's hold/s*
skeidsregter/s *umpire/s, referee/s*
skend *scar, damage* (V)
skenk *donate* (V)
skerp *sharp*
skiet *shoot* (V)
skinkbord/e *tray/s*
skoen/e *shoe/s*
skoenlapper/s *butterfly/ies*
skone kunste/s *fine art/s*
skoolganger/s *scholar/s*
skoonmaak *clean* (V)
skoonsuster/s *sister/s-in-law*
skop *kick* (V)
skopgraaf/grawe *shovel/s*
skorsie/s *gem squash/es*
skreeu *scream, cry* (V)
skreeulelik *as ugly as sin*
skril *shrill, shrilly*
(rugby) skrum/s *scrum/s*
skyfie/s *crisp/s*
slag *at one go*
slaggat/e *pothole/s*

slaghuis/e *butchery/ies*
slak/ke *snail/s*
slang/e *snake/s*
slangbyt *snake bite*
slangpark/e *snake park/s*
sleg *bad, badly*
slenterpak/ke *tracksuit/s*
sleutel/s *key/s*
slim *clever, cunning*
sluk *swallow* (V)
smaak *taste/s*
smaak *taste* (V)
smaaklik *tasteful, tasty*
smalspoor *narrow gauge*
smeer *spread*
smelt *smelt* (V)
smeltpot/te *melting pot/s*
smiddags *in the afternoon*
smoorsnoek *braised snoek*
smôrens *in the morning*
snags *at night*
sneeu *snow*
sneuwel *die in battle* (V)
snor/re *moustache/s*
sny *cut, harvest* (V)
sny/e *cut/s*
so pas *just*
so-meer *and so forth*
sodra *as soon as*
soek *seek, search* (V)
soen *kiss* (V)
soentjie/s *kiss/es*
soetkoekie/s *butter biscuit/s*
sogenaamde *so-called*
soheentoe *there* (motion)
sokker *soccer, football*
solank *as long as*
soldaat/date *soldier/s*
somer *summer*
sommer *just* (slang)
sommige *some*
son *sun*
sonbrand *sunburn*
sonneblomolie *sunflower oil*

sonsondergaan *sunset*
sooibrand *heartburn*
soom/some *seam/s*
soontoe *there (motion)*
soort/e *specie/s, kind/s*
soortgelyk *similar, same*
soos *like*
sop/pe *soup/s*
sosatie/s *kebab/s*
sous *gravy*
sous/e *sauce/s*
sout en peper *salt and pepper*
spaarwiel/e *spare wheel/s*
span/ne *team/s*
spanspek/ke *sweet melon/s*
speel *play* (V)
spek *bacon*
spekvet *as fat as a pig*
spelonk/e *cavern/s, cave/s*
spieël/s *mirror/s*
spieëltafel/s *dressing table/s*
spierwit *snow white*
splinternuut *brand new*
spoedbeperking/s *speed limit/s*
spotgoedkoop *dirt cheap*
springbok/ke *springbuck*
Springbok/ke *Springboks (rugby)*
springlewendig *as lively as a
  cricket*
sprinkaan/kane *locust/s*
sprokiesland *fairyland*
spyskaart/e *menu/s*
staan bekend *known as* (V)
staan reg *ready* (V)
staandruipsteen/ene *stalagmite/s*
staatmaak *rely on* (V)
stad *city centre, town*
stad/stede *city/ies, town/s*
stadig *slow, slowly*
stalagmiet/e *stalagmite/s*
stalaktiet/e *stalactite/s*
stamgroep/e *tribe/s, clan/s*
stammense *tribal/clan members*
stap *walk* (V)

staptoer/e *walking tour/s*
stasie/s *station/s*
stedelike gebied/e *urban area/s*
steek *sting* (V)
stem/me *voice/s*
sterf *die* (V)
sterk *strong*
sterk drank *strong drink, alcohol*
sterrekunde *astronomy*
sterrekundige/s *astronomer/s*
sterrewag/te *observatory/ies*
stert/e *backside/s, tail/s*
steuwel/s *boot/s*
stil *quiet, quietly*
stilhou *stop* (V) *(vehicle)*
stoel/e *chair/s*
stoep/e *veranda/s, stoop/s*
stof *dust*
stof-/grondpad/paaie *rough, gravel road/s*
stokkie/s *stick/s*
stokoud *as old as Methuselah*
stoksielalleen *alone*
stokstyf *as stiff as a board*
stom *dumb*
stoof/stowe *stove/s*
storm *storm* (V)
storm/s *storm/s*
stort *shower* (V)
stort/e *shower/s*
stowwerig *dusty*
straat/strate *street/s*
straatteater/s *street theatre/s*
strand/e *beach/es*
strategies *strategic*
strek *stretch* (V)
strokie/s *transaction slip/s*
stroopsoet *as good as gold*
stryd/e *struggle/s*
stryk *iron* (V)
strykyster/s *iron/s*
stuk/ke *piece/s*
stukkend *broken*
stuur *send* (V)

suiker *sugar*
sukkel *struggle* (V)
suster/s *sister/s*
suurlemoen/e *lemon/s*
suurmelk *sour milk*
swaai *swing* (V)
swaar *heavy*
swaeltjie/s *swallow/s (bird)*
swaer/s *brother/s-in-law*
swart *black*
Swart/es *Black/s*
swarttaal/tale *black language/s*
sweet *perspire, sweat* (V)
sweet *perspiration, sweat*
sweetpak/ke *tracksuit/s*
swem *swim* (V)
swerf *roam* (V)
swerm/s *swarm/s*
sy *his, her*
sybokhaar *mohair*

taalboek/e *grammar book/s*
tafel/s *table/s*
tak/takke *branch/es*
talent/e *talent/s*
tamatie/s *tomato/es*
tandarts/e *dentist/s*
tandeborsel/s *toothbrush/es*
tandepasta/s *toothpaste/s*
tandpyn *toothache*
tandversorging *dental care*
tante/s *aunt/s*
tap af *drip, run off*
taxi-staanplek/ke *taxi rank/s*
teef/tewe *bitch/es*
teëkom *encounter* (V)
teen *by, against*
teer *tar*
teetyd/tye *teatime/s*
teken *draw, sign* (V)
teken/s *sign/s*
tekening/e *drawing/s*
tekkie/s *tennis shoe/s*
teller/s *teller/s*

tendens *tendency*
tennisspeler/s *tennis player/s*
ter herdenking van *in memory of*
tereg *deservedly, rightly*
tertjie/s *jam tart/s*
terugkeer *return*
terugkom *return* (V)
terwyl *while*
tier/s *tiger/s*
tjek/s *cheque/s*
tjip/s *chip/s*
tjoppie/s *lamb chop/s*
toe *when, then (past)*
toebroodjie/s *sandwich/es*
toekamp *enclose*
toelaat *allowed*
toer/e *tour/s*
toeris/te *tourist/s*
toeskouer/s *spectator/s*
toestand/e *condition/s*
toets *test* (V)
toets/e *test/s*
tolgeld/e *toll fee/s*
tolpad/paaie *toll road/s*
toon *demonstrate, show* (V)
toon/tone *toe/s*
toonbank/e *counter/s*
tou/e *rope/s, queue/s*
toustaan *queue* (V)
towerland *wonderland*
treur *mourn* (V)
treurig *sad, sorrowful*
troeteldier/e *pet/s*
tropies *tropical*
trop/pe *herd/s*
trui/e *pullover/s, jersey/s*
tsamma/'s *melon/s*
tuin/e *garden/s*
tuinmaak *garden* (V)
tuis *at home*
tussen *between*
TV/'s *TV/s*
twee *two*
tyd/tye *time/s*

tydskrif/te *magazine/s*

u *you (formal)*
ui/e *onion/s*
uintjie/s *bulb/s (edible)*
uit *out*
uitbreek *break out* (V)
uitdaag *challenge, dare* (V)
uitdaging *challenge/s, dare/s*
uiteet *eating out* (V)
uitput *exhaust* (V)
uitroei *eradicate* (V)
uitslag/te *rash/es*
uitslag/slae *result/s*
uittrek *undress, pull out* (V)
uitvoer *export* (V)
uitvoerproduk/te *export product/s*
uniek *unique*

vaardigheid/hede *skill/s*
vader/s *father/s*
vals *false, falsely*
van vroeër *of old*
van watter *of which*
van wie *from whom*
vanaand *tonight*
vandaan *where from*
vandag *today*
vang *catch* (V)
vangs/e *catch/es*
vark/e *pig/s*
varktjop/s *pork chop/s*
varkvleis *pork*
vars *fresh*
vas *close, tight*
vasberadenheid *determination*
vasmaak *fasten* (V)
vat *take* (V)
vat/vatte *barrel/s*
veearts/e *vet/s*
veer/vere *feather/s*
vel *skin*
veld *field of play*

veld *countryside, fields*
veldkos *wild food (live off land)*
veldtog/te *campaign/s*
venster/s *window/s*
verbaas *surprise, amaze* (V)
verband/e *bandage/s*
verbasing *amazement, surprise*
verbied *forbid, ban* (V)
verbind *bandage* (V)
verbode (toegang) *no admission*
verbonde (wond) *bandaged
   wound*
verby *passed*
verdagte (dief) *suspected (thief)*
verdedig *defend* (V)
verdediging *defence*
verdink *suspect* (V)
verdowend *deafening*
verduidelik *explain* (V)
verdwyn *disappear* (V)
vereer *honour* (V)
vereis *demand* (V)
vereis/te *demand/s*
vergasser/s *accelerator/s*
verhaalkuns *fiction*
verjaarsdag/dae *birthday/s*
verkeerskonstabel/s *traffic cop/s*
verkoeler/s *radiator/s*
verkoop *sell* (V)
verlaat *desert, leave* (V)
verlate *lonely, deserted*
verlede *last, past*
verloor *lose* (V)
verlore *lost*
verlowing/s *engagement//s*
vermaak *entertain* (V)
vermaak *entertainment, pastime*
vermink *maim, mutilate* (V)
vermoë/ns *capacity/ies*
vermoei *exhaust* (V)
vermoeiend *exhausting*
verongeluk *have an accident* (V)
verpleegster/s *nurse/s*
verrassing/s *surprise/s*

verseker *ensure* (V)
versigtig *careful, carefully*
verskeidenheid *variety*
verskeie *several*
verskil *differ, disagree* (V)
verskillend *different*
verskoon *excuse* (V)
verskyn *appear* (V)
vertel *tell* (V)
vertraging/s *delay/s*
vertrek *depart, leave* (V)
vertrek/ke *room/s*
verversings *refreshments*
verversingsarea/s *refreshment
   area/s*
vervoer *transport*
verwag *expect* (V)
verwagte *expected*
verwelkom *welcome* (V)
vet *lard*
vetkoek *deep-fried dough*
vier *celebrate* (V)
vies *disgusted with*
vigs *HIV-Aids*
viks *fit*
vind *find* (V)
vinger/s *finger/s*
vingernael/s *fingernail/s*
vinnig *quickly, fast*
vir *for*
visserman/ne *fisherman/men*
vissmeer *fishpaste*
visvang *fish* (V)
vitamine/s *vitamin/s*
vlag/vlae *flag/s*
vlaggie/s *pennant/s, little flag/s*
vlakvark/e *warthog/s*
vlei/e *wetland/s*
vleis *meat*
vlerk/e *wing/s*
vlieënier/s *pilot/s*
vlieg *fly* (V)
vlieg/vlieë *fly/flies*
vliegtuig/tuie *aircraft*

vloeistof/stowwe *fluid/s*
vlug *flee* (V)
vlug/te *flight/s*
voel *feel* (V)
voël/s *bird/s*
voëlkykery *birdwatching* (V)
voertuig/tuie *vehicle/s*
voet/e *foot/feet*
voetbal *football, soccer*
vol *full*
vol pret *full of fun*
volg *follow* (V)
volgende *next*
volk *farm workers*
volkslied/ere *national anthem/s*
volmaak *fill* (V)
volroom *full cream*
volstruis/e *ostrich/es*
voltooi *finish, complete* (V)
vonkelwater *sparkling water*
vonkprop/pe *sparkplug/s*
voor *in front of, before*
voorberei *prepare* (V)
voorbereidings *preparations*
voordat *before*
voorgereg/te *starter/s*
voorsien *provide* (V)
voorsit *promote* (V)
voorskrif/te *prescription/s*
voorskryf *prescribe* (V)
voorspoed *prosperity*
voorstel *suggest, propose* (V)
voortuin *front garden*
vooruit *in advance*
vorentoe *forward/s*
vraag/vrae *question/s*
vra om verskoning *apologize* (V)
vrat/te *wart/s*
vreklui *as lazy as sin*
vriend/e *friend/s*
vriendelik *friendly*
vriendelik vra *kindly request*
vriendin/ne *friend/s (female)*
vries *freeze* (V)

vroeër *earlier*
vroeg *early*
vrom *sturdy, strong*
vrot *rot* (V)
vrot *rotten*
vrou/ens *woman/men, wife/ves*
vroue *women's*
vrug/te *fruit/s*
vrugtekoek *fruitcake*
vrugtesap/pe *fruit juice/s*
vryf *rub* (V)
Vrystaat *Free State*
vul/le *foal/s*
vuur *fire*
vuurhoudjie/s *match/es*
vuurwarm *red hot*
vy/e *fig/s*

waar *where*
waarborg *guarantee* (V)
waarborg/e *guarantee/s*
waardeer *appreciate* (V)
waardering *appreciation*
waardeur *through which, by which*
waarheen *where to*
waarin *in which*
waarmee *with which*
waarnatoe *where to*
waarop *on which, on what*
waarsku *warn* (V)
waarskuwing/s *warning/s*
waaruit *from which, out of which*
waarvan *of which*
waarvandaan *from where*
waatlemoen/e *watermelon/s*
wakker *awake*
wakker maak *wake up (someone)* (V)
wakker word *awake* (V)
wal/le *bank/s*
wandel *stroll* (V)
wanneer *when*

want *because*
warm *warm, hot*
wasbak/ke *washbasin/s*
waslap/pe *facecloth/es*
wat *that, which, who, what*
water *water*
waterblommetjiebredie *water-lily stew*
waterpokkies *chicken pox*
watervoël/s *wader/s (birds)*
watte *cottonwool*
watter *which*
wederkoms *return*
wedren/ne *race/s*
wedstryd/e *match/es, game/s*
weduwee/s *widow/s*
week/weke *week/s*
weelderig *luxurious, plush*
weer *weather, again*
wees *be* (V)
wees tuis *feel at home*
weghardloop *run away* (V)
wekker/s *alarm clock/s*
wel *certainly, well, good*
welbekend *famous, well known*
wen *win* (V)
wêreldberoemd *world famous*
wêreldoorlog/loë *world war/s*
werk *work* (V)
werk *work, job*
werkgewer/s *employer/s*
werknemer/s *employee/s*
werkplek/ke *work place/s*
werksdag/dae *working day/s*
werktuigkundige/s *mechanic/s*
wet/te *law/s*
wewenaar/s *widower/s*
wie *who*
wie se *whose*

wiel/e *wheel/s*
wild *wild*
wilddief/diewe *poacher/s*
wildebees *gnu/s*
wildpark/e *game park/s*
wildsbok/ke *wild buck*
wildsvleis *venison*
windskerm/s *windscreen/s*
windswael/s *swift/s*
winkel/s *shop/s*
winkelsentrum/s *shopping mall/s*
winter *winter*
wissel *range, change* (V)
wit *white*
witborskraai/e *pied crow/s*
witbrood/brode *white bread*
witwortel/s *parsnip/s*
woestyn/e *desert/s*
woestynagtig *desert-like*
woll/e *wool*
wond/e *wound/s*
wonderwerk/e *wonder/s*
woning/s *home/s*
woord/e *word/s*
wors *sausage/s*
worsbroodjie/s *hotdog/s*
worsrolletjie/s *sausage roll/s*
wortel/s *root/s, carrot/s*
wortelkoek *carrot cake/s*
wyn/e *wine/s*
wynsous *wine sauce*
wys *show* (V)

ys *ice*
yskas/te *fridge/s*
yskoud *ice cold*
yslike *enormous*
yster *iron (ore)*
ystervark/e *porcupine/s*

English–Afrikaans glossary

a, an *'n*
aardvark/s *erdvark/e*
about *omtrent*
accelerator/s *vergasser/s*
accident/s *ongeluk/ke*
accommodation *akkommodasie*
accompany (V) *saamgaan*
achievement/s *prestasie/s*
across the way *oorkant*
adjoining *langsaan*
admission, no *verbode (toegang)*
adopted (children) *aangenome (kinders)*
advance, in *vooruit*
afternoon/s *middag/dae*
afternoon, in the *smiddags*
again *weer*
again and again *kort-kort*
against *teen*
agent/s *agent/e*
air *lug*
aircarrier/s *lugdiens/e*
aircraft *vliegtuig/tuie*
airline/s *lugdiens/e*
airport/s *lughawe/ns*
alarm clock/s *wekker/s*
alcohol *sterk drank*
alight (V) *afklim*
all *almal, al, alles, alle*
all day *heeldag*
allow (V) *toelaat*

aloe/s *alwyn/e*
alone *alleen, stoksielalleen*
already *alreeds*
also *ook*
alternative *alternatiewe*
although *alhoewel*
always *altyd*
amaze (V) *verbaas*
amazement *verbasing*
ambulance/s *ambulans/e*
anchor/s *anker/s*
and *en*
and so forth *so-meer*
and so on *ensomeer*
angry *kwaad, vies*
animal/s *dier/e*
anniversary/ies *gedenkdag/dae*
announce (V) *aankondig*
ant/s *mier/e*
apologize (V) *vra om verskoning*
appear (V) *verskyn*
apple/s *appel/s*
appreciate (V) *waardeer*
appreciation *waardering*
approve (V) *goedkeur*
apricot/s *appelkoos/kose*
Arabic *Arabierse, Arabiese*
Arbor day *Boomplantdag*
area/s *omgewing/s*
arid *dorre*
arm/s *arm/s*

arrange (V) *afspreek, reël*
arrival *koms, aankoms*
Arrivals Hall *Aankomssaal*
arrive (V) *aankom*
arrow/s *pyl/e*
artefact/s *kunsproduk/te*
arts festival/s *kunsfees/te*
as *omdat*
as if *asof*
ash *as*
ashen *asvaal*
asparagus *aspersie/s*
aspirin/s *aspirine*
ass/es *esel/s*
astronomer/s *sterrekundige/s*
astronomy *sterrekunde*
astrophysics *astrofisies*
at *by*
attention *aandag*
aunt/s *tante/s*
autumn *herfs*
available *beskikbaar*
average *gemiddeld*
awake (V) *wakker word*
awake *wakker*

baboon/s *bobbejaan/jane*
baby/ies *baba/s*
baby shower/s
  ooievaarspartytjie/s
backside/s *stert/e*
bacon *spek*
bad/ly *sleg*
baggage *bagasie*
baggage reception *bagasie-*
  ontvangs
bake (V) *bak*
baker/s *bakker/s*
baking powder *bakpoeier*
ball/s *bal/balle*
ban (V) *verbied, verban*
banana/s *piesang/s*
banana loaf *piesangbrood*
bandage (V) *verbind*

bandage/s *verband/e*
bandaged wound *verbonde*
  (wond)
bank/s *wal/le*
bank manager/s *bankbestuurder/s*
barbecue/s *braai/s*
barbecue-grid bread
  roosterkoek/-brood
barrel/s *vat/vatte*
barricade (V) *afkamp*
basket/s *mandjie/s*
bath (V) *bad*
bath/s *bad/dens*
bathing costume/s (male)
  baaibroek/e
bathing costume/s (females)
  baaikostuum/tume
bathroom/s *badkamer/s*
battery/ies *battery/e*
battle/s *geveg/te*
be (V) *wees*
be ahead (V) *loop voor*
beach/es *strand/e*
beak/s *bek/ke*
bean/s *boontjie/s*
beat (V) *klop*
beautiful *beeldskoon, mooi,*
  pragtig
because *want, omdat*
bed/s *bed/dens*
bedding *beddegoed*
bedspread/s *deken/s*
bee/s *by/e*
beef *beesvleis*
beef stew *beesbredie*
beehive/s *byekorf/korwe*
beetroot *beet*
beetroot salad *beetslaai*
before *voordat, voor*
begin (V) *begin*
beginning *begin, onstaan*
behind *agter*
Belgian *Belgiese*
belief/s *geloof/lowe*

bell/s *klok/ke*
belongs to (V) *behoort aan*
beloved *geliefde*
belt/s *gordel/s*
bend (V) *buig*
berry/ies *bessie/s*
better *beter*
between *tussen*
bikini/s *bikini/'s*
bird/s *voël/s*
birdwatching (V) *voëlkykery*
birth, give (V) *geboorte gee*
birthday/s *verjaarsdag/dae*
bitch/es *teef/tewe*
bite (V) *byt*
bitter *bitter*
bitter-berry bush/es
  bitterbessiebos/se
black *swart*
Black/s *Swart/es*
black language/s *swarttaal/tale*
blind *blind*
blood *bloed*
blood hot *bloedig warm*
blood pressure *bloeddruk*
blood red *bloedrooi*
blouse/s *bloes/e*
blow (V) *blaas*
blue *blou*
bluebottle/s *bloublasie/s*
board (V) *opklim*
boat, by – *per boot*
body/ies *liggaam/ame*
boiled *gekookte*
bone-dry *kurkdroog*
bonnet/s *enjinkap/pe*
book (V) *bespreek*
book/s *boek/e*
bookcase/s *boekrak/ke*
boot/s *steuwel/s*
border/s *grens/e*
born (V) *gebore*
both *beide, albei*
bottle store/s *bottelstoor/store*

bottom *onderste*
bottom, at the – *onderaan*
boutique/s *modewinkel/s*
bow/s *boog/boë*
bowed (head) *geboë (hoof)*
boy/s *seun/s*
bra/s *bra/s*
braised snoek *smoorsnoek*
brake (V) *rem (trap)*
brake/s *rem/me*
branch/es *tak/takke*
brand new *splinternuut*
brandy *brandewyn*
brave *dapper*
bravery *dapperheid*
bread *brood/brode*
bread roll/s *broodrolletjie/s*
break (V) *breek*
break out (V) *uitbreek*
breakfast/s *ontbyt/e*
brick/s *baksteen/stene*
bridal shower/s *kombuistee/s*
bride/s *bruid/e*
bridegroom/s *bruidegom/s*
briefly *kortliks*
broken *stukkend*
broken heart *gebroke (hart)*
broom/s *besem/s*
brother/s *broer/s*
brother/s-in-law *swaer/s*
buck *bok/ke*
bucket/s *emmer/s*
build up (V) *opbou*
bulb/s (edible) *uintjie/s*
bull/s *bul/le*
burden/s *las/se*
burn (V) *brand*
burn/s *brandwond/e*
burst (V) *bars*
bury (V) *begrawe*
bus/es *bus/se*
bus service/s *busdienste/s*
bus stop/s *bushalte/s*
bush/es *bos/se*

Bushman/men *Boesman/s*
business/es *besigheid/hede*
business centre/s
 besigheidssentrum/s
business people *besigheidsmense*
business person
 besigheidspersoon/one
bustard/s *gompou/e*
busy *besig*
but *maar*
butchery/ies *slaghuis/e*
butter *botter*
butter biscuit/s *soetkoekie/s*
butterfly/ies *skoenlapper/s*
buttermilk *bottermelk*
buy (V) *koop*
by *teen*

cabbage/s *kool*
café/s *kafee/s*
calabash/es *kalbas/se*
calf/ves *kalf/kalwers*
campaign/s *veldtog/te*
can (V) *inlê*
candle/s *kers/e*
capacity/ies *vermoë/ns*
car/s *motor/s*
car boot/s *kattebak/ke*
car jack/s *domkrag/te*
career/s *loopbaan/bane*
careful/ly *versigtig*
carrot/s *geelwortel/s, wortel/s*
carrot cake/s *wortelkoek*
cart/s *kar/re*
cash card/s *kontantkaart/e*
Casual Day *Loslitdag*
casualty *ongevalle*
cat/s *kat/te*
catch (V) *vang*
catch/es *vangs/e*
cattle *bees/te*
cattle farm/s *beesplaas/plase*
cauliflower/s *blomkool*
cave/s *grot/te, spelonke*

cavern/s *spelonk/e*
celebrate (V) *vier, seëvier, feesvier*
celebration/s *feesviering/s*
century/ies *eeu/e*
cereal *graankos*
certainly *wel*
chain/s *ketting/s*
chair/s *stoel/e*
challenge (V) *uitdaag*
challenge/s *uitdaging/s*
change (V) *verander, wissel*
 (money)
change (money) *kleingeld*
cheap *goedkoop, spotgoedkoop*
cheer (V) *juig*
cheese/s *kaas*
cheese board/s *kaasbord/e*
cheese sauce *kaassous*
cheetah/s *jagluiperd/e*
chemist/s *apteker/s*
chemist/s (shop) *apteek/teke*
cheque/s *tjek/s*
cherry/ies *kersie/s*
chew (V) *kou*
chicken/s *kuiken/s*
chicken/s (roast) *hoender/s*
chicken liver/s *hoenderlewertjie/s*
chicken manure *hoendermis*
chicken pox *waterpokkies*
child/ren *kind/ers*
chime/s *klokslag/te*
chip/s (French fries) *tjip/s*
chocolate cake/s *sjokoladekoek*
choice/s *keuse/s*
choose (V) *kies*
church mouse/mice *kerkmuis/e*
cigarette/s *sigaret/te*
city/ies *stad/stede*
city centre *stad*
city of gold *goudstad*
clan/s *stamgroep/e*
clan members *stammense*
claw/s *klou/e*
clean (V) *skoonmaak*

clear *helder*
clearly *duidelik*
clergyman/men *dominee/s*
clever *slim*
clinic/s *kliniek/e*
close (V) *toemaak*
close *naby*
cloth hat/s *lappieshoed/e*
coal *steenkool*
coals *kole*
coast/s *kus/te*
coastal belt/s *kusstreek/streke*
coat/s *jas/te*
cock/s *haan/hane*
cocktail/s *kelkie/s*
coffee *koffie, boeretroos*
cold *koud*
cold drink/s *koeldrank/e*
collect (V) *opgaar*
colonial *koloniale*
coloured/s (of mixed race)
 kleurling/e
colourful *kleurvol*
comb/s *kam/me*
come (V) *kom*
command (V) *beveel*
command/s *bevel/velle*
comment (V) *kommentaar lewer*
comments *kommentaar*
commerce *handel*
common *alledaagse*
company/ies *maatskappy/e*
complain (V) *kla*
complaint/s *kwaal/kwale, klagte/s*
complete (V) *afhandel, voltooi*
complex *kompleks*
compost heap/s
 komposhoop/hope
comrade/s *makker/s*
conceivable *denkbaar*
concussion *harsingskudding*
condition/s *toestand/e,*
 kwaal/kwale
condolences *meegevoel*

connect (V) *deur skakel*
conserve (V) *bewaar*
conservation *bewaring*
consider (V) *beskou, oordink*
consult (V) *raadpleeg*
continue (V) *aanhou*
control centre/s *beheer-sentrum/s*
conventional *konvensioneel*
cook (V) *kook*
cooked *gekookte*
cool *koel*
corrugated *geriffeld*
cosmopolitan *kosmopolitaanse*
cotton wool *watte*
couch/es *bank/e*
cough syrup/s *hoesstroop/strope*
counter/s *toonbank/e*
country/ies *land/e*
country districts *platteland*
countryside *veld*
courage *dapperheid*
cover (V) *oortrek*
cow/s *koei/e*
crane/s (bird/s) *kraanvoël/s*
crawl (V) *kruip*
cream *room*
cream cheese *maaskaas*
credit card/s *kredietkaart/e*
crew/s *bemanning/s*
cricket (game) *krieket*
cricket/s *kriek/e*
crisp/s *aartappelskyfie/s, skyfie/s*
crisp (air) *fris*
crockery *breekgoed*
cross (V) *oorsteek*
crossfield-kick/s *dwarsskop/pe*
crow/s *kraai/e*
crowd/s *skare*
cry (V) *huil, skreeu*
cucumber/s *komkommer/s*
cuisine *kookkuns*
cunning *slim*
cup/s *koppie/s*
cups and saucers *koppies*

curried food/s *kerriekos/ts*
curried mince pie *bobotie*
custard *fla*
cut (V) *sny, oes*
 – up *opsny*
cut/s *sny/e*

daily *bedags, daagliks*
damage (V) *beskadig, skend*
damage *skade*
dancer/s *danser/s*
dare (V) *uitdaag*
dare/s *uitdaging/s*
darkness *donkerte*
daughter/s *dogter/s*
day/s *dag/dae*
dead *dood, dooie*
dead drunk *papdronk*
dead scared *doodbang*
dead sure *doodseker*
dead tired *doodmoeg*
deadly ill *doodsiek*
deaf *doof*
deafening *verdowend*
debit card/s *debietkaart/e*
deceased *gestorwe*
decent *ordentlik*
decide (V) *besluit*
decision/s *besluit/e*
deep *diep*
deepest *innige*
defend (V) *verdedig*
defence *verdediging*
delay (V) *vertraag*
delay/s *vertraging/s*
delicious *heerlik, lekker*
demand (V) *vereis*
demand/s *vereis/tes*
demonstrate (V) *toon, wys*
dental care *tandversorging*
dentist/s *tandarts/e*
depart (V) *vertrek*
dependant/s *afhanklike/s*
depends on (V) *afhang van*

deposit/s *deposito/'s*
describe (V) *beskryf*
desert/s *woestyn/e*
desert (V) *verlaat*
deserted *verlate*
desert-like *woestynagtig*
deservedly *tereg*
design/s *ontwerp/e*
desk/s *lessenaar/s*
dessert/s *nagereg/te*
determination *vasberadenheid*
dicovery/ies *ontdekking/s*
die (V) (human) *doodgaan, sterf*
die (V) (non human) *vrek*
die in battle (V) *sneuwel*
differ (V) *verskil*
different *verskillend*
difficult *moeilik*
disagree (V) *verskil*
disappear (V) *verdwyn*
discover (V) *ontdek*
disease *siekte*
disgusted (V) *vies*
disinfectant/s
 ontsmettingsmiddel/s
dissatisfied (V) *ontevrede*
ditty/ies *liedjie/s*
do (V) *doen*
doctor/s *dokter/s*
dodge (V) *ontduik*
dog/s *hond/e*
doll's house/s *pophuis/e*
dolphin/s *dolfyn/e*
do not *moet nie*
don't *moenie*
donate (V) *skenk*
done deed *gedane (saak)*
double *dubbel*
double bed/s *dubbelbed/dens*
draw (V) *teken*
drawing/s *tekening/e*
dress/es *rok/ke*
dress (V) *aantrek*
dressing table/s *spieëltafel/s*

drink (V) *drink*
drink/s *drankie/s*
drip (V) *tap af*
drive (V) *ry, bestuur*
drive away (V) *ry, ry weg*
driver/s *bestuurder/s*
drone (V) *dreun*
drug/s *dwelmmiddel/s*
dry off (V) *opdroog*
dumb *stom, dom*
dung beetle/s *miskruier/s*
during *gedurende*
dust *stof*
dusty *stowwerig*

each *elke*
each one *elkeen*
ear/s *oor/ore*
earache *oorpyn*
ear care *oorversorging*
eardrop/s *oordruppel/s*
earlier *vroeër*
early *vroeg*
earthquake/s *aardbeweging/s*
Easter holidays *Paasvakansie*
easy *maklik*
eat (V) *eet*
eat out (V) *uiteet*
eating habit/s *eetgewoonte/s*
edge/s *rand/e*
eel/s *paling/s*
egg/s *eier/s*
either ... or *óf ... óf*
eldest *oudste*
elephant/s *olifant/e*
embers *kole*
emergency/ies *noodgeval/le*
emergency service/s *nooddienste/s*
employee/s *werknemer/s*
employer/s *werkgewer/s*
empty (V) *leegmaak*
empty *leeg*
empty, totally *dolleeg*
enchant (V) *betower*

enclose (V) *toekamp*
encounter (V) *teëkom*
encourage (V) *aanmoedig*
energy *energie*
engagement//s *verlowing/s*
engine/s *enjin/s*
enjoy (V) *geniet*
enjoyable *lekker*
enormous *yslik*
enough *genoeg*
ensure (V) *maak seker, verseker*
enteritis *omgekrapte maag*
entertain (V) *vermaak*
entertainment *vermaak*
environment/s *omgewing/s*
equal *ewig*
eradicate (V) *uitroei*
escape (V) *ontsnap, ontglip*
escape/s *ontsnapping/s*
estuary/ies *riviermonding/s*
even *selfs*
ever *ooit*
every *elke*
everyday *alledaagse*
everyone *almal*
everything *alles*
ewe/s *ooi/e*
examine (V) *ondersoek*
excited *opgewonde*
excitement *opgewondenheid*
excuse (V) *verskoon*
exercise (V) *oefen*
exercise/s *oefening/e*
exhaust (V) *vermoei, uitput*
exhausting *vermoeiend,
  uitputtend*
expect (V) *verwag*
expected *verwagte*
expensive *duur, peperduur*
explain (V) *verduidelik*
export (V) *uitvoer*
export product/s
  uitvoerproduk/te
eye/s *oog/oë*

eye care *oëversorging*
eyedrop/s *oogdruppel/s*

face/s *gesig/te*
facecloth/es *waslap/pe*
factory/ies *fabriek/e*
fairyland *sprokiesland*
fall (V) *val*
fall *herfs*
false/ly *vals*
family/ies *gesin/ne*
family member/s *gesinslid/lede*
famine *hongersnood*
famous *gewilde, welbekend*
farm/s *plaas/plase*
farmer/s *boer/e*
farming *boerdery*
farmland/s *land/e*
farm sausage *boerewors*
farm worker/s *plaaswerker/s,*
  'volk'
fast *vinnig*
fasten (V) *vasmaak*
fat as a pig *spekvet*
father/s *pa/'s, vader/s*
feather/s *veer/vere*
feel (V) *voel*
feel at home *wees tuis*
fees *gelde*
fence (V) *omhein*
fenced *omheinde*
festival/s *fees/te*
festival route/s *feesroete/s*
festoon (V) *festoeneer*
fetch (V) *afhaal*
few *min*
fiction *verhaalkuns*
field/s (farm) *land/e*
field of play *veld*
fig/s *vy/e*
fight (V) *veg, baklei*
fight/s *geveg/te*
fill (V) *volmaak*
film festival/s *filmfees/te*

filthy rich *skatryk*
find (oneself) (V) *bevind*
find (V) *vind*
fine art/s *skone kuns/te,*
  beeldende kuns/te
finger/s *vinger/s*
fingernail/s *vingernael/s*
finish (V) *voltooi, klaarmaak*
finished *klaar*
fire/s *brand/e, vuur*
fire brigade *brandweer*
firm *rotsvas*
first *eerste, eers*
firstly *eerstens*
fish (V) *visvang*
fish *vis*
fisherman/men *visserman/ne*
fishpaste *vissmeer*
fit *viks*
fit as a fiddle *perdfris*
flag/s *vlag/vlae*
flat *pap*
flat tyre/s *papband/e*
flee (V) *vlug*
flight/s *vlug/te*
flightless *nie-vliegende*
flu *griep*
fluid/s *vloeistof/stowwe*
fly (V) *vlieg*
fly/flies *vlieg/vlieë*
foal/s *vul/le*
follow (V) *volg*
food *kos*
food type/s *kossoort/e*
foot/feet *voet/e*
football *voetbal, sokker*
for *vir*
forbid (V) *verbied*
force (V) *dwing*
forced (rest) *gedwonge (rus)*
forest/s *bos/se*
formal dinner/s *formele ete/s*
forward/s *vorentoe*
Free State *Vrystaat*

freeze (V) *bevries*
French *Franse*
fresh *vars*
fridge/s *yskas/te*
friend/s *vriend/e, vriendin/ne*
  (female)
friendly *vriendelik*
friendship *vriendskap*
fringe/s (hair) *kuif/kuiwe*
frog/s *padda/s*
from where *waarvandaan*
from which *waaruit*
from whom *van wie*
front garden *voortuin*
front, in – of *voor*
frozen (meat) *bevrore (vleis)*
fruit/s *vrug/te*
fruitcake *vrugtekoek*
fruit juice/s *vrugtesap/pe*
fry (V) *bak*
full *vol*
full cream *volroom*
full of fun *vol pret*
full to overflowing *propvol*
fully prepared *klaar*
fun *pret*
furniture *meubels*

gall *gal*
game/s *wedstryd/e*
game park/s *wildpark/e*
gap/s *gaping/s*
garden/s *tuin/e*
garden (V) *tuinmaak*
garlic *knoffel*
gate/s *hek/ke*
gather (V) *opgaar*
gearbox/es *ratkas/te*
gecko/s *geitjie/s*
gem squash/es *skorsie/s*
generic *generiese*
gentleman/men *heer/here*
German measles *Duitse masels*
get (V) *kry*

get into (V) *inklim*
girl/s *meisie/s, dogter/s*
glisten (V) *glinster*
glove/s *handskoen/e*
gnu/s *wildebees*
go (V) *gaan*
goal/s (rugby) *pale*
god/s *god/e*
goddess/es *godin/e*
golden yellow *goudgeel*
good *goed, wel*
good as gold *stroopsoet*
good fortune *geluk*
goodbye – say 'goodbye' *groet*
goose/geese *gans/e*
gown/s (hospital) *japon/ne*
gown/s (home) *kamerjas/te*
gradient/s *opdraand/e*
grammar book/s *taalboek/e*
grandfather/s *oupa/s*
grandmother/s *ouma/s*
grapes *druiwe*
grapefruit *pomelo/'s*
grass/es *gras/se*
grass crafts *grashandwerk/-kuns*
grass cutting/s *grassnysel/s*
grass green *grasgroen*
grass-mat huts *grasmathutte*
gravel road/s *stof-
  /grondpad/paaie*
gravy *sous*
great *groot*
greed *gulsigheid*
greedy *gulsig*
green *groen*
green bean/s *groenboon/bone*
greet *groet*
greetings *groete*
grey *grys*
Griqua *Griekwa*
grounds (coffee) *moer*
grow (V) *groei*
guarantee (V) *waarborg*
guarantee/s *waarborg/e*

guava/s *koejawel/s*
guest/s *gas/te*
guide (V) *lei*
guide/s *gids/e*
gut/s *pens/e*

hair/s *haar/hare*
half *helfte, half*
half-heartedly *halfhartig*
hand/s *hand/e*
handicapped (person) *gestremde/s*
handy *handig*
hang (V) *hang*
hang on (V) *aanhou*
happening/s *gebeurtenis/se*
happy *bly*
harbour/s *hawe/ns*
hard *hard*
hare/s *haas/hase*
harvest (V) *sny, oes*
hat/s *hoed/e*
have (V) *het*
have an accident (V) *verongeluk*
head/s *kop/pe*
headache/s *hoofpyn/e*
heal (V) *genees, gesond maak*
health service/s
  gesondheidsdienste/s
healthy *gesonde*
heart/s *hart/e*
heart attack/s *hartaanval/le*
heartburn *sooibrand*
hearty *hartlik*
heat *hitte*
heaven/s *hemel/de*
heavy *swaar*
hedgehog/s *krimpvark/e*
helictite/s (spiralled stalactites)
  heliktiet/e, penningsteen/stene
help (V) *help*
help *hulp*
hen/s *hen/ne*
her *haar, sy*
herd/s *trop/pe*

here *hier*
here (motion) *hiernatoe*
heritage *erfenis*
hermetic *lugdig*
hers *hare*
hide/s *huid/e*
high *hoog*
hill/s *koppie/s*
him *hom*
his *sy*
HIV-Aids *vigs*
hole/s *gat/e*
holiday (V) *vakansie hou, kuier*
holiday/s *vakansie/s*
home/s *woning/s*
home, at – *tuis*
home language/s *huistaal/tale*
home owner/s *huiseienaar/s*
homework *huiswerk*
honey *heuning*
honey-beer *heuningbier*
honour (V) *vereer*
hope (V) *hoop*
horrible *aaklige*
horrid *aaklig*
horse/s *perd/e*
hospital/s *hospitaal/s*
host/s *gasheer/here*
hostess/es *gasvrou/ens*
hot *warm*
hotdog/s *worsbroodjie/s*
house/s *huis/e*
house plant/s *huisplant/e*
housework *huiswerk*
how *hoedat, hoe*
how long *hoe lank*
how many *hoeveel*
how much *hoeveel*
humanity *mensdom, menslikheid*
humankind *mens (die)*
humbling *nederende*
hump/s (road) *middelmannetjie/s*
hundred/s *honderd/e*
hungry *honger*

hunt (V) *jag*
hunter/s *jagter/s*
husband/s *man/s*
hyena/s *hiëna/s*
hymn/s *lied/ere*

I *ek*
ibis (bird) *hadeda/s*
i.e. *d.w.s.*
ice *ys*
ice cold *yskoud*
ice cream/s *roomys/e*
if *as*
ignorance *onkunde*
immediately *onmiddellik, dadelik*
import (V) *invoer*
in *in*
inconvenience *ongerief*
indentured labourer/s
  kontrakarbeider/s
indicator/s *flikkerlig/te*
indigenous *inheemse*
industrious/ly *fluks*
industry/ies *nywerheid/hede,*
  bedryf/drywe
infectious *aansteeklike*
inflate (V) *oppomp*
inform (V) *inlig*
information *inligting*
ingredient/s *bestandeel/dele*
injection/s *inspuiting/s*
injure (V) *beseer*
injury/ies *besering/s*
inner *binneste*
inquiry/ies *navraag/vrae*
inside *binne*
instant coffee *kitskoffie*
institute (V) *instel*
interesting *interessant*
internal *inwendig*
international *internasionale*
invent (V) *ontwerp*
invention/s *ontwerping/s*
investigate(V) *ondersoek*

investigation/s *ondersoek/e*
involve (V) *betrek*
iron (V) *stryk*
iron (ore) *yster*
iron/s *strykyster/s*
is (V) *is*
it *dit*
Italian *Italiaanse*
it's *dis*

jackal/s *jakkals/e*
jacket/s *baadjie/s*
jam/s *konfyt*
jam tart/s *tertjie/s*
jerky (dried meat) *biltong*
jersey/s *trui/e*
Jew/s *Jood/Jode*
job *werk*
jog (V) *draf*
juice/s *sap/pe*
just (V) *regverdig*
just (slang) *sommer*
just (time) *so pas*
just in time *betyds*
just now *netnou*
justify (V) *regverdig*

kebab/s *sosatie/s*
kettle/s *ketel/s*
key/s *sleutel/s*
kick (V) *skop*
kidney/s *nier/e*
kind/s *soort/e*
kind *gaaf*
kindly request (V) *vriendelik vra*
kiss (V) *soen*
kiss/es *soentjie/s*
kitchen/s *kombuis/e*
kitchen tea/s *kombuis tee/s*
knee/s *knie/ë*
know (V) *weet, ken*
known *bekend*
Kruger Park *Krugerwildtuin*

lady/ies *dame/s*
lamb/s *lam/mers*
lamb (roast) *skaapvleis*
lamb chop/s *tjoppie/s*
land (V) *land*
land/s *land/e*
lard *vet*
large *groot*
last *laaste, verlede*
last night *gisteraand*
late *laat*
laugh (V) *lag*
laughingly *laggend*
law/s *wet/te*
lazy *lui*
lazy, as – as sin *vreklui*
lead (V) *lei*
lead *lood*
leaf/ves *blaar/blare*
learn (V) *leer*
learned *geleerd*
leave (V) *ry, wegry, vertrek, verlaat*
left *links*
leftovers *oorskot*
leg/s *been/bene*
leg/s of lamb *skaapboud/e*
lemon/s *suurlemoen/e*
leopard/s *luiperd/e*
lettuce/s *blaarslaai*
licence/s *lisensie/s, rybewys/te*
licence plate *registrasienommer*
life/ves *lewe/ns*
light (V) *opsteek*
light (weight) *lig*
light/s *lig/te*
lightning quick *blitsvinnig*
like (V) *hou van*
like *soos*
line-fish *lynvis/se*
linen *beddegoed*
line-out/s (rugby) *lynstaan/stane*
lion/s *leeu/s*
Lions (rugby) *Leeus*

liqueur/s *likeur/s*
liquor *drank*
listen (V) *luister*
lithe *rats*
litter (V) *besmet*
litter *vullis*
little *bietjie, min, klein*
live (V) *lewe*
lively, as – as a cricket *springlewendig*
liver *lewer*
lizard/s *akkedis/se*
load *oplaai*
load in (V) *inlaai*
locust/s *sprinkaan/kane*
lonely *verlate, verleë*
long *long*
long (time) *lankal*
long, as – as *solank*
long, long ago *lank gelede*
look (V) *kyk*
look after (V) *oppas*
look for (V) *soek*
look (like) (V) *lyk (soos)*
lose (V) *verloor*
lost *verlore*
love (V) *lief hê*
love *liefde*
low *laag*
luck *geluk*
luxurious *weelderig*

magazine/s *tydskrif/te*
magistrate/s *magistraat/strate*
maim (V) *vermink*
main *hoof*
main building *hoofgebou*
main course *hoofgereg*
main route/s *hoofroete/s*
maize *mielies*
major *hoof*
make public (V) *openbaar*
Malay/s *Maleier/s*
Malay Quarter *Maleikwartier*

man/men *man/ne*
man's/men's shoe/s *mansskoen/e*
man's *man se*
man-made *kunsmatig*
manner *manier*
manure *mis*
many *baie*
map/s *kaart/e*
mare/s *merrie/s*
margarine *margarien*
marital status *huwelikstaat*
marry (V) *trou, in die huwelik treë*
marriage/s *trou/e, huwelik/e*
mashed potato *kapokaartappels*
mast/s *mas/te*
match/es *vuurhoudjie/s*
match/es (sport) *wedstryd/e*
mate/s *makker/s*
may (V) *mag*
mealtime/s *etenstyd/tye*
measles *masels*
measure (V) *meet*
meat *vleis*
meatball/s *frikkadel/le*
mechanic/s *werktuigkundige/s*
medicine/s *medisyne*
melon/s *tsamma/'s*
melt (V) *smelt*
melting pot/s *smeltpot/te*
memory/ies *herinnering/s/e*
memory, in – of *ter herdenking van*
menu/s *spyskaart/e*
message/s *boodskap/pe*
metro-rail system *metrospoorsisteem*
milk *melk*
milk product/s *melkproduk/te*
milkshake/s *roomysmelk/e*
mince *maalvleis*
minibus taxi/s *minibustaxi/'s*
minute/s *minuut/nute*
mirror/s *spieël/s*

miscellaneous *allerlei*
miss (mistress)/es *juffrou/ens*
mix (V) *meng*
mobile phone/s *selfoon/fone*
mohair *sybokhaar*
mole/s *mol/le*
moment *oomblik*
money *geld*
month/s *maand/e*
moon/s *maan/mane*
more *meer*
morning *oggend*
  in the – *smôrens*
most *meeste*
mother/s *ma/'s, moeder/s*
motor car/s *motor/s*
mountain/s *berg/e*
mountainside/s *berghang/e*
mourn (V) *rou, treur*
moustache/s *snor/re*
mouth/s (human) *mond/e*
mouth/s (non-human) *bek/ke*
move on (V) *aantrek*
much *baie*
mug/s *beker/s*
mumps *pampoentjies*
mushroom/s *sampioen/e*
musician/s *musikant/e*
mussel/s *garnaal/nale*
must (V) *moet*
must not (V) *moet nie*
mustn't (V) *moenie*
mustard *mostert*
mutilate (V) *vermink*
mutton *skaaplvleis*

name (V) *noem, benoem*
name/s *naam/name*
narrow gauge *smalspoor*
nasturtium/s *kappertjie/s*
national anthem/s *volkslied/ere*
national crest/s *landswapen/s*
national treasure/s *nasionale skat/te*

natural wonder/s *natuurwonder/s*

nature reserve/s *natuurreservaat/vate*

nature conservation *natuurbewaring*

near *naby*

nearest *naaste*

nearly *amper, omtrent, byna*

necessary *nodig*

neck/s *nek/ke*

need (V) *benodig, het nodig*

need/s *behoefte/s*

negotiate (V) *onderhandel*

neighbour/s (female) *buurvrou/ens*

neighbour/s (male) *buurman/ne*

neither ... nor *nóg ... nóg*

net/s *net/nette*

never *nooit*

new *nuwe*

newspaper/s *koerant/e, blad/de*

next *volgende*

next (week, Monday ...) *eerskomende*

nickname/s *bynaam/name*

night, at – *snags*

night clothes *nagklere*

nightdress/es *nagrok/ke*

nil *nul*

no *nee, geen*

none *geen*

no one *geeneen, niemand*

normal *gewone*

north/northern *noord*

nose/s *neus/e*

not *nie ... nie*

nothing *niks*

not yet *nog nie*

nought *nul*

now *nou*

nowadays *deesdae*

now-now *nou-nou*

nowhere *nêrens*

nurse/s *verpleegster/s*

nursery/ies (plants) *kwekery/e*

nut/s *neut/e*

observatory/ies *sterrewag/te*

ocean/s *oseaan/oseane*

off-licence *buite-verkope*

off-load (V) *aflaai*

offspring *kind/ers*

often *dikwels*

ointment/s *salf*

old *ou*

old, as – as Methuselah *stokoud*

old, of *van vroeër*

oldest *oudste*

olive/s *olyf/olywe*

olive oil *olyfolie*

on *op*

once *eens*

one *een*

one by one *een-vir-een*

onion/s *ui/e*

only *net*

open (V) *oopmaak*

open *oop*

open house *opehuis*

optician/s *oogkundige/s*

orange/s *lemoen/e*

orange wedge/s *lemoenskyfie/s*

order (V) *bestel, beveel*

order/s *bestelling/s, bevel/le*

origin *onstaan, afkoms*

original *oorspronklik*

ostrich/es *volstruis/e*

other *ander*

out *uit*

out of which *waaruit*

outrun (V) *ontloop*

outside *buite*

oven/s *oond/e*

over *oor*

overcast sky *betrokke (lug)*

overcome (V) *oorwin*

overdrawn (account) *oortrokke (rekening)*

overlap (V) *oorvleuel*
overnight (V) *oornag*
overseas *oorsee*
ox/oxen *os/se*

Paarl *Pêrel*
pain/s *pyn/e*
painkiller/s *pynstiller/s*
pale *bleek*
pale, as – as a ghost *doodsbleek*
pan/s *pan/panne*
pancake/s *pannekoek*
panel beater/s *paneelklopper/s*
pants, panty/ies *broek/e*
panty hose, tights *broekiekouse*
parcel/s *pakkie/s*
parent/s *ouer/s*
parental status *ouerskap*
park (V) *parkeer*
park/s *park/e*
parsley *pietersielie*
parsnip/s *witwortel/s*
participant/s *deelnemer/s*
participate (V) *deelneem*
party/ies *partytjie/s*
pass (V) *aangee, verbygaan*
passage/s *gang/e*
passenger/s *passasier/s*
past *verlede*
pastime *vermaak*
patch through (V) *deur skakel*
path/s *pad/paaie, paadjie/s*
patient/s *pasiënt/e*
paw/s *poot/pote*
paw-paw/s *papaja/s*
pay (V) *betaal*
pea/s *ertjies*
peach/es *perske/s*
peak/s *bergtop/pe*
peanut/s *grondboontjie/s*
pear/s *peer/pere*
pen/s *pen/penne*
pencil/s *potlood/lode*
pennant/s *vlaggie/s*

pensioner/s *pensioentrekker/s*
people-wise *mensekennis*
pepper *peper*
perform (V) *optreë*, opvoer
performance/s *opvoering/s*
person/s, people *mens/e*
perspire (V) *sweet*
perspiration *sweet*
pet/s *troeteldier/e*
petrol/fuel *brandstof*
petticoat/s *onderrok/ke*
pharmacist/s *apteker/s*
pharmacy/ies *apteek/teke*
phone (V) *skakel, bel, lui*
phone call/s (slang) *luitjie/s*
physical *fisies*
piano/s *klavier/s*
pick/s *pik/ke*
pickpocket/s *sakkeroller/s*
pick up (V) *oplaai*
piece/s *stuk/ke*
pied crow/s *witborskraai/e*
pig/s *vark/e*
pilot/s *vlieënier/s*
pill/s *pil/le*
pineapple/s *pynappel/s*
pitch black *pikswart*
pitch dark *pikdonker*
place (V) *plaas*
place/s *plek/ke*
plane, by – *per vliegtuig*
plant/s *plant/e*
plaster/s *pleister/s*
play (V) *speel*
pleasant *heerlik, lekker*
please *asseblief*
pleased to meet you *aangename kennis*
pleasure *plesier*
pleasure, with – *graag*
plum/s *pruim/e*
plush *weelderig*
poacher/s *wilddief/diewe*
pocket/s *sak/ke*

poetry *digkuns*
point/s *punt/e*
poisonous *giftig*
pole/s *paal/pale*
police *polisie*
pool/s *poel/e*
poor *arm*
poor, very – *brandarm*
popular *gewild, welbekend*
populate (V) *bevolk*
population/s *bevolking/s*
porcupine/s *ystervark/e*
pork *varkvleis*
pork chop/s *varktjop/s*
porridge *pap*
post office/s *poskantoor/ore*
potato/es *aartappel/s*
potato crisp/s *aartappelskyfie/s*
pothole/s *slaggat/e*
potter/s *pottebakker/s*
poultry *pluimvee, hoenders*
practice/s *oefening/e*
practise (V) *oefen*
preparations *voorbereidings*
prepare (V) *(voor)berei, bewerk*
prescribe (V) *voorskryf*
prescription/s *voorskrifte*
preserve (V) *behou, inlê*
pretty *mooi, pragtig*
private *privaat*
probably *seker*
problem/s *probleem/leme*
process (V) *behandel*
process/es *proses/se*
production/s *opvoering/s*
professional *professioneel*
promise (V) *belowe*
promise/s *belofte/s*
promote (V) *voorsit*
property/ies *eienskap/pe*
propose (V) *voorstel*
prosperity *voorspoed*
protect (V) *bewaar, beskerm*
protection *beskerming*

provide (V) *voorsien*
psychological/ly *psigies*
public *openbaar*
public (bank) holiday/s *openbare vakansie/s*
public transport *openbare vervoer*
pull in (V) *intrek*
pull out (V) *uittrek*
pullover/s *trui/e*
pulse *polsslag*
pumpkin/s *pampoen/e*
put (V) *plaas, sit*
put out (fire) (V) *blus (vuur)*
pyjamas *nagklere*

quail/s *kwartel/s*
question/s *vraag/vrae*
queue (V) *toustaan*
queue/s *tou/e*
quickly *gou-gou, vinnig*
quiet/ly *stil, rustig*

rabbit/s *haas/hase*
race/s *wedren/ne*
race, of mixed – *bruinman/ne, kleurling*
radiator/s *verkoeler/s*
radish/es *radys/e*
rain (V) *reën*
rain *reën*
raincoat/s *reënjas/te*
rainy *reënerig*
ram/s *ram/me*
ran (V) *hardloop*
range (V) *wissel*
raptor/s *roofvoël/s*
rash/es *uitslag/te*
rat/s *rot/rotte*
rather *eerder*
raw *rou*
read (V) *lees*
ready *gereed*
ready (V) *reg, reg staan, gereed*

recently *onlangs*
receptionist/s *ontvangsdame/s*
recipe/s *resep/te*
recipe book/s *resepteboek/e*
red *rooi*
red hot *vuurwarm*
referee/s *skeidsregter/s*
refreshment area/s
  verversingsarea/s
refreshments *verversings*
regularly *gereeld*
reintroduce (V) *herinvoer*
religion/s *godsdiens/te,*
  geloof/lowe
religious affiliation *kerkverband*
rely on (V) *staatmaak op*
remedy/ies *raat/rate*
remember (V) *onthou*
remind (V) *herinner*
remote *afgeleë, verlate*
rescue service/s *reddingsdiens/tes*
reserve (V) *bespreek*
respectively *respektiewelik,*
  onderskeidelik
rest period/s *blaaskansie/s*
restfully *rustig*
restricted (life) *gebonde (lewe)*
restroom/s *ruskamer/s*
result/s *uitslag/slae*
return (V) *terugkom, terugkeer*
return *wederkoms, terugkoms,*
  terugkeer
return ticket/s *retoerkaartjie/s*
reveal (V) *openbaar*
rhinoceros/es, rhino/s *renoster/s*
rice *rys*
rich *ryk*
ridge/s *rant*
right (direction) *regs*
right/s *reg/te*
right of way *reg van oorgang*
rightly *tereg*
ring/s *ring/e*
ring up (V) *skakel, bel, lui*

rissole/s *frikkadel/le*
river/s *rivier/e*
road/s *pad/paaie*
road/s – corrugated, rutted
  sinkplaat pad/paaie
road safety *padveiligheid*
roam (V) *swerf*
roast (V) *braai*
roasted *gebraaide*
rock/s *rots/e*
rock hard *kliphard*
room/s *kamer/s, vertrek/ke*
root/s *wortel/s*
rope/s *tou/e*
rot (V) *vrot*
rotten *vrot*
rough road/s *stof-grondpad/paaie*
round *rond*
route/s *roete/s*
rub (V) *vryf*
rubella *Duitse masels*
rumble (V) *dreun*
rumble *gerommel*
rump/s *boud/e*
run (V) *hardloop*
run away (V) *weghardloop*
run off (V) (fluids) *tap af*
runner/s *hardloper/s*
running shoe/s *drafskoen/e*
rusk/s *boerebeskuit*

sad *treurig, ongelukkig*
saffron (yellow) rice *geelrys*
salt *sout*
same *soortgelyk, dieselfde*
sandal/s *plakkie/s*
sap (plant) *sap*
sandwich/es *toebroodjie/s*
sardine/s *sardientjie/s*
sauce/s *sous/e*
sausage/s *wors*
sausage roll/s *worsrolletjie/s*
saw (V) *saag*
saw/s *saag/sae*

say (V) *sê*
scar (V) *skend*
scarce *skaars*
scare to death (V) *doodskrik*
scarf/ves (neck) *serp/e*
scarf/ves (head) *doek/e*
scenic *natuurskoon*
scholar/s *skoolganger/s*
scream (V) *skreeu*
scrum/s (rugby) *skrum/s*
seam/s *soom/some*
search (V) *soek*
seatbelt/s *sitplekgordel/s*
secretary bird/s *sekretarisvoël/s*
see (V) *sien*
seed/s *saad*
seek (V) *soek*
seldom *selde*
self-drive *selfbestuur*
sell (V) *verkoop*
send (V) *stuur*
serious *erg, ernstig*
seriously *erg*
serve (V) *bedien*
service/s *diens/tes*
set (V) *dek*
several *verskeie*
shade *skaduwee*
shadow/s *skadu/s, skaduwee/s*
sharp *skerp*
sheep *skaap/skape*
sheet/s *laken/s*
shiny *blink*
ship's captain/s *skeepskaptein/e*
ship's hold/s *skeepsruim/tes*
shirt/s *hemp/de*
shoe/s *skoen/e*
shoot (V) *skiet*
shop/s *winkel/s*
shopping mall/s *winkelsentrum/s*
short *kort*
shortbread *brosbrood*
shortly *binnekort*
shortly thereafter *kort daarna*

shot/s *skoot/te*
should *behoort*
shovel/s *skopgraaf/grawe*
show (V) *toon, wys*
shower (V) *stort*
shower/s *stort/e*
shrill/y *skril*
shy *beskeie*
sick *siek*
sick, get (V) *siek word*
side-plate/s *kleinbordjie/s*
sight/s *gesig/te*
sign (V) *teken*
sign/s *teken/s*
silly *dom*
similar *soortgelyk*
sincerely *hartlik*
sing (V) *sing*
singer/s *sanger/s*
single *enkel*
single bed/s *enkelbed/dens*
single ticket/s *enkelkaartjie/s*
Sir *Meneer*
sister/s *suster/s*
sister/s-in-law *skoonsuster/s*
sit (V) *sit*
sit (the test) (V) *aflê*
situate (V) *vestig, plaas*
size *grootte*
skew *skeef*
skill/s *vaardigheid/hede*
skin *vel*
skin/s *huid/e*
skirt/s *romp/e*
sky *lug*
slipper/s *pantoffel/s*
slippery *glipperig, glad*
slope/s *opdraand/e*
slowly *stadig*
small *klein*
smart *deftig*
smell (V) *ruik*
smelt (V) *smelt*
smile (V) *glimlag*

smile/s *glimlag/te*
smoke (V) *rook*
smoke *rook*
smoking area *rook-area*
snail/s *slak/ke*
snake/s *slang/e*
snake bite *slangbyt*
snake park/s *slangpark/e*
snow *sneeu*
snow white *spierwit*
so-called *sogenaamde*
soap/s *seep/sepe*
soccer *sokker, voetbal*
sock/s *kous/e*
soft/ly *sag, stilletjies*
soldier/s *soldaat/date*
some *sommige*
someone *iemand*
something *iets*
somewhere *êrens*
song/s *lied/ere, liedjie/s*
son/s *seun/s*
soon *gou*
soon, as – as *sodra*
sophisticated *gesofistikeerd*
sopping wet *papnat*
sore/s *seerplek/ke*
sore *seer*
sorrowful *treurig*
sorry *jammer*
sound (V) *klink*
sound/s *klank/e*
soup/s *sop/pe*
sour milk *suurmelk*
spade/s *graaf/grawe*
spare wheel/s *spaarwiel/e*
sparkling clean *helderskoon, silwerskoon*
sparkling water *vonkelwater*
sparkplug/s *vonkprop/pe*
sparrow/s *mossie/s*
speak (V) *praat, gesels*
specie/s *soort/e*
spectator/s *toeskouer/s*

speed limit/s *spoedbeperking/s*
spoil (V) *bederf*
spoilt children *bedorwe (kinders)*
spread (V) *smeer*
spread/s *smeer*
Springboks (rugby) *Springbok/ke, Bokke*
springbuck *springbok/ke*
stag party/ies *bokkefuif/fuiwe, rampartytjie/s*
stalactite/s *stalaktiet/e, hangdruipsteen/stene*
stalagmite/s *stalagmiet/e, staandruipsteen/ene*
stallion/s *hings/e*
starter/s *voorgereg/te*
station/s *stasie/s*
stay (V) *bly*
steak/s *biefstuk/ke*
stick/s *stokkie/s*
stiff as a board *stokstyf*
still *nog*
sting (V) *steek*
stomach/s *maag/mage*
stomach ache/s *maagpyn/e*
stomach ulcer/s *maagsweer/swere*
stoop/s *stoep/e*
stop (V) *ophou*
stop (V) (vehicle) *stilhou*
stork/s *ooievaar/s*
storm (V) *storm*
storm/s *storm/s*
stove/s *stoof/stowe*
strategic *strategies*
strawberry/ies *aarbei/e*
street/s *straat/strate*
street theatre/s *straatteater/s*
stretch (V) *strek, rek*
strict *kwaai*
strike (V) (by snake) *pik*
stroll (V) *wandel*
strong *sterk, vrom*
strong drink *sterk drank*
struggle (V) *sukkel*

struggle/s *stryd/e*
stupid *dom*
sturdy *vrom*
suffer (V) *lei*
suffering *leiding*
sugar *suiker*
suggest (V) *voorstel*
suicide *selfmoord*
suit/s *pak/ke*
suitcase/s *tas/se*
summer *somer*
sun *son*
sunburn *sonbrand*
sunflower oil *sonneblomolie*
sunset *sonsondergaan*
superb/ly *puik*
support (V) *onderhou,*
  ondersteun
surely *seker*
surgeon/s *chirurg/e*
surprise (V) *verbaas*
surpris (subjective: to his surprise)
  verbasing
surprise/s *verrassing/s*
suspect (V) *verdink*
suspected (thief) *verdagte (dief)*
swallow (V) *sluk*
swallow/s (bird) *swaeltjie/s*
swarm/s *swerm/s*
sweat (V) *sweet*
sweat *sweet*
sweet/s *lekker/s*; (dessert)
  nagereg/te
sweet melon/s *spanspek/ke*
sweet potatoe/s *patat/s*
sweets *nagereg/te*
swift/s *windswael/s*
swim (V) *swem*
swing (V) *swaai*
sympathy *simpatie, meegevoel*

table/s *tafel/s*
tablet/s *pil/le*
tail/s *stert/e*

take (V) *neem, vat*
take care (of) (V) *oppas*
take on (V) *aanneem*
take part (V) *deelneem*
take place *plaasvind*
talent/s *talent/e*
tame *mak*
tangerine/s *naartjie/s*
tap/s *kraan/krane*
tar *teer*
task in hand *begonne (taak)*
taste (V) *smaak*
taste/s *smaak*
tasteful, tasty *smaaklik*
taxi rank/s *taxi-staanplek/ke*
taxi/s, hire-car/s *huurmotor/s*
teacher/s *onderwyser/s*
team/s *span/ne*
teatime/s *teetyd/tye*
tell (V) *vertel*
teller/s *teller/s*
tendency *tendens*
tennis player/s *tennisspeler/s*
tennis shoe/s *tekkie/s*
test (V) *toets*
test/s *toets/e*
thank you *dankie, 'asseblief'*
that *dat, wat, daardie*
the *die*
their *hulle*
them *hulle*
then (future) *dan*
then (past) *toe*
there *daar*
there (motion) *soontoe,*
  soheentoe, daarnatoe
therefore *dus*
they *hulle*
thin *maer*
thin as a rake *brandmaer*
think (V) *dink*
think about (V) *oordink*
thirsty *dors*
this *dié, hierdie*

thorn bush/es *doringboom/bome*
thousand/s *duisend/e*
three *drie*
throat/s *keel/kele*
through which *waardeur*
throw (V) *gooi*
throw-in (V) *ingooi*
thumb/s *duim/e*
thus *dus*
ticket/s *kaartjie/s*
tie (V) *bind, vasmaak*
tie/s *das/se*
tiger/s *tier/s*
tight *vas*
tights (panty hose) *broekiekouse*
time/s *tyd/tye*
tire (V) *moegraak*
toast *roosterbrood*
toasted *geroosterde*
today *vandag*
toe/s *toon/tone*
together *by mekaar, saam*
toll fee/s *tolgeld/e*
toll road/s *tolpad/paaie*
tomato/es *tamatie/s*
tomorrow *môre*
tonight *vanaand*
tonsillitis *mangelontsteking*
toothache *tandpyn*
toothbrush/es *tandeborsel/s*
toothpaste/s *tandepasta/s*
top *boonste*
top, at the – *bo-aan*
top, on – *bo, bo-op*
totally empty *dolleeg*
tour/s *toer/e*
tourist/s *toeris/te*
tow in (V) (vehicle) *insleep*
towards the back *agtertoe*
towards the bottom *ondertoe*
towards the top *boontoe*
towel/s *handdoek/e*
town (centre) *stad*
town/s *dorp/e*

tracksuit/s *sweetpak/ke, slenterpak/ke*
traffic police *verkeerskonstabel/s*
train, by – *per train*
transaction slip/s *strokie/s*
transport *vervoer*
travel (V) *reis*
traveller's cheque/s *reisigerstjek/s*
tray/s *skinkbord/e*
treasure/s *skat/te*
tree/s *boom/bome*
tribal members *stammense*
tribe/s *stamgroep/e*
triumph over (V) *seëvier oor*
tropical *tropies*
trouser leg/s *broekspyp/e*
trousers *broek/e*
try (V) *probeer*
try/tries (rugby) *drie/ë* (rugby)
turn (V) *draai*
turn/s *draai/e*
turn around (V) *omdraa*
turnip/s *raap/rape*
TV/s *TV/'s*
two *twee*

ugly *lelik*
ugly as sin *skreeulelik*
umbrella/s *sambreel/brele*
umpire/s *skeidsregter/s*
uncle/s *oom/s*
under *onder*
undermine (V) *ondermyn*
underpants *onderbroek/e*
underside *onderkant*
undertake (V) *onderneem*
undress (V) *uittrek*
unfenced *onomheinde*
unforgettable *onvergeetlik*
unhappy *ongelukkig*
unhindered *ongehinderd*
unique *uniek*
unreserved *onbesproke*
unrest *onrus*

Upper Cape Town *Bo-Kaap*
urban area/s *stedelike gebied/e*
use (V) *gebruik*
use/s *gebruik/e*
useful *bruikbaar*
usual *gewone*
usually *gewoonlik*

variety *verskeidenheid*
vegetable/s *groente*
vehicle/s *voertuig/tuie*
venison *wildsvleis*
venue/s *plek/ke*
verandah/s *stoep/e*
vervet monkey/s *blouaap/ape*
very *baie*
vest/s *frokkie/s*
vet/s *veearts/e*
village/s *dorpie/s*
vinegar *asyn*
visit (V) *kuier*
visitor/s *besoeker/s*
vitamin/s *vitamine/s*
voice/s *stem/me*

wader/s (birds) *watervoël/s*
wake up (someone) (V) *wakker maak*
walk (V) *loop, stap*
walking tour/s *staptoer/e*
wall/s *muur/mure*
want (V) *hê*
warm *warm*
warn (V) *waarsku*
warning/s *waarskuwing/s*
wart/s *vrat/te*
warthog/s *vlakvark/e*
washbasin/s *wasbak/ke*
washing up *skottelgoed*
watch (V) *dophou, kyk na*
watch/es *horlosie/s*
watch out! *oppas!*
water *water*
water-lily stew

waterblommetjiebredie
watermelon/s *waatlemoen/e*
way *manier*
weak *flou*
wealth *rykdom*
weather *weer*
wedding/s *trou/e, huwelik/e*
week/s *week/weke*
welcome (V) *verwelkom*
well *wel*
well-built (body) *fris*
well known *wel bekend*
wetland/s *vlei/e*
what *wat*
what, on *waarop*
what time *hoe laat*
wheat *koring*
wheel/s *wiel/e*
when *wanneer, toe, as*
where *waar*
where from *vandaan*
where to *waarnatoe, waarheen*
whether *of*
which *wat, watter*
which, by – *waardeur*
which, in – *waarin*
which, of – *waarvan, van watter*
which, on – *waarop*
which, with – *waarmee*
while *terwyl*
while crying *huil-huil*
while laughing *lag-lag*
while singing *sing-sing*
while whistling *fluit-fluit*
whistle (V) *fluit*
whistle/s *fluitjie/s*
white *wit*
white bread *witbrood/brode*
who *wie, wat*
whole *heel*
whole, as a *geheel*
whom, to *aan wie*
whom, with *met wie*
whose *wie se*

why *hoekom*
widow/s *weduwee/s*
widower/s *wewenaar/s*
wild *wild*
wild buck *wildsbok/ke*
wild food *veldkos*
will/shall (V) *sal*
win (V) *wen*
win/s *oorwinning/s*
window/s *venster/s*
windscreen/s *windskerm/s*
wine sauce *wynsous*
wine/s *wyn/e*
wing/s *vlerk/e*
winter *winter*
wireless/es *draadloos/lose*
with it *daarmee*
wife/ves *vrou/ens*
woman/men *vrou/ens*
wonder/s *wonderwerk/e*
wonderland *towerland*
wood/s *bos/se*
wooded *geboomde*
wool *woll/e*
word/s *woord/e*
work *werk*
work (V) *werk*
work, get to – (V) *aan die werk*

spring
working day/s *werksdag/dae*
workplace/s *werkplek/ke*
world famous *wêreldberoemd*
world war/s *wêreldoorlog/loë*
worry (V) *bekommer*
wound/s *wond/e, seerplek/ke*
written laws *beskrewe (wette)*
written text *geskrewe (teks)*

X-ray/s *plaat/plate*

year/s *jaar/jare*
yellow *geel*
yes *ja*
yesterday *gister*
yoghurt *joghurt*
you (formal) *u*
you (informal) *jy*
young *jonk*
young, very – *bloedjonk*
your *jou*
yours *joune*
youth *jeug*

zero *nul*
zoo/s *dieretuin/e*

index

Numbers in bold refer to the units which include the material.